未来值得

INSURANCE+
A WORTHY FUTURE

洞见“保险+健康”的转型与发展

INSIGHT INTO THE TRANSFORMATION AND DEVELOPMENT OF "INSURANCE + HEALTH"

忠衣信裳◎编著

中国财经出版传媒集团
中国财政经济出版社

图书在版编目（CIP）数据

未来·值得：洞见"保险+健康"的转型与发展 / 忠衣信裳编著. --北京：中国财政经济出版社，2023.5

ISBN 978-7-5223-1333-7

Ⅰ.①未…　Ⅱ.①忠…　Ⅲ.①健康保险-研究-中国 Ⅳ.①F842.625

中国版本图书馆 CIP 数据核字（2022）第 058609 号

责任编辑：马　真　　　　责任校对：徐艳丽
封面设计：陈宇琰　　　　责任印制：党　辉

未来·值得：
洞见"保险+健康"的转型与发展
WEILAI ZHIDE
DONGJIAN
BAOXIAN+JIANKANG DE
ZHUANXING YU FAZHAN

中国财政经济出版社 出版
URL：http：//www.cfeph.cn
E-mail：cfeph@cfeph.cn

社址：北京市海淀区阜成路甲 28 号　邮政编码：100142
营销中心电话：010-88191522
天猫网店：中国财政经济出版社旗舰店
网址：https：//zgczjjcbs.tmall.com
北京时捷印刷有限公司印刷　各地新华书店经销
成品尺寸：185mm×260mm　16 开　16.25 印张　276 000 字
2023 年 5 月第 1 版　2023 年 5 月北京第 1 次印刷
定价：99.00 元
ISBN 978-7-5223-1333-7
（图书出现印装问题，本社负责调换，电话：010-88190548）
本社质量投诉电话：010-88190744
打击盗版举报热线：010-88191661　QQ：2242791300

序　一

与宋冉认识，是通过其“忠衣信裳”公众号上一篇介绍联合健康的文章。

自15年前进入医养领域以来，泰康一直在学习探索保险与养老、医疗服务结合的模式，在把美国CCRC养老社区引入中国的基础上，创新性地把人寿保险和实体康养结合，构建了“人寿保险＋养老服务”的长寿闭环。同时，我们也在持续学习研究凯撒和联合健康，打造“健康保险＋医疗服务”的健康闭环。“忠衣信裳”这篇35000字的长文，全面系统地介绍了联合健康历史和各业务板块发展的历程，看得出来他们团队下了很大的功夫。联合健康以及美国健康险的成功经验对中国保险业未来发展路径也具有很重要的参考价值。

近年来，中国寿险业陷入增长困境，正处于关键的十字路口，都在寻找转型出路。目前看中国寿险业的转型路径主要有两条：一个是拥抱医养，走“保险支付＋医养服务”的道路；二是走专业化、精细化和绩优的道路。

与中国现在的行业格局相似，早期美国人身险公司由寿险主导，健康险属于寿险公司的一个业务板块。但从20世纪50年代开始，美国传统寿险错失健康险、退休金市场发展机遇，走向衰落。寿险业金融资产占比从最高的15%，下降到现在的8%左右；传统寿险在人身险总体占比从过去的3/4下降到不足1/3，意健险和年金成为行业主流。

与此同时，凯撒医疗从20世纪30年代就在健康险经营中尝试了“支付＋服务”的创新。现在美国最大的5家健康险公司都形成了“支付＋服务”的经营模式。如美国最大的连锁药店西维斯健康集团通过收购安泰保险，实现了保险支付方与医疗服务方的深度结合。联合健康掌控了全美最大规模的医生组织，也通过医疗科技、药品管理、自建/收购医疗中心来提高健康险经营能力。目前，美国最大的寿险公司大都会人寿市值约为500亿美元，而联合健康市值已经突破4000亿美元。

美国寿险和健康险的发展分化对中国寿险业的发展是警示，也是启示。宋冉和“忠衣信裳”公众号花这么大的精力和时间，研究和介绍国外优秀企业的案例，对中国寿险业转型发展非常有意义。我觉得这样的年轻人和团队值得鼓励。所以宋冉表达想跟我见面交流时，我欣然答应。

在交流过程中，宋冉表示“忠衣信裳”打算将发表的系列文章整理出书并邀请我给这本书作序。“忠衣信裳”选择了值得国内保险相关行业深度关注的6家企业，把它们较为完整地呈现了出来，包括这些企业是如何创业的，在发展过程中经历了哪些重要事件，企业家在此过程中的关键作用等，并跳出行业本身从更高层面去分析这些企业的商业模式、成功经验和曲折探索，从而帮助读者去学习、去思考，更好地认识这些企业，也更好地思考行业发展的前景，读后对拓展认知思维、丰富知识结构都大有裨益。

我非常高兴读到这本书，也很乐意推荐这本书。期待这本书的出版对我国保险、健康等领域的转型与发展起到良好的推动作用。

祝“忠衣信裳”后续发展顺利！

陈东升

泰康保险集团创始人、董事长兼首席执行官

序　二

2018 年，在保险业高层朋友引荐下，我认识了舍瓦分享汇创始人宋冉，他邀请我作为主讲嘉宾在舍瓦金融保险沙龙年会上进行寿险经营管理经验分享。年会上群贤毕至，舍瓦靠谱分享、开诚布公、互帮互助的氛围给我留下了深刻的印象。

此后的几年里，宋冉每年都会来找我汇报交流关于工作和个人发展的想法，我也主动将舍瓦平台引荐给身边的保险业朋友，并在 2021 年邀请新华保险 CEO 李全先生到舍瓦进行分享，支持这个平台的发展。

2021 年上半年，宋冉又一次找到我，很认真地说想办一个新的平台，名叫忠衣信裳。这个平台不同于原有的舍瓦金融保险沙龙平台，仅仅介绍保险业原有的经营与管理经验，而是面向未来，聚焦国内保险业的转型与创新、保险业与大健康、科技行业的深度融合。

此后，忠衣信裳从自媒体做起，2021 年下半年便推出 6 篇深度研究报告，聚焦国内外最值得关注的系列企业，篇篇锦绣，字字珠玑，并且第一时间就获得了极高的关注度和阅读量，这是出人意料的。

2022 年初，欣闻忠衣信裳将此前文章集结成书，取名《未来・值得》，这一想法我很支持，书籍可以实现更好传播，相信也一定会对保险、科技、健康等领域有更多贡献。

读一本好书，尤其是一本内容丰富、能带来很多启发的书，总是能见人见事见时代、观潮观势观未来。

眼前这本书，正是如此。

潮

观潮，听音，不仅仅惊讶于当前的潮平两岸阔，更要看历史、追源头，方能开视野、见格局。

正如书中引用英国前首相丘吉尔所言，“你能看到多远的过去，就能看到多远的未来”。

面对大潮涌动，为更好把握保险业时代发展的脉动，最有效的方式，莫过于选取其中有特色的企业，抽丝剥茧进行研究观察，如同撷取潮头比较耀眼的浪花。此书选取了很多中国险企都在对标学习的联合健康，以及行业里各具特色的泰康、众安、友邦、平安好医生，站在历史和时代的高度，进行全方位解读。联合健康专注健康保险本质做强做大健康服务与管理，对于至暗时刻寻求转型的国内保险业意义非凡；泰康集团十几年前就将养老作为战略，确定下来并坚定推进，养老社区模式已成为行业标杆；众安坚持“保险＋科技”双引擎驱动战略，打造健康、数字生活生态系统，成就“全球保险科技第一股”；友邦从史带创立其前身，到格林伯格将AIG带到巅峰，再到李源祥执掌，历经百年，基业长青；平安好医生持续创新迭代，“做时间的朋友”，深耕互联网医疗也必有所获。从这些优秀企业的历史沿革到现实发展，深入浅出娓娓道来，给我留下深刻印象，也为行业提供了颇有价值的借鉴参考。

观潮，还要观勇立潮头之人。再好的时代，再大的格局，也是由人开创的，有些人本身就是时代格局的参与者、见证者。生于1987年的水滴公司创始人沈鹏，“事在人为，人因梦想而伟大”，持续学习进化，既往不恋纵情向前的品质不禁令人拍案叫好。

查理·芒格说，“让人们学有用的伟大概念时，最好是与提出这些概念的人的生活和个性联系起来”。这正是此书的重要特点，即对企业进行分析时，首先会“穿透”企业本身，直达对企业产生过重要影响的创始人、高管等，对他们的成长、发展历程与风格进行深入探析，从而让企业发展研究更加生动、更加立体。

势

潮起潮落之间，形成时代大势。因势而起，应势而动，顺势而为，皆为共识。

当今时代，无论何种产业，不管哪条赛道，都脱离不了中国经济发展的整体大局形势。保险行业发展面临的形势，无论怎样受宏观政策、产业结构等因素影响，长期看人口，中期看供给，短期看认知。

保险业如何更好把握形势、拥抱变化？如何在提升国民健康素质方面作出更多贡献、在大健康方面作出更多文章？这本书站在历史的高度，开展了很多有益的思考，不少观点我也深以为然，相信一定会为保险行业的发展有所助益。

启

未来二十年，随着中国的时代发展，中国保险业的不断前行，植根于中国市场、跻身世界前列的保险公司，一定会有中国的保险企业。我相信，这本书所收录的几篇很有分量的研究报告，仅仅是个开始，更多的、更有质量的、更有影响的作品，值得我们共同期待。

徐敬惠

中国太平洋人寿前董事长

序 三

2021年，在中国太平洋人寿前董事长徐敬惠的引荐下，我认识了舍瓦金融保险沙龙创始人宋冉，并在沙龙上分享了关于寿险业转型发展的思考。在活动现场，宋冉和他的团队给我留下谦虚、好学、爱钻研，充满活力、努力上进的印象。他们围绕保险的未来，组织不同专业、领域的朋友们探讨感兴趣的话题，形成了很好的互动氛围。

正是在这次活动后，宋冉发起成立“忠衣信裳”，邀请了一批和他一样对保险及密切相关行业有着浓厚兴趣但拥有不同行业背景的朋友，搭建了一个共同参与和关注保险业的研究分享平台，希冀来自多行业领域的思考和参与者，把所知所学转化为所思所想，并通过思想交锋、经验梳理、规律总结等方式，贡献保险业更好的未来与发展。

前不久，宋冉告诉我，他和他的团队，在前期思考探索研究的基础上，将以“忠衣信裳”品牌和平台的名义，即将出版《未来·值得》一书并邀请我作序。

《未来·值得》一书原创了6篇文章，选取了在保险及相关领域内里具有代表性的6家企业。这些企业也都在新时期、新格局中各显神通，有保险企业做养老社区联动有起色的，有科技支持布局保险或医疗生态的，还有展示国际先进同行经验的。

该书作为“忠衣信裳”平台和团队这么多年从业深度思考的成果，通过全面介绍影响这些企业的关键人物，深入剖析这些企业的生态系统和业务布局背后的逻辑，独创、务实地给出了国内保险企业可以参考的启示、分析和借鉴，展现了“忠衣信裳”严谨、专业、系统的认知。我相信会让关心与关注保险、科技、健康、投资跨界生态发展动向的读者，都有所感悟，能给身处于潮流中的奋斗者带来新的启迪，我非常乐意为其推荐作序。

“百舸争流千帆竞，借海扬帆奋者先”。祝愿“忠衣信裳”平台发展越来越好，继续产出更多更好的研究成果，勇敢地走在保险、健康、科技、投资跨界融合新时代、新征程的前列。

李　全

新华保险董事长

序　四

1997 年 8 月，以“秉承国际标准，追求卓越医疗，表达温馨呵护，处处以人文本，睦邻社区家庭，自强健行致远”为使命的和睦家医院在北京成立。

经过 25 年的探索实践，和睦家医疗已经发展成为一家知名的连锁医疗机构，并成为高端医疗的代表。和睦家在北京、上海、广州、深圳、天津、青岛，博鳌、香港等地设有医院和诊所，全职医生超 700 人，兼职专家团队超过 1000 人，护理团队 900 余人，为民众提供个性化、高质量、全生命周期的医疗服务。

高端医疗不只是一流的设施、五星的服务和顶尖的医生，在我看来，高端医疗应该考虑三方面的内容：一是 Comprehensive Care，包括预防、治疗、康复在内的全生命周期的医疗照护和健康管理；二是 Evidence Based Medicine，就是要从患者本身出发，以实证为基础，安全为底线，不过度治疗；三是 Innovative System，打造包括医院、保险机构和患者个人的风险分担机制，以促进人的健康为目的的创新系统。

医疗行业的一个核心问题是保险支付体系，保险是现代医疗体系不可或缺的组成部分，和睦家医疗目前已经与上百家国内外保险机构建立合作关系，并在 25 年实践过程中建立了一套医疗保险模式。

和睦家的医疗保险模式最初借鉴了美国加利福尼亚州凯撒健康计划医疗集团所采取的模式，明确了医院、医生、患者和保险机构的利益，这套体系的核心好处在于，医院乐于看到患者健康。

简而言之，和睦家医疗希望达成的保险的运行逻辑是，保险机构先预付医院一笔资金，医院将资金用于保健预防，如果患者生病，医院就要负责病人的治疗，费用由保险机构承担。最好的情况是，如果预防保健做得好，用于治疗的保费就有结余，那么保险机构和医院一起受益分享，这样一来，患者、医院、保险机构都能得到满足。实践中，早在2015年，和睦家就联合国内保险机构推出定制商业健康保险计划，和睦家医院与保险机构共同参与参保人的过程风险管控。

除了与商业保险机构合作，2017年6月，青岛和睦家医院与青岛市医疗保险服务管理局签署协议，正式获得社会医疗保险服务定点资质。纳入社保支付系统后，客户在青岛和睦家医院接受医疗服务，可以获得与公立医院一样的报销金额，这也减轻了客户的一部分负担。

2019年，新风天域战略投资和睦家，也打造了更加完备的保险支付体系。柏泰健康和柏盛健康是提供全方位、定制化解决方案的保险综合服务平台和健康险服务商。在新风天域旗下医疗生态资源的支持下，为客户提供全流程的医疗管理服务，这让我们的医疗与保险形成了一个闭环系统，更接近理想中的医疗模式。

研究医疗健康与保险产业的融合发展是一个很有意义的题目，《未来·值得：洞见“保险+健康”的转型与发展》以国内外优秀企业实践为研究写作对象，从多角度进行深入系统的剖析，是一本不可多得的好书。尤其是书中详细介绍了美国联合健康集团在保险与健康结合上的深度实践，对于行业从业者具有很好的指导作用。

作为舍瓦平台的主讲嘉宾和老朋友，当宋冉邀请我作为大健康领域代表为此书作序时，我欣然应允，也真诚向大健康领域朋友推荐此书。

祝愿忠衣信裳平台越做越好，持续产出有助于医疗健康与保险行业深度融合发展的前沿成果。

李碧菁

和睦家医疗创始人

序　五

几年前，在教育界朋友的引荐下，我与宋冉先生相识。其后的这些年，他将大量时间、精力用于学习，并坚持独立地观察、思考、关注、研究、探索医疗和保险行业的发展。因他为健康和保险行业发展努力与勤奋的探索前行的精神感动了我，也因我们对事业满怀热忱共同的热爱和执着，我们之间定期保持有益的信息沟通和联系，并在医疗与保险领域共同关心的“专业”问题上互动探讨，相互启发，相得益彰。

欣闻宋冉先生的新书即将付梓，我拿到新书纸质稿，既犹然欣喜又深感敬佩。欣喜在于：宋冉带领的“忠衣信裳”团队完成的这部新书，洋溢着一批青年人对保险事业发展的关切与热情，字里行间散发出对健康与保险行业前沿的深入观察和积极思考，让读者能看到不同视角和维度的分析见地；敬佩之处：书中选取了在健康与保险领域里具有代表性的企业进行较系统的剖析，内容不但包含保险和科技的跨界发展动向，而且包括保险与康养的融合发展及趋势等，让关心与关注保险实践发展动向和前沿领域发展的读者，阅后有所感悟有所裨益，从这个意义上，我敬佩“忠衣信裳”平台的青年人的创新探索与有益工作。

作为一名扎根中国大地，研修和从事医疗服务超过25年的普通医疗工作者，我以满腔的热爱和情怀关注医疗行业的发展，也期待和欢迎来自医疗和保险领域充满鲜活能量的、为推动促进医疗和保险领域发展的呼声和学术之声，更十分重视一切利于医疗行业发展的有益探讨和经验分享。正是基于此，我应邀后也就乐于作此序。

我愿意将这部著作推荐给关注健康和保险领域的读者，希望这本书给这些领域发展提供一些有益借鉴。

中国的未来发展一定更美好。

医生　葛文彤

自序 一

2009 年研究生毕业后，我进入了中国人保财险总部工作，自此与保险结缘。十四年职场生涯中，我接触到了保险负债端的前中后台，做过预算、考核、税务、公司治理、领导秘书，分管过车险业务全流程，参与了一次大型保险股权并购的全流程，以及一次未成功的保险企业上市历程，并在近年更多接触起了保险资产端。

这一过程中，我既经历了十年前国内保险业的高光时刻，也在近五年感受到了保险业的至暗时刻；关注了国内保险业与大健康行业的融合探索，关注了保险与科技行业的快速发展，了解了保险资管为代表的投资行业的发展。

在此过程中，我对保险业，以及与之密切相关的健康、科技、投资等领域产生了较大的兴趣，并在 2016 年办了舍瓦金融保险沙龙平台，结识了一批业内资深前辈，以及志同道合的朋友。

2021 年 6 月 6 日，舍瓦金融保险沙龙请到世界 500 强新华保险 CEO 李全先生进行线下分享。在李全先生与舍瓦平台嘉宾互动过程中，我进一步感受到了至暗时刻国内保险业的迷茫，以及转型的强烈需求，便产生了一个强烈的想法，办一个新的平台——忠衣信裳。

忠衣信裳取自初唐四杰卢照邻的《中和乐九章》：若有人兮天一方，忠为衣兮信为裳。意指人若心中有他人，即使天各一方，用诚信也可以架筑彼此的友谊桥梁。忠衣信裳将诚信提升到一个立身于世无它不可的境界，是心灵最圣洁的鲜花。保险是最需要讲诚信的行业，我们也讲诚信作为立身之本。

忠衣信裳不同于原有舍瓦平台，注重国内保险业先进经营管理理念的分享，而是聚焦保险转型，以及保险与大健康、科技的深度融合，通过深度展现国内外一批最优秀保险企业、保险科技企业的经营实践，为国内保险业转型发展，保险与大健康、科技的深度融合提供借鉴。

目标明确后，怎么做呢？认知决定一切，执行决定结果。

指导我们认知的是查理·芒格的《穷查理宝典》。为此，我们提出站在三个视角看保险：第一，站在投资和企业家视角看保险的未来。沃伦·巴菲特曾说：我是一个好的企业家，因为我是一个好的投资家；我是一个好的投资家，因为我是一个好的企业家。为此，我们必须摆脱打工者思维。第二，站在跨界的视角看保险的未来。查理·芒格曾说，在一个拿着锤子的人眼里，所有问题都是钉子。现在国内保险业面临的问题，已经不能光用锤子解决，而是要以更宏大的视角看看如何在更大的生态视角去解决，例如与大健康的融合，与科技行业的融合。第三，站在国际化的视角看保险。国内保险业面临的至暗时刻，国际保险业是否也都存在呢？它们是怎么转型发展的呢？

毛主席曾说，正确的路线确定之后，干部就是决定性的因素。干部既决定认知，也决定执行。为此，我邀请了一批长期志同道合，在保险、保险科技、投资、投行、媒体、健康等领域具有较深实践的朋友，共同完成上述目标。

在具体操作上，我们采取三步走战略。

第一步，以自媒体和书籍的形式，力争完整展现值得国内保险等相关行业深度关注的一批企业。这一展现过程，我们希望像“意公子”视频号展现苏东坡一样，把一件事情做到极致，结果会自然呈现。自 2021 年下半年起，忠衣信裳团队发布的 6 篇文章收获了业内罕见的关注和阅读量。展现在您眼前的这本书，正是我们的第一步研究成果。

第二步，用 2 至 3 年时间，以线下交流活动等形式，邀请到国内外保险业、保险科技行业、大健康行业、投资行业最佳的实践者现场深度分享，打造高层次、高质量的学习交流平台。这一想法，已经得到泰康集团董事长陈东升先生为代表的多位资深前辈的认可。

第三步，用 5 至 6 年时间，创造一个以保险为纽带，连接科技、健康、投资的跨界智库和赋能平台。任何致力于在保险、保险科技、大健康，以及与之相关的投资等领域终身学习者都可以从中获益。

这本书我们取名《未来·值得》，希望这本书能给至暗时刻的国内保险业提供一盏明灯，为参与其中的每一位终身学习者以帮助。

是为序。

宋冉

忠衣信裳创始人

自序 二

我和宋冉是本科同学，研究生期间选择了不同学校，但毕业之后又都进了保险业，我到了寿险做产品精算，他到了财险做预算考核，共同的话题没有少过，到今天我们结识已过20年，彼此十分认可而又相互信任。

我俩的性格和专长有所不同，宋冉更外向，更理性，通达人性，善于沟通；我相对偏内向，时而感性，强于逻辑分析，对数字敏感。正是由于这些不同，使得我们彼此互补，相互欣赏、相互学习，而我们最大的共同之处在于都有一颗“不安分的心”，都想通过自己的努力，做长期有意义的事情，提升自己，帮助别人，成人达己。

2014年，我们30岁，宋冉提议做一个横跨财税、健康、教育和金融保险的跨界公益交流平台，即舍瓦分享汇。他邀我一起，作为舍瓦的志愿者参与其中，但我接到他的电话时，没有丝毫犹豫地拒绝了他。当时，我并非不看好舍瓦平台，而是因为我刚刚从保险行业转行进入券商，从事投行工作，职业发展几乎要从零开始，压力空前，我担心自己力不从心，反而耽误了彼此的发展。

但后来随着时间推移和经验积累，自己在新的行业和岗位上逐步成长起来，也有了更多的时间去思考和实践更长远的发展，逐渐地我也开始参与到舍瓦各类活动当中，协助他一起把平台的事情办好。期间，宋冉的个人职业发展也转向资本市场，我们彼此继续相互帮助。

我时常想，在自己快到不惑之年，还能和认可的同学好友，不畏短期的生活所迫，而去追求长期发展的理想，着实是人生一大幸事。

在过去的几年，我们在做好舍瓦平台的同时，一直在思考如何利用我们的所学和职业积累，再做些更有价值，更有意义的事情。舍瓦最大特点在于跨界交流与分享，我们个人的积累也在于横跨保险和资本市场两大领域。如何将我们熟悉的领域结合起来，并在未来产业发展的大方向上寻找机会，是我们一直关注和思考的问题。

2022 年 6 月，在和宋冉组织完成"舍瓦金融保险沙龙"的一期线下分享会之后，他找到我，"咱们一起搞个新平台：忠衣信裳，聚焦保险公司的转型升级、关注保险科技和大健康、借助资本的力量、跨界融合……"

我们围绕着我们要做什么，怎么做，讨论了很多。在结合我们所熟悉的专业以及外部环境的基础上，经过反复的讨论，最终我们把想做的事情具化成了一个长期目标或者远景，即打造一个国内保险、科技、健康、投资的跨界智库和赋能平台，剩下的就是边干边摸索。我们认为只要大方向是对的，过程中能够积累，并随时调整，就一定会有收获，就一定会离目标越来越近。

万事开头难，如何起步？什么又是我们最应该长期积累的？答案是团队和认知。我们建立了一个由一群具有保险、投行、投资、银行、媒体、财税等背景的伙伴组成的跨界团队。这个团队是共同的价值观和远景，让大家走到了一起。同时，在具体执行中，我们以行业内外优秀的企业为研究案例，通过资料的搜集整理、调研讨论、思考写作，形成研究成果，并以公众号文章的方式呈现给关注我们的业内外读者，形成影响力，进而聚集更多的行业研究资源和志同道合的朋友参与其中，形成团队发展和行业认知的螺旋式上升趋势。

经过 2021 年半年的努力，我们完成了 5 篇文章，覆盖了近年来国内保险行业转型发展普遍关注的 5 家企业，得到了保险行业和大健康行业很多资深人士的关注和认可。2022 年初，我们又完成了对友邦，一家诞生于中国，历经百年，在亚洲最具代表性之一的寿险公司的梳理。在此基础上我们整理成书，并取名《未来·值得》（Insurance +：A Worthy Future），以此作为忠衣信裳平台成立以来的总结，并分享给与我们同样关心保险行业未来发展机会的朋友们。

最后，在结束本篇序言之前，我还想提几点感谢，以此作为我个人对过去近两年在忠衣信裳平台学研经历的小结：

首先，感谢关心、帮助、指导过我们的各位前辈和朋友。无论是你们的帮助、指导，还是点赞、鼓励，亦或是批评、指正都将成为帮助我们发展的宝贵财富。

其次，感谢我们这支能够不断克服困难、有理想的团队。一群具有跨界背景的年轻人组成一支研习团队，为了共同的目标，大家牺牲了业余时间共同进步，实为难得，值得珍惜，在此也真诚邀请更多志同道合的新朋友加入我们。

再次，感谢我的同学宋冉。高瓴资本张磊曾说，“选择比努力重要，与谁同行比要去的远方重要”，宋冉对于很多事物的认知水平远高于同龄人，能与他结伴同行，我为此感到幸运，其意义甚至超出结果本身。

最后，特别感谢我的家人。我之所以能够坚持做有意义的事情，是因为我的父母给予我和我的小家庭持续的生活照顾；是因为我的妻子持续地分担我的家庭责任；是因为我的两个可爱的孩子让我更加懂得付出比回报更有意义。

2022 年是非常艰难的一年，几乎每个成年人都感受到了来自工作和生活的种种压力。俗话说，“没有过不去的坎，只有过不去的人”。进入 2023 年，尽管很多传统行业的运行依然承压，但我依然希望自己和朋友们能够积极拥抱变化，在坚持长期主义的同时，顺势而为，在曲折中进步。

我们对未来充满期待！

杨旭山

忠衣信裳联合创始人

目录

C O N T E N T S

一、中国平安和泰康集团都在对标学习的联合健康是谁？

美国联合健康集团

图片来源：百度图片。

2021 年 8 月 2 日，《财富》杂志发布世界 500 强排行榜，美国联合健康集团（以下简称“联合健康”）力压沃伦·巴菲特和查理·芒格的伯克希尔哈撒韦，首次进入全球前十，排名第八。

2021 年 10 月，联合健康集团市值突破 4000 亿美元，按市值计算排名全球保险业首位，其市值相当于 3 个中国平安集团（按 A 股市值计算，下同）、11 个中国太平洋保险集团、14 个中国人保集团。

融合了健康保险和健康管理的联合健康，其市值接近在全球医疗健康领域执牛耳的强生（Johnson & Johnson），更是相当于 6 个国内医疗器械“一哥”迈瑞医疗、

7 个国内 CRO "一哥"药明康德、8 个国内医药"一哥"恒瑞医药。

在全球保险业的历史上，尤其是在成熟的发达国家保险业的历史上，一家保险企业要想做大做强，通常需要百年积淀。美国大都会人寿是 1863 年成立的，欧洲最大的保险公司德国安联是 1890 年成立的，即使是沃伦·巴菲特和查理·芒格联手打造的伯克希尔哈撒韦，也是 1956 年成立的。而联合健康只用了 40 余年便进入世界前十，成为全球保险行业和健康行业学习的标杆。

联合健康取得的成就，吸引了来自国内头部保险企业、保险科技企业、大健康企业、健康科技企业的共同关注。

保险领域，中国平安、泰康集团都在深度学习、研究、对标联合健康。2021 年，国内保险业进入至暗时刻，传统保险企业都在寻求转型，健康险作为最为重要的方向之一，其全球最优秀代表企业联合健康的受关注程度进一步提高。

保险科技领域，2021 年美股上市公司水滴创始人沈鹏明确提出打造中国版的联合健康。同样是 2021 年，创业 6 年的南燕科技更换企业 logo，去掉了"保险科技"后缀，通过收购医杏跨入了医疗服务领域，提出打造中国商保特色的联合健康。

大健康领域，2021 年完成 B 轮、C 轮共计 30 亿元融资的国内健康独角兽企业、中国版 PBM（药品福利计划）打造者镁信健康，其创始人张小栋在和忠衣信裳平台 3 小时交流中多次提到，从联合健康那里学到很多，并计划组织高管团队赴美国联合健康深度交流。而 2021 年刚刚完成 A 轮融资的华美浩联，其创始人徐冰玉在宾夕法尼亚大学沃顿商学院读 MBA 时深入学习联合健康，毕业后回国创业，提出打造具有中国特色的升级版联合健康，成功获得数千万融资。

联合健康究竟是一家什么样的企业？成立不到 50 年的它是如何成为全球保险行业龙头的？又给国内保险、保险科技、大健康、健康科技行业带来了什么样的启示和借鉴？

英国前首相丘吉尔曾说，**你能看到多远的过去，就能看到多远的未来**。为此，忠衣信裳自 2021 年 7 月 27 日成立伊始，即组建了 18 人的研究团队，由北京大学、复旦大学优秀毕业生领衔翻译了联合健康 1984 年上市以来的所有英文年报，收集整理了市面上所有联合健康的深度报道、投行研报，并与国内最了解联合健康的一批优秀人士进行了深度交流。

需要指出的是，联合健康的研究、写作绝非易事，可以说是所有文章中挑战性最大的。忠衣信裳力争从**成立背景、关键人物、业务演进、经营成果**四大方面深度完整介绍联合健康集团，并结合国内保险与健康产业实际，提出**启示与借鉴**。

（一）成立背景

1974 年，在美国明尼苏达州亨内平县，距离大名鼎鼎的明尼阿波利斯市（Minneapolis）仅 13 公里的一个美丽湖滨小城明尼通卡（Minnetonka），联合健康前身 Charter Med，Incorporated 成立。巧合的是，这个小城同时还是全美最大的私人公司、全球农产品行业巨头嘉吉公司的大本营，可能真是城如其名（Minnetonka 在美国第五大土著语中意为“圣水 Great Water”），小城真是一方福地圣土。

1977 年联合健康正式成立，并成为其前身 Charter Med 的母公司，其创立与快速发展与美国在医疗健康领域的公共政策密切相关，其中最重要的是两部法案：**1965** 年颁布的**《社会保障修正案》**和 **1973** 年颁布的**《健康维护组织法》**。联合健康完美抓住了两大法案出台及此后美国医疗保障体系重大改革的契机，实现了其保险业务和健康管理业务的高速发展。

考虑到中美在医疗、医药、医保体制方面均有较大不同，我们将结合两部法案的出台予以介绍，以便更清晰地了解联合健康成立的背景，这对了解联合健康的业务具有重要意义。

1.《社会保障修正案》

美国是一个由移民建立的联邦制国家，是否要为无保险人群提供医疗福利一直是一个非常有争议的话题。民主党认为应该为所有国民提供医疗福利，医疗应该是公民的权利，这是政府的责任；而共和党认为买不买保险是个人的责任，政府不应该提供全民医疗，也不该过多干涉私营医疗产业。围绕医改议题，美国内部进行了长期争论。

在美国医疗保险的历史上，**直到 20 世纪初**，政府和企业不提供任何医疗福利，市场上也没有医疗保险，**病人完全自负所有医疗费用**。直到 20 世纪二三十年代，预先付费的医疗保险逐渐开始出现和流行，但仍是由民众自行购买获得保障。20 世纪前半叶，民主党推行全民医疗保险的数次尝试都因共和党的反对而告败。

第二次世界大战时期，大约有 1600 万美国人先后参战，而当时美国的总人口只有 1.3 亿，由此造成了劳动力紧缺的状况。当时政府为了防止通货膨胀，冻结了工资水平，但是医疗保险不计算在工资之内，雇员也不用为此缴纳所得税。在此背景下，许多企业为了吸引劳动力，纷纷提供医疗保险，**雇主为雇员购买医疗保险这一做法在第二次世界大战后也保持了下来**。

随着冷战的降临和美苏争霸的加剧，国内民众福利领域的较量也逐渐升级。1960 年，民主党的约翰·肯尼迪当选总统。1962 年 5 月，肯尼迪总统在纽约发表演说，进行全国电视直播，**支持为老年人提供全国统一的政府医疗福利**，但遭到反对派阻挠，改革方案被国会封存，1963 年 11 月 22 日，肯尼迪总统遭到暗杀。

1964 年大选，民主党的约翰逊成为总统。**随着民权运动和工会势力的空前增强**，为老人和残疾人提供全国性医疗福利的联邦医保 Medicare 和为贫困儿童和家庭提供医疗福利的医疗救助 **Medicaid** 的**《社会保障修正案》**终于在 1965 年获得了通过，覆盖了大批老年和贫困人口。

至此，美国延续至今的医保格局基本形成。可以看出，美国政府并不提供覆盖全民的医保制度，这也为美国商业保险市场的发展提供了广阔空间。

《社会保障修正案》颁布后，通过了 **Medicare**（老年和残障健康保险）和 **Medicaid**（医疗救助计划），由联邦政府或州政府为老年人、残疾人、低收入群体等提供社会保障。

Medicare（老年和残障健康保险）主要针对老年人，是美国最重要的医保制度。Medicare 由联邦政府负责，资金主要来源于职工工资缴纳的医疗保险税，覆盖的对象为老年人和各年龄阶段符合条件的残疾人。

Medicaid（医疗救助计划）是主要针对低收入群体的另一项主要的医保制度。Medicaid 的资金主要来源于联邦政府和州政府，具体承担比例主要取决于各州的经济状况。

Medicare 和 Medicaid 覆盖范围不断扩大、运作机制不断市场化，为联合健康的发展提供了契机。尤其在过去 10 年中，联合健康的 Medicare 相关业务已经成为健康保险板块中占比最高的业务，而 Medicaid 相关业务也成为健康保险板块增速最快的业务。

2.《健康维护组织法》

1965 年《社会保障修正案》落地后，**民众过度就医推高了政府医疗费用支出**，1965—1975 年，美国医疗卫生支出复合增长率为 12.3%，而同期 GDP 增长为

8.5%。**为了遏制快速增长的医疗支出**，美国开始积极推行管理式医疗 HMO，旨在通过市场的力量**对医疗支出进行控制**，并于 1973 年推出**《健康维护组织法》**。

在《健康维护组织法》推出之前，美国传统的医疗保险为补偿型保险，即医疗费用发生后，一般由病人先行垫付，然后保险公司再行赔付（与国内现有的商业医疗保险类似）。由于医疗费用持续快速上升，保险公司不堪重负，**补偿型医疗保险几乎绝迹**。

取而代之的医疗保险绝大多数是**管控型医疗保险**。管控既针对投保人，也针对医疗服务机构。在管控型医疗保险中，保险公司称为第三方付费方（Third - party Payer），既为病人求医设置门槛，也对医疗提供方的行医行为进行监控，以实现合理控制医疗费用。

1973 年，尼克松总统执政期间，**为了遏制日益高涨的医疗费用**，国会通过了**《健康维护组织法》**，正式向全国推行 HMO 这种管控保险形式。**HMO 从此变成了管控型医疗保险的最主要形式和它的代名词**，其他的管控保险种类都是从它派生出来的。

管理式医疗 HMO 一改过去只由医院等非营利性医疗机构提供健康管理与服务的现状，商业保险公司可以与独立医生签订协议，为被保险人提供医疗健康服务。医疗健康服务逐步融入健康保险。

相比传统医疗保险产品面临的过度医疗、过度用药、理赔控费难等问题，管理式医疗 HMO 与医生签约，每年向医生支付一定费用，同时要求患者到指定医生、医院就诊，为有效理赔控费提供了可能。

管理式医疗 HMO 对医疗服务的内容、形式、时间，以及医生、服务场所等进行专业化运营，这就对整合医疗资源、建设信息系统、提供专业化药品服务等提出了更高要求，需要对医疗行业的长期积累和沉淀。

国内保险业同仁交流时，经常会遇到一个问题，联合健康是保险行业进入健康行业，还是健康行业进入保险行业？忠衣信裳团队深入研究后认为，**联合健康从成立时便同时进入保险行业和健康行业，这是管理式医疗 HMO 的内在要求**。

正是在管理式医疗 HMO 需求增长的大背景下，联合健康应运而生。

（二）关键人物

忠衣信裳文章在介绍企业时一直高度重视影响企业发展的关键人物，这主要是受《穷查理宝典》一书影响，查理·芒格说：“我是一个传记书迷。**我认为当你试图让人们学到有用的伟大概念时，最好是将这些概念和提出它们的伟人生活和个性联系起来。我想你要是能够和亚当·斯密交朋友，那你的经济学肯定可以学得很好。这些方法比简单地给出一些基本概念好很多。**”

忠衣信裳受此启发，认为想要深入理解一家企业，最好是将这家企业和影响它的关键人物联系起来。在联合健康的历史上，我们认为有6位至关重要的人物必须加以介绍，为此我们做了大量基础资料的搜集、整理和筛选。

联合健康究竟是谁在哪年创立的？不同的国内媒体、研报有不同的表述。忠衣信裳经过多方交流及搜索早期历史资料认为，联合健康的前身 Charter Med, Incorporated 成立于 1974 年，正式成立于 1977 年，创立者为“HMO 之父”保罗·艾尔伍德（Paul Ellwood，见图 1）手下负责研究医疗保健市场的分析师理查德·伯克（Richard Burke）。

图 1　“HMO 之父”保罗·艾尔伍德

图片来源：PAUL M. ELLWOOD, JR., M. D. *In First Person: An Oral History*。

1. “HMO 之父”：保罗·艾尔伍德（Paul Ellwood）与联合健康的故事

联合健康的成立与一名叫保罗·艾尔伍德的医生密不可分，正是在艾尔伍德的努力下，美国管理式医疗 HMO 模式得以出现，也直接催发了联合健康的诞生。

1926 年 7 月 16 日，艾尔伍德出生在加利福尼亚州的旧金山，1949 年进入斯坦福大学医学院学习，并于 1953 年取得医学博士学位，后成为明尼苏达大学儿科、神经病学、物理医学和康复的临床教授。

在医生岗位工作十余年后，艾尔伍德开始积极投身于国家医疗卫生政策的讨论热潮中，并成为美国医疗保健部门政策制定者的座上宾。20 世纪六七十年代，受美国联邦政府邀请，他开始参与制定综合健康规划、卫生服务研究等项目，以期协助重建国家卫生系统。

1970 年，艾尔伍德与两名来自卫生、教育和福利部的高级官员刘易斯·巴特勒和约翰·G. 维尼曼会面时，**首次提出了管理式医疗 HMO 的概念**，讨论并阐明了 HMO 政策内核。艾尔伍德说，“**我们为尼克松政府创造了 HMO 一词，作为描述一个组织的方式，该组织将在价格和质量的基础上进行竞争，并将保险和医疗保健结合在一个组织中**”。

HMO（Health Maintenance Organization）概念由此诞生。

1973 年，随着尼克松总统签署的《健康维护组织法》正式颁布，HMO 得到了政府部门的鼓励和大范围推行，随后迅速发展成为美国国内主要医疗管理模式。作为概念的首次提出者，保罗·艾尔伍德也被称为“HMO 之父”。

1974 年，在艾尔伍德主导下，一群希望扩大消费者健康覆盖范围的医生和医疗专业人士创立了联合健康的前身 Charter Med。随后，艾尔伍德的主要精力都投入于 HMO 事业发展。

1976 年，艾尔伍德这项开创性的事业出现了一个重要插曲，而这个插曲意外推动了联合健康的诞生。

在艾尔伍德大力实践与推行 HMO 的时候，旗下一家 HMO 组织遇到亏损问题，医学会的执行主任打来电话，一名重要医生坚持将不符合条件的病人送进医院，而这会让 HMO 承担亏损的风险。艾尔伍德让一位名叫**理查德·伯克（Richard Burke）**的助手去处理此事，伯克直接将这名违规医生踢出了 HMO 组织，极有效率地解决了这个问题。

伯克的做法让艾尔伍德深感意外，毕竟他推行的 HMO 模式主要以医生群体为主导，医生在 HMO 市场中占据了很大的话语权，即便是医院管理者也不敢轻易得罪医生。艾尔伍德后来在采访中说道，**“伯克以并不礼貌的方式将这位违规医生踢**

出了 HMO 组织，我没有意识到这个微不足道事件的重要性，从这次经历后，伯克开始创建联合健康，由保险公司而不是医生进行管理……我没有意识到它是管理式医疗的诞生"。

1977 年 1 月，脱胎于艾尔伍德对 HMO 的开创性探索，又秉持自身的商业性思考，理查德·伯克在明尼苏达州的一个湖滨小城明尼通卡（Minnetonka）正式成立了联合健康，一家由商业保险公司主导的营利性 HMO 企业，而不是艾尔伍德设想的由医生主导的非营利性 HMO 机构。

然而正是得益于艾尔伍德对 HMO 理念的创造性贡献和在政策层面上的大力推动，联合健康这家伟大公司才得以在这片土壤上孕育和发展。随着美国国内管理式医疗 HMO 的蓬勃发展，联合健康开始在这个医疗卫生体制大变革时代以新生者和奋进者的姿态展翅翱翔。

2. 理查德·伯克（Richard Burke）：联合健康创始人

第一任 CEO 1977.1—1988.1

1944 年，理查德·伯克（见图 2）出生于乔治亚州的玛丽埃塔，从当地的一所高中毕业后，进入了佐治亚理工学院的工程专业学习。

图 2　理查德·伯克

图片来源：https：//boreddirector. com。

1971 年，27 岁的伯克受艾尔伍德的聘请，帮助其实施管理式医疗 HMO，而 1976 年那次“微不足道”的经历极大地引发了伯克对当时由医生主导的 HMO 运作模式的反思。33 岁那年，他正式成立了联合健康，并担任公司董事会主席和首席执行官，后续还担任了明尼苏达州医生健康计划（联合健康内最大的 HMO 和全美第六大 HMO 组织）的首席执行官。

联合健康成立之初，伯克将它的使命和商业模式定义为：通过建立联合健康的医疗保健系统，有效整合最佳医疗服务实践规范与提高患者健康的最佳管理规范。伯克说：“我们的职责就是设计和运营系统，能够让我们为消费者提供高质低价的医疗保健产品，简单来说，就是医疗服务买家和卖家的中间人。”

为成为优秀的“中间人”，创始人伯克开始带领联合健康走上一条极具野心的快速扩张之路。一方面，通过运用 HMO 的创新管理模式，从其诞生地明尼苏达州出发，不断向其他各州扩张业务范围，收购一系列 HMO 组织；另一方面，对公司的专业能力、医疗资源、系统建设、药品专业化服务等进行深入挖掘，聚焦对医疗健康行业的技术和服务系统进行创新。

1984 年，伯克带领成立 7 年的联合健康在纽约证券交易所主板上市，联合健康成为标普 500 的成分股之一，并将自身定义为医疗服务行业中的技术和服务公司。

1986 年底，在创始人伯克带领下的联合健康交出了成立以来第一个十年答卷：他强劲开拓，使联合健康拥有并管理了全美 25 个州的 40 个 HMO 组织，HMO 注册人数持续增长，拥有 115.9 万名会员和 21600 名医生，为全美超过 9500 家企业单位提供服务。

然而，联合健康的发展在此后经历了一次危机，在大量收购和新建 HMO 的快速扩张后，联合健康出现了亏损和现金流紧缺。1987 年，联合健康亏损 1580 万美元，到 1988 年，亏损数字扩大到了 3678 万美元。

祸不单行的是，作为新生事物的管理式医疗组织通常采取严格的控费方式以控制成本，在当时美国国内引发了一系列对管理式医疗的不满。伯克也身陷其中，他采取了许多控制化的管理风格，包括通过关闭护士站、开除医生等方式来减少成本的做法，最终引发了 4000 名医生的抗议。为了平息医生群体的不满，1988 年初，创始人理查德·伯克黯然宣布辞去 CEO 职务。

3. 肯尼特·林恩·西蒙斯（Kennett Lynn Simmons）：带领联合健康度过成立以来的最大危机

第二任 CEO 1988. 2—1991. 1

1987 年伯克将自己的股份转让给了全球知名的私募机构华平投资（Warburg, Pincus Capital Company L. P.），华平投资一跃成为联合健康的第一大股东。1988 年 2 月，与华平投资关系密切的一位高管——47 岁的肯尼特·林恩·西蒙斯（见图 3）被任命为联合健康的第二任 CEO。

图 3　肯尼特·林恩·西蒙斯

图片来源：https：//scholarship. rice. edu。

华平投资十分看重西蒙斯在医疗与保险两个领域的专业运作能力，西蒙斯当时被认为是为数不多的在传统健康保险和管理式医疗领域都表现出色的职业经理人。西蒙斯和他的妻子都担任了华平投资的兼职高级顾问。

1941 年 12 月 15 日，西蒙斯出生于路易斯安那州的巴吞鲁日。1963 年获得莱斯大学学士学位。在大学时，西蒙斯不仅学业优异，还热衷于参与学校各项体育活动，他担任了维尔莱斯学院的财务主管和“R”协会的本科生代表，还是三年美式橄榄球校队夺冠者，是一名名副其实的优等生。

本科毕业后，西蒙斯加入了如今已成为全球保险巨头的保德信。1968 年，在进入公司5年后，27岁的西蒙斯便升至公司副总裁，成为保德信历史上最年轻的副总裁。

1971年，西蒙斯获得莱斯大学文学硕士学位，并被选为保德信健康维护组织工作小组负责人，并在众多旨在扩大美国公众可负担得起的医疗保健服务的委员会中任职。他是保德信的全国HMO公司PruCare的第一任总裁，也是得克萨斯州第一家HMO PruCare－Houston的创始人，此时的西蒙斯，年仅30岁。

1985年，西蒙斯加入匹克（Peak Health Care Inc），担任公司董事长兼首席执行官，他力挽狂澜，带领匹克公司走出濒临破产的边缘。

1987年1月，在匹克被联合健康收购后，西蒙斯进入联合健康担任执行副总裁，随着伯克的卸任，西蒙斯被华平投资力荐成为联合健康的第二任CEO。

面临财务状况恶化的现实压力，西蒙斯主导联合健康的业务重整，放弃了几项HMO健康计划，并在竞争激烈的市场和地区中出售了几家前景不佳的企业。1988年，第一大股东华平投资也再次增资，为公司提供现金流支持。

西蒙斯主导的业务重整期间，联合健康在1987—1989年3年间营业收入增长放缓，经营范围收缩到15个州。经过调整后的联合健康从1989年开始扭亏为盈，当年盈利1367万美元，1990年盈利大幅增长至2293万美元。

在西蒙斯的带领下，联合健康度过了它成立以来遭遇的第一次危机，正当所有人对西蒙斯的表现交口称赞，且对其带领下的联合健康充满期待的时候，出人意料的是，1991年初，西蒙斯便辞去了联合健康CEO职务，而此时他仅上任3年。

受华平投资的引荐，西蒙斯开始主导成立了MetraHealth，这家公司由美国两家大型商业保险公司旅行者保险与大都会人寿的团险业务合并而成。

充满戏剧性的是，在MetraHealth成立一年后，西蒙斯创建的这家公司便被急速扩张的联合健康收入麾下。

4. 威廉·W. 麦奎尔（William W. McGUIRE）：带领联合健康实现第一次飞跃

第三任 CEO 1991. 2—2006. 12

1991年2月，43岁的医学博士威廉·W. 麦奎尔（见图4）出任联合健康第三任CEO。

麦奎尔，1948年出生于纽约州的特洛伊市，后随家人搬迁至得克萨斯州的联盟

图4　威廉·W. 麦奎尔

图片来源：https：//www. forbes. com。

城。高中毕业后，麦奎尔进入得克萨斯大学奥斯汀分校学习，并于1970年毕业获得学士学位。在1974年，他又取得了得克萨斯大学加尔维斯顿分校医学博士学位。

从医学院毕业后，麦奎尔先后在加利福尼亚州、科罗拉多州工作，后又搬到明尼苏达州。他陆续担任了内科住院医师、心肺医学执业医师、斯克里普斯诊所和研究基金会研究员。在此期间，还担任了科罗拉多州111区医疗保健基金会主席及其专业审查委员会主席，并成为美国国立卫生研究院国家癌症政策委员会的成员。

1984年，在医学领域深耕10年后，36岁的麦奎尔接受了邀请，加入了匹克Peak的子公司——CostGuard，担任医疗总监一职。两年后，进入Peak Health Plan担任首席运营官和总裁。

1988年11月，随着联合健康对匹克的收购，同样在匹克工作的麦奎尔紧随西蒙斯进入联合健康工作，在联合健康担任执行副总裁。1991年2月，麦奎尔正式接任西蒙斯担任联合健康CEO，并在3个月后被选为公司董事长。

麦奎尔在任的15年，是联合健康乘势腾飞的15年。

麦奎尔带领联合健康再次发起多项收购与合并。在他看来，公司规模的扩大将使联合健康打造出巨大的规模经济和行业领先的服务平台。在任的15年间，麦奎尔谈判了大约30家企业的收购和扩张。

尤其值得一提的是，麦奎尔主导联合健康在2005年7月以73.59亿美元收购太平洋健康险公司（PacifiCare Health System），成为美国健康保险史上第二大合并案，该收购让联合健康第二年的营收近乎翻倍，从454亿美元迅速增长到715亿美元，是联合健康成为美国健康保险行业翘楚的关键一步。

商业中的所有收购与合并，既体现着决策者的战略眼光，又考验着经营者的整合控制与管理能力，麦奎尔则是两者兼具，在这期间被收购合并的企业几乎都成为联合健康业务发展的极大助力。

在麦奎尔任期中，除了大规模的积极收购外，麦奎尔提出了集团化战略。1998年，麦奎尔将联合健康（UnitedHealthcare Corporation）正式更名为联合健康集团（UnitedHealth Group）。并将业务进一步细化，原有业务重组为独立的六大板块：UnitedHealthcare（运营各类健康管理计划）、Unimerica（保险业务板块）、Uniprise（为大型客户提供健康福利计划的运营和医疗服务）、Ovations（运营针对50岁及以上人群的细分市场的业务）、Specialized Care Services（特定医疗健康服务）和 Ingenix（数据和信息服务）。每个板块都围绕联合健康的公司宗旨，相互关联且共享信息。

然而在2006年，正值联合健康迅猛发展之际，麦奎尔因股票期权倒签涉及不当获利而接受美国证监会 SEC 调查，期权丑闻导致联合健康面临沉重的税收惩罚、股东诉讼及刑事调查等，联合健康集团又一次面临危机。

2006年10月15日，58岁的麦奎尔宣布辞去联合健康集团的董事长，并于12月1日卸任 CEO。麦奎尔被 SEC 没收超过4.68亿美元后达成和解，并向 SEC 承诺在10年内不再担任上市公司高管。

麦奎尔是目前联合健康历史上任期最长的 CEO。忠衣信裳团队认为，麦奎尔在联合健康发展中起着最为重要的作用，他带领联合健康开启了历史上的第一次飞跃，正是由于麦奎尔15年的持续经营，联合健康成功跃入了美国保险市场的第一梯队。

5. 史蒂芬·J.海姆斯利（Stephen J. Hemsley）：深耕健康管理与服务，主导联合健康走入黄金发展期

第四任 CEO 2006.12—2017.8

2006年12月，史蒂芬·J. 海姆斯利（见图5）接下了联合健康集团 CEO 的重任，此时的海姆斯利已经54岁，在联合健康工作已近10年，是位名副其实的“老员工”，他也将用他下一个10年促成联合健康的再次腾飞。

史蒂芬·海姆斯利1952年出生，1974年毕业于福特汉姆大学获会计学学士学

图5 史蒂芬·J. 海姆斯利

图片来源：http：//www. y－lp. cn。

位。福特汉姆大学是一所位于美国纽约市的世界知名私立研究型大学，在纽约拥有非常庞大且实力强悍的校友圈，美国前总统唐纳德·特朗普也曾就读于该校。

海姆斯利在加入联合健康前，担任当时全球五大会计师事务所安达信（Arthur Andersen）的管理合伙人兼首席财务官。在安达信工作了23年后，1997年5月，45岁的海姆斯利正式加入联合健康，任高级执行副总裁。2006年，海姆斯利正式执掌这家他已投身10年的公司。

海姆斯利上任后，2008年爆发的金融危机影响着全球保险市场，健康险业务增长速度放缓，海姆斯利及时调整业务重点，采取纵向延伸业务范围的战略，开始将目光主要聚焦到健康管理领域，更多地介入健康管理和医疗服务中，使联合健康的触角向健康管理与服务领域不断深入。

在海姆斯利的主导下，联合健康很快开启下一阶段的并购浪潮，这一轮并购主要以药品福利计划PBM公司、医疗信息及软件服务商、医疗护理机构为主，通过在健康管理领域的深耕，进一步完善自身商业闭环，加固其护城河。

同时，海姆斯利开始向海外展望，以求获得更大的市场和增长。2012年联合健康收购了巴西最大的健康保险公司Amil，联合健康国际也在当年成立。

随着对健康管理业务挖掘的不断深入，海姆斯利对联合健康的业务模式和业务板块有了更进一步的清晰认知。**2011年，联合健康设立Optum，将健康服务业务线整合到Optum品牌之下，专业运营健康管理、信息技术服务、药品福利管理等延伸服务。**Optum与UnitedHealthcare运营的健康保险业务一并构成了联合健康目前的两大业务板块。

海姆斯利执掌下的联合健康集团实现了再次腾飞，健康管理条线的布局极大地提升了健康险业务的服务能力和控费能力，联合健康进入了黄金发展期。

2011—2014 年，联合健康连续四年被评为美国保险和医疗管理领域最受尊敬的公司。

2017 年 8 月，65 岁的海姆斯利的职业生涯完美谢幕。这一年，联合健康全年实现营业收入 2011.6 亿美元，归母净利润 105.6 亿美元，在世界财富 500 强中进入前 20，排名第 13 位。海姆斯利也以 1.02 亿美元的年薪，耀眼于福布斯高管榜单。

海姆斯利执掌的 11 年时间里，不仅使联合健康在业绩上取得了强劲的增长、在资本市场中取得亮眼的表现，他本人谦逊和深沉的性格也为人们所称道。他远见、幽默且尊重员工，在联合健康集团建立了一种以价值观为基础的文化，有力提升了公司的形象，并在强监管的复杂市场上使联合健康集团获得了广泛且有利的展现。

6. 安德鲁·威蒂（Andrew Witty）：现任 CEO

第六任 CEO 2021.2 至今

海姆斯利卸任后，大卫·威奇曼成为第五任 CEO，威奇曼担任 CEO 期间主要是延续了海姆斯利的战略举措，并在任 3 年时间后以陪伴家人为由提前退休。

2021 年 2 月，英国制药企业巨头葛兰素史克前 CEO 安德鲁·威蒂（见图 6）接任联合健康的第六任 CEO。

图 6　安德鲁·威蒂

图片来源：https：//en. jinzhao. wiki/wiki/Andrew_Witty。

安德鲁·威蒂，1985 年从英国诺丁汉大学获得经济学学士学位后，以管培生的身份加入葛兰素史克。经过 23 年摸爬滚打，从近 8 万员工中脱颖而出，2008 年成为葛兰素史克的 CEO。

2012 年，48 岁的威蒂登上了人生巅峰，他因对经济和英国制药业的服务贡献而被英国女王封为爵士，被母校诺丁汉大学授予荣誉校长头衔。

在担任葛兰素史克 CEO 期间，威蒂主导的最大一件事出现在 2015 年 3 月，葛兰素史克与全球排名第二的制药巨头瑞士诺华进行了一笔近 200 亿美元的资产置换。葛兰素史克将所有已上市的肿瘤药物出售给诺华，获得 160 亿美元预付款。同时，葛兰素史克向诺华支付 71 亿美元，获得除流感疫苗外诺华所有的疫苗资产。此外，两家公司合资成立了一个 OTC 药品和消费保健品企业。这笔巨额资产完成置换后，诺华 1.2 万疫苗事业部员工全部转入葛兰素史克，而葛兰素史克的 2000 名肿瘤事业部员工全部转入诺华。

威蒂认为，肿瘤药物研发周期长、投入资金大、失败概率高，不如让葛兰素史克转型为以疫苗、OTC 药物等消费保健品为主、业务稳定的企业。

从业绩看，威蒂上任的 2008 年，葛兰素史克的营业收入是 244 亿英镑，利润 83 亿英镑，营业利润率 34%。在他经营 7 年后的 2015 年，葛兰素史克的营业收入是 239 亿英镑，利润 57 亿英镑，营业利润率为 24%，三大重要指标均低于上任前。同期公司股价上涨了 25%，而同期标准普尔制药指数却上涨了 300%，他的业绩大幅低于市场平均。

2017 年 4 月，由于业绩及股价不及预期，威蒂卸任葛兰素史克 CEO，市场对他的表现褒贬不一。

2017 年 8 月，威蒂加入联合健康集团担任董事，并于 2018 年 7 月开始担任联合健康集团执行副总裁兼 Optum CEO。2019 年 11 月，威蒂担任了联合健康集团总裁。

2021 年 2 月，随着威奇曼的离任，威蒂开始执掌联合健康集团。

之所以把安德鲁·威蒂也暂时放入关键人物，是因为他可能决定着这家企业的未来。忠衣信裳团队很关心威蒂上任后的战略举措，但并未能找到其上任后相关资料。

纵观联合健康正式成立至今 44 年发展历史，从 1977 年的创始人理查德·伯克到如今的安德鲁·威蒂，他们身在其中，既是这家公司历史的创造者，也是这家公司历史的见证者，他们都在联合健康的不同阶段留下了自己浓墨重彩的一笔。

历经美国医疗、健康保险市场的相互博弈，通过有针对性的调整和经营策略的改变，尤其是伯克、麦奎尔和海姆斯利，以其对健康保险和健康管理的深刻理解、独到的战略眼光和商业智慧，用开疆拓土的魄力与进击的勇气，将联合健康送上一个又一个高峰，最终将联合健康打造成为全球健康保险和健康管理与服务业市场上的第一巨头。

（三）业务演进

联合健康集团目前形成了战略协同的两大板块：提供健康保险的 **UnitedHealthcare** 和提供健康管理与服务的 **Optum**（见图 7）。

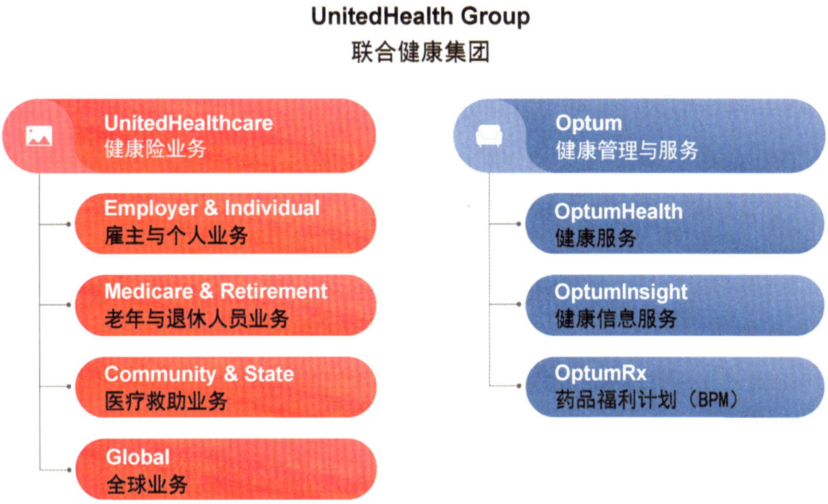

图 7　联合健康两大版块

图片来源：公司年报，忠衣信裳整理。

提供健康保险的 **UnitedHealthcare** 主要包括四大板块，按照**客户群**进行划分，分别为雇主与个人业务的 Employer & Individual，老年与退休人员业务的 Medicare & Retirement，医疗救助业务的 Community & State，以及全球业务的 Global。

提供健康管理与服务的 Optum 主要包括三大板块，按照**业务类型**进行划分，分别为提供健康服务的 OptumHealth，提供健康信息服务的 OptumInsight，提供药品福利计划（PBM）的 OptumRx。

在联合健康集团 2020 年年报中，第一次将 Optum 业务放在了 UnitedHealthcare

业务之前，可见对于健康管理与服务业务的重视。同时，2021 年新上任联合健康集团 CEO 的安德鲁·威蒂也是 Optum 业务 CEO 出身。

我们也以此为依据，首先介绍 Optum，再介绍 UnitedHealthcare 业务。

1. Optum 业务的演进

Optum 是联合健康集团旗下负责健康管理与服务的子公司。“**Optum**” 最早是联合健康 1995 年启用的一个注册商标，用于标识其向用户提供的健康信息和专业护理管理服务。2007 年，联合健康对其专业护理服务业务进行了品牌重塑，将其命名为 **OptumHealth**。

2011 年，联合健康通过整合集团内部已有的健康服务、药品福利计划，以及数据与信息服务业务成立了 Optum。Optum 的服务对象几乎覆盖了健康管理与服务领域的所有参与者，从患者到医生、从企业到政府、从医疗服务的付费者到医疗技术的创新者。

按照**业务类型**，Optum 分为三大板块：提供健康服务的 **OptumHealth**，提供健康信息服务的 **OptumInsight**，提供药品福利计划（PBM）的 **OptumRx**。

提供健康服务的 OptumHealth 主要面向政府、企业和个人提供健康服务和医疗控费。2020 年实现营业收入 398.1 亿美元，占 Optum 板块营业收入的 28.8%，占比排名第二。

提供健康数据与信息服务的 OptumInsight 为集团自身业务运营提供支持的同时，面向医疗机构、健康管理公司、政府、生命科学公司提供数字服务和系统解决方案。2020 年实现营业收入 108 亿美元，占 Optum 板块营业收入的 7.8%，占比排名第三。

提供药品福利计划（PBM）的 OptumRx 提供药品相关服务。2020 年实现营业收入 875 亿美元，占 Optum 板块营业收入的 63.4%，占比排名第一。

为更好地理解 Optum 三大业务，可以参照中国平安董事长马明哲最早对于平安大健康生态布局“三网合一”的提法，即“**医网、药网和信息网**”，在他看来，大健康包括广义的医疗服务、医药福利计划和数据信息支持，而医网、药网、信息网，正是联合健康 Optum 板块三大业务所做之事。

（1）OptumHealth 业务演进

联合健康集团的健康管理与服务布局远远早于 OptumHealth 的成立，是与联合健康成立时从事的管理式医疗 HMO 业务相伴而生的。

在 2007 年成立 OptumHealth 之前，联合健康集团的战略重心以收购管理式医疗 HMO 和地方性的医疗保险公司为主，主要依托于原有的管理式医疗 HMO 开展医疗及控费服务。

发展早期由于实力有限，除了并购，联合健康还通过合作方式拓展其业务范围，如 1986 年通过与 Lincoln National Corporation 的合作，成功地将其在内布拉斯加州的 17000 名赔偿型保险客户转化为自己的 HMO 客户，并通过进一步加深合作将其管理的 230000 名客户纳入自身服务网络。

伴随着 HMO 等各类健康保险计划的并购发展，联合健康的医疗服务资源与网络也在不断地扩张和完善。OptumHealth 成立后，联合健康集团的并购更多地聚焦于提升其健康管理与服务能力方面。

OptumHealth 尤其青睐小型诊所、远程医疗、康复护理、慢病管理等非传统医疗机构，希望通过这些机构提供的健康管理手段尽可能让患者远离医院，这一方面体现了管理式医疗与传统医疗模式相比的巨大优势，另一方面也反映了联合健康作为一家在大健康领域形成服务闭环的杰出企业对其宗旨的践行。

OptumHealth 作为健康服务的供给端，其服务能力直接影响集团对于客户的吸引力，OptumHealth 编织的健康服务网络是集团健康保险板块持续扩张的基础，也是控制医疗赔付成本的基础。

到 2020 年，OptumHealth 在全美范围内拥有 6500 家医院及医疗服务机构，覆盖 140 万全科医生和专科医生。

一方面，OptumHealth 致力于更加专业地为患者提供“有价值的健康服务”，即精细化全流程客户健康服务，为患者提供更具性价比的高质量医疗及健康服务。

OptumHealth 针对健康、非健康客户提供全流程一体化的健康服务，一是疾病治疗，通过行为健康管理、健康信息记录提醒、慢性病管理、重疾管理等引导客户使用网络内的医疗机构，提高就诊和用药的依从性；二是健康服务，通过预防医疗、生活方式管理等方式减少客户发生疾病的概率。

另一方面，OptumHealth 致力于通过降低客户疾病发生概率及诊疗赔付成本，有效降低企业的医疗赔付率。

依托 OptumInsight 强大的数据信息积累与分析，OptumHealth 在长期服务过程中积累了医疗开支数据、疾病进展数据、医疗服务数据等，在此基础上进行深度分析，对个人、团体不同客户群进行分类信息加工处理。

例如对于团体客户，数据分析为企业设计费用管理方案和疾病管理方案，帮助企业客户了解雇员医疗开支情况、健康状况和疾病风险。

通过全方位的医疗健康服务和精细化管理，联合健康的医疗赔付率长期优于主要同业，2020 年为 79.1%，优于主要竞争对手安森（84.6%）和哈门那（83.1%）。

需要指出的是，与国内保险企业健康保险低赔付率、高费用率的现状不同，美国的健康保险企业，如果医疗赔付率控制在 85% 以下，这个企业的经营就被认为是成功的。美国健康保险企业的管理费用率一般控制在 11% 以内，而销售费用率非常低。

此外，OptumHealth 还提供与医疗支付有关的金融服务。2002 年，联合健康收购了 Exante Financial Services 和 Exante Bank，将服务范围拓展到了医疗相关的金融领域。OptumHealth 的金融服务主要为集团内管理的健康账户提供资产管理服务，同时为医疗支出提供支付结算服务。

（2）OptumInsight 业务演进

OptumInsight 是联合健康旗下专注于医疗、保险行业系统研发和运维的健康信息服务公司，既为自身业务运行提供支持，同时也对外输出，是联合健康核心竞争力的集中体现。

在对外输出上，OptumInsight 主要客户为：**医疗服务提供方、健康保险企业、政府和生命科学企业**，通过提供系统服务收取服务费，盈利模式类似软件服务商，并通过软件输出将更多医疗信息资料纳入自身网络。

对于**医疗服务提供方**，OptumInsight 服务全美 90% 的医院和超过 10 万名医生，致力于提高医生治疗水平、提升医疗系统效率、改善医疗支付系统效率等。

对于**健康保险企业**，OptumInsight 服务全美 80% 的健康福利计划，通过科技运营提升效率、提升支付真实性，帮助健康保险企业在核保核赔效率提升方面创造价值，同时将从医院、政府、生命科学企业获取的数据信息在合规的方式下进行整合，反哺保险产品设计与定价。

对于**政府**，OptumInsight 提供数据分析、理赔管理、支付准确性服务以及战略咨询等定制化服务，提升整体医疗系统效率。

对于**生命科学企业**，OptumInsight 提供市场准入咨询、医疗理赔数据、药物安全等咨询服务。

OptumInsight 签订的大多为长期合同，能够在一定程度上保证收入的持续性和稳定性，营业利润率也是 Optum 各板块中最高的。

OptumInsight 对于 Optum 乃至整个联合健康都发挥着至关重要的作用，无论是医疗服务的高效提供还是健康保险计划的设计、销售都离不开信息技术的有效支撑，随着数字化、智能化趋势日益加速，这种支撑正在变得越来越关键。

联合健康很早便开始重视信息技术在医疗健康领域的运用，在 1984 年上市时，联合健康将自身定义为：医疗服务行业中的技术和服务公司。20 世纪 80 年代，电子计算机应用尚未普及，互联网浪潮尚未兴起，联合健康就已清楚地认识到信息系统的重要性。

忠衣信裳在翻译联合健康 1987 年年报时，发现有这样一段描述：联合健康相信，健康管理成本最主要的可控组成部分就是住院费用、医生服务费用和专科专家费用、处方药的成本和用量。**控制这些组成部分的最重要因素就是公司 HMO 模型的设计及其管理信息系统。**

要知道，提出上述看法的 1987 年，联合健康还是一家亏损 1580 万美元的小公司，却已在得克萨斯、明尼苏达、科罗拉多 3 个州建立起了数据处理中心。

1988 年，在亏损进一步扩大至 3678 万美元的情况下，联合健康不但没有缩减其在信息系统方面的投资，反而与世界著名信息系统服务商 Unisys 公司开启了一个为期 4 年（后期又延长了一年）的合作研发项目，开发其新一代信息管理系统——COSMOS。

COSMOS，意为“宇宙”，仅从这个“霸气侧漏”的名字就可看出当时依然十分弱小的联合健康已有包藏宇宙之机、吞吐天地之志，从硬件到软件进行全面升级，其眼光之长远、布局之果敢不禁令人赞叹。

COSMOS 系统开发计划采取了迭代开发、分段交付的方式，并很快对公司的业务形成了有力支撑。

1989 年，联合健康成立了专门的研发部门，进行相关研究及工具开发，且明确目标定位是将其研发成果产品化并对外赋能。

1990 年，联合健康通过出资购买方式结束了与 Unisys 公司的合作，开始**独立开发** COSMOS 系统，从而垄断了该系统未来的收益权，使人不得不赞赏其犀利的商业眼光。同年，联合健康开始利用其信息系统的部分功能向非关联方提供服务，主要包括医疗数据分析与报告服务包（后注册为产品 ProSight）和在线理赔申请与资格验证系统（后注册为产品 ProviderLink）。

1992 年，联合健康率先开始向患者出具关于医疗服务可及性、质量和成本分析的报告卡，为患者做出医疗服务选择提供了所需信息。当时，尽管医疗行业广泛在企业内部采用了自我评价，但只有联合健康发布此类质量和绩效报告，而联合健康有能力提供这类报告，正是得益于其强大的信息系统支持。

1993 年，联合健康开发出一款名为 EPISODES 的医疗保健管理系统软件，该软件使用行业公认的医疗标准来自动评估客户所接受的医疗服务的准确性和适当性，开启了医疗评估与控费的自动化的进程。

1996 年，联合健康开发的一款具有专利的人工智能系统 AdjudiPro 被美国著名的史密森学会永久收藏，并荣获 CIO 企业价值奖。AdjudiPro 可以将大部分索赔审查流程自动化，大幅降低处理理赔申请的时间与经济成本。

1998 年，联合健康集团成立并对内部业务进行了全面重组，成立了独立的医疗 IT 公司 **Ingenix，标志着联合健康对信息化的重视程度迈上了一个新台阶**。

同年，联合健康通过与领先的医生密切合作并深入挖掘公司资源丰富的数据库，首次发布最佳实践"临床资料"（Clinical Profiles）并将其注册为服务品牌，为其医疗网络内的医生提供数据，使他们能够将自己的临床实践与全国公认的医疗服务标准进行比较。这一举措看似简单，实则不容小觑，因为对于医生这一高度依赖专业经验的职业而言，"临床资料"的价值不啻于业内专家的耳提面命，将极大地提升联合健康对医生群体的吸引力。

1999 年，依靠对数据的深入应用，联合健康打破常规，成为业内第一个取消大部分烦琐"预授权"规则的公司。此前，需要看专科医生的患者需要先去看他们的初级保健医生以获得转诊，然后再由他们的承保计划批准。这个过程往往十分冗长且充满了官僚主义气息，令人十分沮丧，并且几乎没有可靠的证据表明这一程序的有效性。通过"护理协调"（联合健康的又一个服务品牌），联合健康帮助患者更加便捷地获得医疗服务，同时也减少了医生的文书工作。

2000 年以来，尽管互联网泡沫破灭，大量互联网公司破产倒闭，联合健康却坚持走在互联网化的道路上，接连推出了针对个人的官方网站 myuhc. com 和针对医生和经纪人的网络服务平台，不断强化公司与客户群体联系的紧密度。

联合健康十分注重借鉴其他行业的技术创新应用成果，如 2003 年公司推出了使用磁条技术和 MasterCard®系统的电子医疗 ID 卡，并不断丰富完善卡功能，将健康福利信息和财务信息结合在一张卡上，使医生和医院可以实时访问患者福利和资格信息以及医疗理赔历史，还允许在线提交理赔并在几秒钟内予以反馈。

2009 年，联合健康与思科建立合作伙伴关系，研究建立了第一个全国远程医疗网络“互联护理”计划，在患者无法亲自就诊时，使其能够通过网络接触医生和专家。该网络使用最先进的电话会议和电子健康记录技术，将医疗专家的服务覆盖范围扩展到了农村和城市中医疗资源短缺的地区。

2010 年，美国医学协会选择 Ingenix 开发的 CareTracker 作为第一个为医生提供电子健康记录的信息系统，在医生的工作过程中协助集成患者病历和电子处方。

联合健康一方面不断加强自身研发能力并与头部科技企业开展合作，另一方面也通过并购快速增强自身实力。

2010—2011 年，Ingenix 先后收购了 Picis（一家健康信息公司）、Axolotl（一家健康信息交换服务公司）和 Executive Health Resources（一家医疗管理服务公司）。

2011 年，联合健康集团对其业务进行了全面重组，正式成立了 Optum 公司并作为其两大业务板块之一，也相应地以 Ingenix 公司为基础组建了 **OptumInsight**。

Optuminsight 成立后，在医疗服务信息化领域继续深耕细作。

2013 年，Optum 与 Dignity Health 联合设立了 Optum360，旨在提高患者成本透明度，并使医院、医生和支付方的管理现代化。Optum360 将 Optum 的领先技术和分析能力与 Dignity Health 久经考验的基础设施相结合，为大型医院和卫生系统提供渐进式收入周期管理和医疗记录文档服务。Optum360 以患者为中心的收入周期管理方法从根本上改变医疗机构业务的传统流程——从患者登记到财务解决方案。

2014 年，Optum 推出了 Optum One 智能健康平台，将行业最先进的集成数据平台与最强大的预测和临床分析技术相结合，为医生提供人口健康管理数据（PHM），可以根据从海量个人医疗记录及理赔信息中提取的数据获得有价值的医疗信息并采取有针对性的医疗行为。PHM 整合了保险理赔数据、电子病历数据、用药数据等多方面数据，帮助医院分析和预测病人的风险，以优化诊疗和病人管理方案。对于支付方来说，PHM 的数据比单纯理赔数据更为全面，对做出支付决定非常有价值。

2021 年 1 月，联合健康宣布拟斥资 130 亿美元收购 Change Healthcare 公司（一家独立的健康技术服务公司）并将其并入 OptumInsight 公司。这次合并如能顺利完成，将使联合健康集团的医疗信息化能力进一步提升。

经过多年发展，OptumInsight 已由起步时的医疗数据处理和分析的专业公司，成长为一家服务领域覆盖整个医疗行业的大型 IT 系统服务商，不仅可以帮助保险公司设计核心业务、财务系统，还可以为医院设计临床诊疗路径，同时它还能通过医疗大数据分析帮助政府优化医保方案，提高政府公共服务的效率和质量。

联合健康集团整体在其不断精心打造的数字化能力的加持下，已经具备了使竞争对手难以望其项背的优势。Optum 计划在未来几年内对机器学习、人工智能和自然语言处理进行大量投资。OptumInsight 需要做的就是在其选择的正确道路上义无反顾地不断前行，将背影留给后面的追赶者。

（3）OptumRx 业务演进

OptumRx 是 Optum 的药品福利计划 PBM 平台，Rx 是处方药的缩写。

药品福利计划 PBM 主要是由第三方管理组织通过协调医药企业、医院、药店、保险公司、参保人等多方关系，**控制药品费用增长以及提升医疗服务质量和管理水平**。

药品福利计划 PBM 针对医保费用控制和医保基金管理提供专业化的第三方服务。其主要服务内容包括：**药品采购、药品目录管理、处方集管理、处方审核、药品流通、健康管理**等。在此过程中，PBM 机构主要通过管理过程中的药品价差实现盈利。

药品福利计划 PBM 的**主要业务流程**为：参与药品保障计划的患者去医院就诊，医生在 PBM 系统的管控下开具处方；患者携带处方到药房取药，药剂师在 PBM 系统确定处方有效的前提下根据处方开药，患者支付自费部分，PBM 机构根据协议价格（药品的折扣协议）向药房结算剩余费用；患者还可以选择 PBM 机构提供的药品邮购服务，PBM 机构通过药品生产商直接采购药品并邮寄给患者，PBM 机构和患者均可受益于中间成本的减少；保险和政府等支付方根据协议向 PBM 机构结算费用（PBM 机构为患者支付的费用）。

药品福利计划 PBM 诞生于 20 世纪 60 年代末的美国，最初主要被应用于控制医疗尤其是医药费用支出。经过了近半个世纪的发展，其商业模式已较为成熟且控费成效显著。

联合健康从 1988 年便深度介入了药品福利计划 PBM 业务，由子公司 Diversified Pharmaceutical Services（DPS）进行经营，通过零售药房和邮寄服务为患者提供药品，利用规模经济与药厂谈判获得更低的处方药成本。该业务给联合健康带来了可观的收益。

令人意外的是，正当 PBM 业务蓬勃发展时（1993 年 DPS 收入大涨 104%），1994 年联合健康却将该子公司以 23 亿美元出售。

忠衣信裳研究认为，这可能是联合健康从集团整体战略布局角度出发，对不同业务线划定的优先级决定的。PBM 业务虽然发展迅猛、利润丰厚，但在当时不属于联合健康的核心业务，为了更好地布局其团体健康保险业务，才忍痛割爱，以待来日。出售该子公司的次年，1995 年联合健康以 16.5 亿美元收购了 MetraHealth，将旅行者保险和大都会保险的团险业务收入囊中。

联合健康出售药品福利计划 PBM 业务后，此项业务自 2000 年起由 Medco 提供外包服务，后又逐步在联合健康原子公司 Ovations 中开展。

2005 年，联合健康通过收购 PacifiCare Health Systems 获得其药品福利管理子公司 Prescription Solution，其通过 64000 个社区药房和药品供给网络，向 Medicare 和其他政府卫生计划以及雇主和工会提供处方药福利。Prescription Solution 是为邮购药品提供批发采购成本（WAC）定价的五个药品福利管理机构之一。

从 2007 年开始，联合健康将原有药品福利计划 PBM 业务并入到已收购的药品福利计划子公司 Prescription Solution 经营，整体药品福利计划业务又在 2011 年被整合到 Optum 业务线，更名为 OptumRx，并于 2012 年结束 Medco 的外包服务，独立运作。

此后，联合健康不断通过兼并收购的方式扩大药品福利计划 PBM 版图。

2015 年，联合健康以 128 亿美元收购 Catamaran，其当年管理着 3500 万会员的 4 亿张处方。同年，联合健康收购美国第四大专业药房 BriovaRx，其主要提供特药服务和家庭输液服务，旗下零售药店 Alexacare Health Solutions 提供药物、护理、静脉内抗生素治疗、肠胃外营养等服务。

2016 年，联合健康收购了 Helios，其为职工薪酬和第三方管理人员提供药品福利计划 PBM 服务、耐用性医疗设备、药品运输等解决方案。

2017 年，联合健康收购了 Avella Specialty Pharmacy，其是一家特药药房企业，在肿瘤、皮肤病等领域提供药物疗法。

2018 年，联合健康收购了 Genoa，其提供精神病学服务和药品福利计划，在全国设有 435 个药房。

2019 年，联合健康收购了 Diplomat，其在全国范围内提供专业药房和输液服务。

2020 年，联合健康收购了 DivvyDose，其是一家专注向多种慢性疾病患者提供送药上门服务的在线药房初创企业。

通过不断兼并收购，OptumRx 在药品市场的议价权不断提升。到 2020 年，OptumRx 覆盖全国 67000 家药店，作为支付方管理着全国 1050 亿美元的药品支出，其中包含 460 亿美元的特药支出。

通过多年并购发展，OptumRx 在美国 PBM 市场排名第三，排在快捷药方公司 Express Scripts（ESI）和 CVS Caremark 之后，三家企业合计 PBM 市场份额超过 70%。

近年来，美国健康保险与药品福利计划企业不断融合，既有 2017 年药房企业 CVS 以 690 亿美元收购第三大健康保险企业安泰 Aetna，也有 2018 年第五大健康保险企业信诺 Cigna 以 670 亿美元收购快捷处方 ESI。“险 + 医 + 药”的融合在美国更为明显。

2. UnitedHealthcare 业务演进

提供健康保险计划的 UnitedHealthcare 按照客户群进行划分，可以分为四大板块，分别为提供雇主与个人健康保险计划的 Employer & Individual，提供老年与退休人员健康保险计划的 Medicare & Retirement，提供医疗救助健康保险计划的 Community & State，提供全球健康保险计划的 Global。

其中，提供雇主与个人健康保险计划的 Employer & Individual 面向企业和个人提供健康保险等产品与服务，服务客户 2620 万人，2020 年实现营业收入 558.7 亿美元，占健康保险板块营业收入的 27.8%，占比排名第二。

提供老年与退休人员健康保险计划的 Medicare & Retirement 面向符合条件的老年人和退休人员提供健康福利计划，2020 年实现营业收入 907.6 亿美元，占健康保险板块营业收入的 45.2%，占比排名第一。

提供医疗救助健康保险计划的 Community & State 面向经济困难、失业者等群体提供健康保障，服务客户 660 万人，2020 年实现营业收入 464.9 亿美元，占健康保险板块营业收入的 23.1%，占比排名第三。

提供全球健康保险计划的 Global 面向巴西、智利为主的全球 150 余个国家提供健康保险计划，覆盖客户 760 万人，2020 年实现营业收入 77.5 亿美元，占健康保险板块营业收入的3.9%，占比排名第四。

（1）Employer&Individual 业务演进

UnitedHealthcare 提供雇主与个人健康保险计划的 Employer&Individual 主要面向大型雇主、公共部门、中小雇主及个体提供一系列保障型健康保险计划与服务。具体的产品及服务提供由联合健康旗下的保险公司、健康维护组织（HMOs）以及第三方管理机构（TPAs）来实现。

UnitedHealthcare 雇主与个人服务的主要产品线包括：

传统保险产品。传统保险产品包括全方位的医疗保险计划和医疗服务网络选择，并提供一系列保障服务，包括预防保健、专家直接咨询就诊和灾难性保护。

消费者参与产品。消费者参与产品将保险计划设计与金融账户相结合，进而鼓励参与者更加关注自身健康与福祉。这类产品组合主要包括具有高免赔额的消费者导向保障计划，并配以健康报销账户 HRAs、健康储蓄账户 HSAs，以及诸如个性化行为激励计划、消费者教育和其他数字产品等消费者参与服务。

临床和医药产品。临床和医药产品是指一整套临床和药学监护服务产品，其通过提高护理质量、加强与消费者的互动和提供节省成本的选择方案来作为其提供服务产品的补充。就每个健康保险计划而言，都会包括核心的临床方案安排，除此之外，还会根据不同健康保险计划的筹资类型、客户类型以及临床需要，辅以其他专项服务。

特别服务。特别服务是指提供牙科、眼科、听力和其他专业保障，包括意外保障、重大疾病、残疾和医院补偿。

UnitedHealthcare 雇主与个人服务是伴随着美国团体健康保险业务的发展而发展的。

第二次世界大战期间美国出台了团体健康险税收优惠政策，团体健康保险业务得以快速发展。

《1954年国内税收法典》进一步明确了团体医疗保险的税收优惠政策，企业为个人缴纳的医疗保险费可以税前扣除，员工个人承担的保费也可以税前列支。企业和员工的税收优惠没有额度限制，该政策进一步撬动了美国团体医疗保险业务的发展。

随着团体医疗保险的发展，员工众多的大企业往往自己承保本企业员工的医疗保险，再与商业医疗保险企业签约，帮助运营本企业的团体保险业务。而小企业主，包括执业律师、会计师等，以及自由职业者往往通过地区行业协会一起向商业保险公司购买保险，形成了足够大的风险分担群体，从而保费比个人购买医疗保险要优惠。

没有雇主补贴的个人从商业保险公司购买医疗保险，保险公司根据投保人的年龄、性别、病史、身体状况等来选择是否承保以及保费。个人或家庭购买医疗保险支付的保费往往高于其他方式购买的保险。

发展到今天，除了 65 岁以上老人、贫困人群，以及部分其他特定人群外，大部分美国民众都需要通过商业医疗保险安排来满足个体的医疗保障需要，因此也就造就了美国巨大的雇主和个人商业医疗保险市场，尤其是团体医疗保险市场。

联合健康作为一家典型的经营管理式医疗的企业，从成立之初就一直采取对外并购的方式，不断扩大客户规模，汇聚支付力量，旨在和医疗服务提供方谈判博弈中，为自己争取更大的主动。在这个过程中，UnitedHealthcare 雇主与个人服务业务不断壮大。

尤其是 1995 年 10 月，联合健康以 16.5 亿美元巨资收购了 MentraHealth。这家企业是由旅行者保险和大都会保险两大公司的团险保健业务整合而成，拥有 1000 万客户。这笔交易对联合健康具有重要意义，收购完成的第二年联合健康的营业收入近乎翻倍，一举迈入百亿美元大关。

联合健康在进行对外并购的同时，对内也在不断将自身各条业务线进行整合重组。UnitedHealthcare 雇主与个人服务业务线的基本成型是在 2007 年 4 季度，在当时被定义为商业市场板块，2010 年开始正式更名为 UnitedHealthcare 雇主与个人服务。

此后 UnitedHealthcare 雇主与个人服务的业务模式越发成熟，经营业绩相对稳定。由于美国商业健康险的覆盖率已经达到较高水平，从保户数量上看，该业务占比不断降低。

（2）Medicare & Retirement 业务演进

UnitedHealthcare 提供老年人与退休人员健康保险计划的 Medicare & Retirement 是健康保险业务板块占比最高的业务条线，主要对接联邦政府的 **Medicare** 保险计划以及美国退休人员协会 **AARP**。

美国联邦医疗和社会服务部 DHHS 下属的联邦医保和医助总局 CMS 所管理的 Medicare 保险计划是整个美国医疗系统中最大的单一付费方。

Medicare 保险计划支付的医疗费对大多数医院和医生来说至关重要，CMS 制定的费率标准在市场上起基准和主导作用，很多保险公司的费率都是参考联邦医保的费率制定的。

可以享受联邦医保的人群主要包括：年满 65 岁的美国公民，或者符合条件的年满 65 岁获得连续 5 年永久居民资格者；65 岁以下公民，但是领取残疾社会保障至少 24 个月；由于肾病或等待肾移植需要肾脏透析者；患有肌肉萎缩硬化症者。

深入了解 Medicare 保险计划的演进对于理解联合健康老年与退休人员健康保险计划的快速发展至关重要。

美国最初的 Medicare 保险计划由 A 部分和 B 部分组成，是伴随着 1965 年颁布的《社会保障修正案》而产生的。

A 部分（住院保险，Part A）：覆盖主要住院费用和专业护理费用，也包括部分居家护理和临终护理等。

B 部分（医疗保险，Part B）：类似于门诊保险。政府支付 80% 的医疗诊治费，主要覆盖门诊费、诊断费等，以及一些门诊服务。

1982 年，《税收公平和财政责任法案》授权 Medicare 管理部门与商业保险公司签订合同，购买医疗保险服务，为政府外包 Medicare 提供政策支持，形成了原始的 C 部分（基于政府医保的保险，Part C）。

1997 年《预算平衡法案》对 Part C 进行全面改进，形成新的 Part C，但支付依然属于行政定价，没有建立竞争性投标机制。

2003 年《医疗保险现代化法案》通过，于 2006 年实施。对 Part C 再次进行改革，更名为医保优势计划 Medicare Advantage（MA），并引入市场化定价的招投标机制。MA 由 CMS 负责运营。

同时，Medicare 保险计划还推出了 D 部分（处方药计划，Part D），对不在保险计划保障范围内的处方药提供保障，由商业保险公司承保。自此，商业保险公司可以直接接触到医生的药品处方，进一步促进了以保险公司主导的药品福利计划体系发展。

此外，考虑到采取免赔额、自付比例等费用控制措施后，部分参保老人医疗负担较重，联邦政府在 Medicare 基础上推出了医保补充计划 Medicare Supplement（即 Medigap），主要覆盖了参加基本医保和处方药计划后个人负担费用，分为标准化的十个计划。该计划由商业保险机构开办，参保人可选择不同公司提供的计划。

综上所述，Medicare 可以分为两大类：

一类是联邦政府提供的基础版本和商业补充医疗。即 Medicare Part A + Medicare Part B + Medicare Part D + Medicare Supplement，分别对应住院保险、门诊保险、处方药计划以及覆盖免赔额及共保部分的补充保险。

另一类是商业保险公司提供的医保优势计划，即 Medicare Advantage。由商业保险公司提供的一揽子保险方案（All in One），包含住院和门诊部分，大部分 MA 产品会包含药物部分，有些 MA 产品还会提供额外增值服务权益。

目前，美国 6000 万老人中的 33% 选择 MA，预计这一比例还将逐步提高。

联合健康从成立时就非常注重老年人医疗保险市场，特别是与 Medicare 相关的业务。

1979 年，联合健康为老年人推出了第一个基于医疗网络提供服务的健康计划，进行了最早的为 Medicare 医疗保险提供市场化替代方案的实验。

1987 年，联合健康推出了 EverCare 计划，旨在为入住疗养院的个人，协调提供护理服务。

1997 年，经过严格的筛选过程，美国退休人员协会（AARP）指定联合健康为其成员提供健康保险服务，并于 1998 年正式开展合作。这是联合健康发展过程中非常重要的一次合作。

AARP 成立于 1955 年，是一个由符合条件的 50 岁以上中老年人组成的非营利组织，拥有超过 3800 万会员，总部设在华盛顿特区。

1997 年初，联合健康与 AARP 达成为期 10 年的合作意向。自 1998 年 1 月 1 日开始，为其成员提供包括 Medicare 补充保险和住院赔偿健康保险。

联合健康于 1998 年成立了 Ovation 子公司，专门负责老年人健康福利计划。

21 世纪以来，坚定看好老年和退休人员业务前景的联合健康通过大举并购为日后 Medicare 业务的快速发展奠定了坚实基础。

2003 年《医疗保险现代化法案》颁布后，Ovation 获得了极大的发展助力，一直保持高速增长态势。

2004 年，联合健康以 92 亿美元巨资收购了运营着美国最大医保优势计划 MA 之一的 PacifiCare Health System，其服务超过 75 万老年客户，这次并购极大增强了其 Medicare 业务的经营能力。

目前，UnitedHealthcare 老年与退休人员业务主要提供 Medicare 中由商业保险公司承保的医保优势计划 Medicare Advantage、处方药计划 Medicare Part D 以及补充保险计划 Medicare Supplement。客户通过商业保险购买 MA 计划的同时，联邦政府往往会将其 Medicare Part A 和 Medicare Part B 的保费一并支付给商业保险公司。

到 2020 年，UnitedHealthcare 老年与退休人员业务实现营业收入 907.6 亿美元，占健康保险板块营业收入的 45.2%，占比排名第一。

（3）Community & State 业务演进

UnitedHealthcare 提供医疗救助健康保险计划的 Community & State 主要对接医疗救助计划 Medicaid、儿童健康保险计划 CHIP、贫困家庭临时补助计划 TANF、双重特殊需求计划 DSNP、长期服务和支持 LTSS 以及其他州政府和社区残障保障计划。

医疗救助计划 Medicaid 也是 1965 年《社会保障修正案》的一部分，是由美国国会立法，联邦政府制定实行框架、拨出一部分款项，由各州政府拨出另一部分款项并具体执行操作的社会福利项目。

对于未到 65 岁退休年龄的广大贫困人口，特别是生活在贫困中的未成年人口来说，联邦和州两级政府共同出资的医疗救助是他们获得医疗服务的唯一渠道。

医疗救助（Medicaid）与联邦医保（Medicare）的区别如表 1 所示。

表 1　　医疗救助与联邦医保的区别

	联邦医保	医疗救助
服务对象	老人，残疾人	贫困人口
覆盖率	100%	40%
资格标准	年龄、残疾	收入、资产、年龄、其他
人口特点	65 岁以上老人	未成年人、孕妇、产妇
出资	联邦政府	联邦和州政府
操作执行	联邦政府	州政府
地区差异	全国基本一致	有地区差异
覆盖医疗	限制较大	范围大于医保

资料来源：《揭秘美国医疗制度及其相关行业》。

儿童健康保险计划 CHIP 于 1997 年实施，针对的主要是家庭收入较低但还未达到 Medicaid 标准的家庭，为这类中低收入家庭的儿童和青少年提供健康保险。CHIP 的资金来源主要为联邦政府和州政府，其中联邦政府占主要部分。

为加快医疗救助健康保险业务发展，2002 年，联合健康集团收购了 AmeriChoice，并将其作为政府项目中弱势群体提供医疗服务的平台。当年，联合健康集团就将其已有的 Medicaid 业务并入 AmeriChoice。

2009 年，《儿童医疗保险再次授权法》（Children's Health Insurance Program Reauthorization Act）开始实施，在政府的各项激励措施下，超过一半的州通过简化 CHIP 和 Medicaid 的注册和续签程序、扩大覆盖范围等措施，完善儿童医疗保健公共计划。凯撒基金会数据显示，0—18 岁人群 Medicaid 覆盖率 2009 年仅为 26.8%，2016 年已升至 39.1%。

2010 年，奥巴马总统签署《患者保护与平价医疗法案》（Patient Protection and Affordable Care Act，PPACA），强制美国民众购买医保并要求州政府扩展 Medicaid 覆盖范围。该法案于 2014 年开始实施，自此，Medicaid 覆盖人群快速增长，凯撒基金会数据显示，2014—2018 年，18—64 岁人群 Medicaid 覆盖人数增加了 802 万人，覆盖率由 11% 增长至 15%。

得益于美国不断加强医疗保障体系建设的有关政策出台，与特定人群有关的医疗救助市场增量不断扩大，UnitedHealthcare 医疗救助业务也因此成为联合健康的健康保险板块中业务增长最快的条线，从 2010 年到 2020 年，Community & State 业务贡献的收入从 121 亿美元增长至 465 亿美元，年化复合增长率 13%，覆盖客户 662 万人。

（4）Global 业务演进

UnitedHealthcare 提供全球健康保险计划的 International 业务，是在 2012 年收购巴西艾米尔（Amil）公司之后正式组建，2014 年更名为 UnitedHealthcare 全球（Global）。

UnitedHealthcare 全球业务是通过针对当地人口的健康保险计划、医疗服务、福利计划以及风险和救助解决方案，为跨国和当地企业、政府、保险公司和个人及其家庭提供服务。业务主要覆盖巴西、智利、哥伦比亚、秘鲁，此外还包括其他 150 个国家。

2012 年，联合健康收购了巴西的健康险公司 Amil。根据 2020 年联合健康年报披露，Amil 在巴西为 340 万人提供健康福利保障，为超过 220 万人提供牙科福利保障。

2013 年 Lusíadas Saúde 被 Amil 收购，作为联合健康在葡萄牙的分支机构，通过自有的医院和诊所网络为葡萄牙人提供临床服务。

2018 年，联合健康完成了对智利的健康险公司 Empresas Banmédica 的收购。根据 2020 年联合健康年报披露，Empresas Banmédica 为智利、哥伦比亚和秘鲁的大约 200 万人提供健康福利保障和医疗保健服务。

（四）经营业绩与成果

从联合健康 1977 年正式成立，1984 年纽交所上市，到 1997 年进入《财富》世界 500 强，仅用 20 年时间。

在 1997 年首次进入《财富》世界 500 强时，联合健康营业收入 100.7 亿美元，归母净利润 3.6 亿美元。到 2020 年，联合健康实现营业收入 2571.4 亿美元，归母净利润 154 亿美元，2021 年《财富》世界 500 强排名第八，2021 年 10 月公司市值超过了 4000 亿美元（见图 8）。

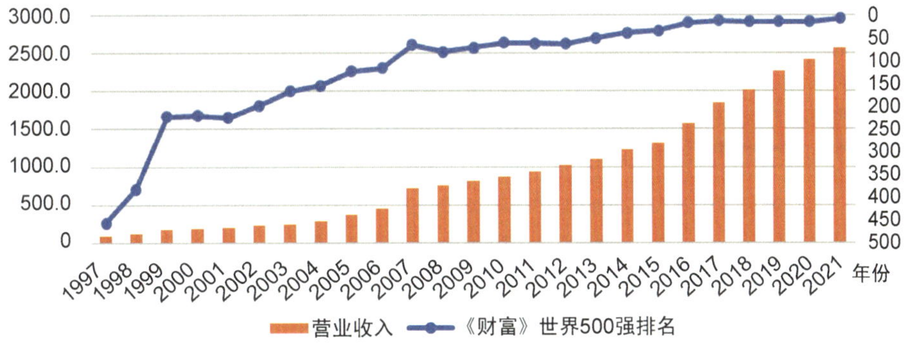

图 8　联合健康营业收入及《财富》世界 500 强排名（单位：亿美元）

资料来源：《财富》杂志中文网站，忠衣信裳整理。

从最重要的投资回报率指标看，在过去的 10 年里，联合健康的盈利能力保持稳中有升的趋势。其中 2011—2016 年，净资产收益率（ROE）在 17%—20% 之间波动，2017 年以后提高至 24% 以上（见图 9）。

伴随着业绩的大幅增长，联合健康的股价不断攀升，由 2011 年末的 50.68 美元/股一路上涨到 2021 年 9 月末的 390 美元/股，在不考虑分红情况下，投资回报率也几乎达到 10 年 8 倍，成为标准的大牛股（见图 10）。

联合健康的股价不仅体现了业绩的增长，还体现了估值的提升，是标准的戴维斯双击。在美国资本市场，联合健康的估值水平不仅远高于传统寿险行业估值水平，

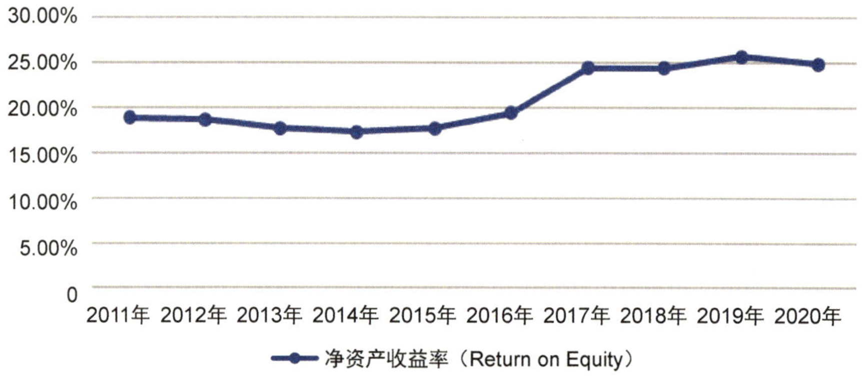

图 9　联合健康盈利情况

资料来源：公司年报，忠衣信裳整理。

图 10　联合健康股价表现（单位：美元）

资料来源：Wind 数据，忠衣信裳整理。

而且在健康险行业中也属于较高水平。此外，由于健康管理业务带来更强的消费属性，其近期估值水平接近甚至超过美股食品或家用产品整体估值水平（见图 11）。

分**两大业务板块**看，联合健康的健康保险板块 UnitedHealthcare 和健康管理与服务板块 Optum 均保持稳定增长。其中，健康管理与服务板块 Optum 营业收入从 2011 年的 286.5 亿美元增长至 2020 年的 1363.1 亿美元，复合增长率达到 16.9%；健康保险板块 UnitedHealthcare 营业收入从 2011 年的 953.4 亿美元增长至 2020 年的 2008.8 亿美元，复合增长率为 7.7%（见图 12）。

从联合健康两大业务板块的营业收入占比看，健康管理与服务板块营业收入贡献占比不断提高，健康保险板块营业收入贡献占比不断下降。到 2020 年，健康管理与服务板块和健康保险板块的营业收入之比接近 4∶6（见图 13）。

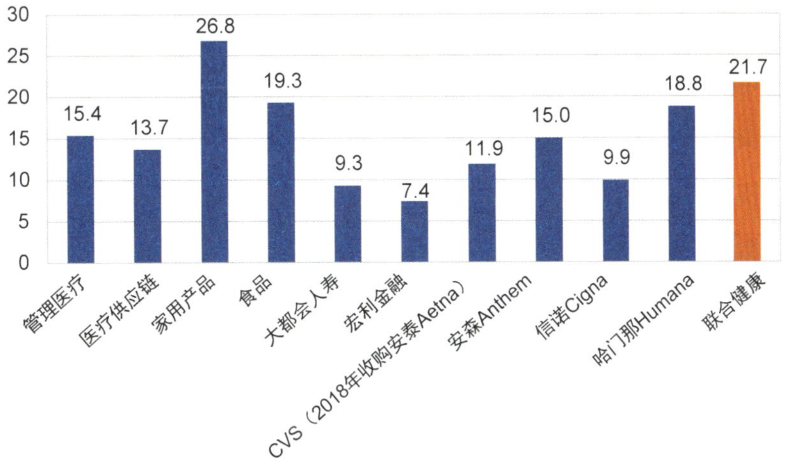

图 11　美股部分行业及公司的市盈率水平

资料来源：《中金看海外公司：从联合健康看中国保险创新支付的发展空间》，彭博资讯，上述行业和公司估值均为美股数据，行业估值为 2021 年半年数据，公司估值为 2021 年 11 月 3 日的 2021eP/E，其中大都会人寿、宏利金融为代表性的寿险公司，联合健康、安泰、安森、信诺、哈门那为美国前五大健康险公司。

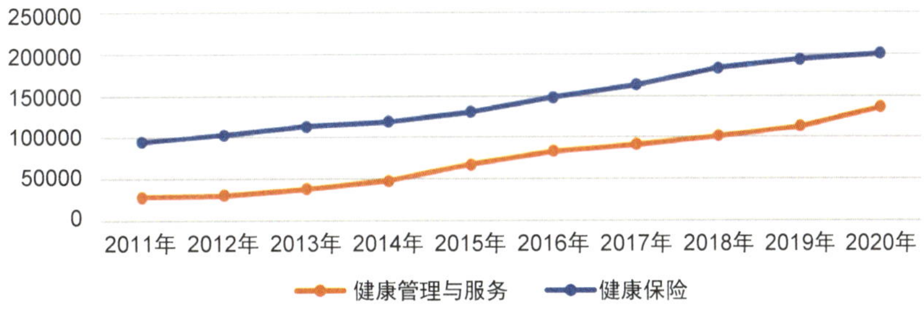

图 12　联合健康——健康管理与服务和健康保险营业收入（单位：亿美元）

资料来源：公司年报，忠衣信裳整理。

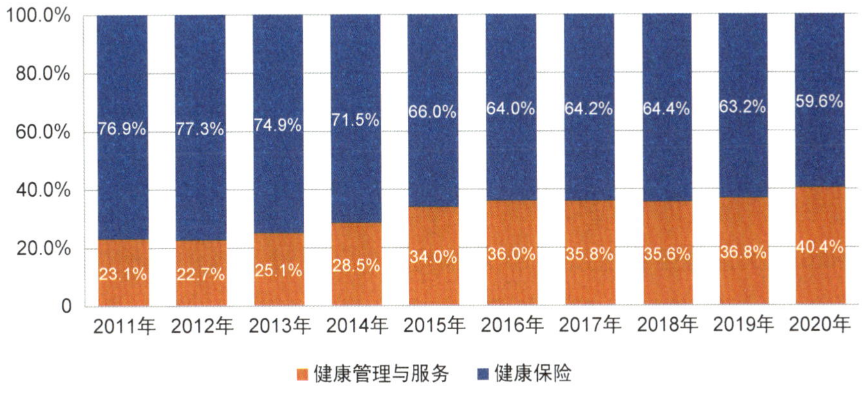

图 13　联合健康——健康管理与服务和健康保险收入贡献情况

资料来源：公司年报，忠衣信裳整理。

1. 健康管理与服务板块 Optum 业务经营情况

如业务演进部分所述，健康管理与服务板块 Optum 是联合健康集团最为重视的业务板块，其 2020 年实现营业收入 1363.1 亿美元。Optum 三大业务条线中，健康服务业务 OptumHealth 实现营业收入 398.1 亿美元，占比 28.8%；药品福利计划业务 OptumRx 实现营业收入 875 亿美元，占比 63.4%；健康信息服务业务 OptumInsight 实现营业收入 108 亿美元，占比 7.8%（见图 14）。

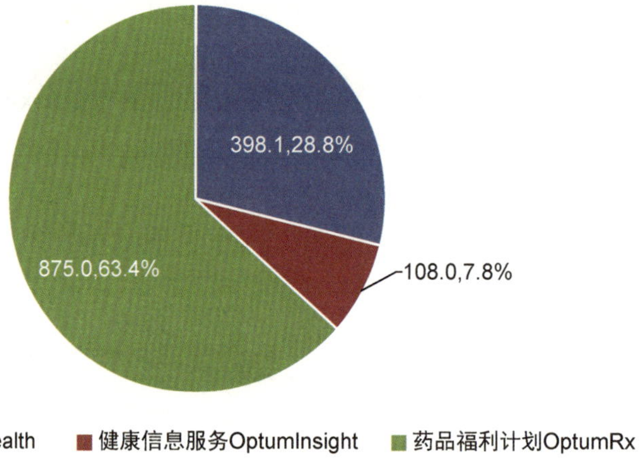

图 14　Optum 三大业务 2020 年营业收入及占比（单位：亿美元）

资料来源：公司年报，忠衣信裳整理。

需要指出的是，由于 Optum 三大业务条线之间存在业务协同，即关联交易，三者营业收入口径的合计数略高于 Optum 板块合并口径数据。

从盈利能力上看，健康管理与服务 Optum 板块中盈利能力最强是健康信息服务业务 OptumInsight，在过去 10 年发展中，其营业利润率呈上升趋势，2020 年达到了 25.2%；健康服务业务 OptumHealth 和药品福利计划业务 OptumRx 的盈利能力相对稳定，近年来营业利润率分别在 8%—10% 之间和 3%—5% 之间波动（见图 15）。

Optum 三大业务条线在过去 10 年中均实现了超过 15% 的增长，其中健康服务业务 OptumHealth 在过去 10 年增长最快，复合增长率为 19.5%，在 Optum 板块中的业务占比在 20%—30% 之间（见图 16）。

药品福利计划业务 OptumRx 在过去的 10 年中复合增长率为 16.3%，在 Optum 板块中的业务占比在 60%—70% 之间（见图 17）。

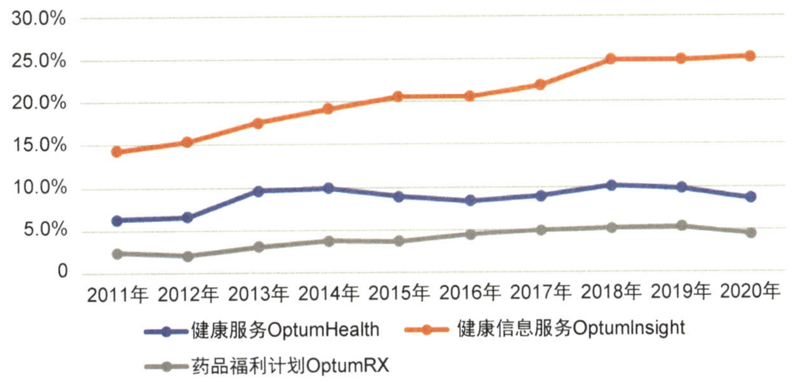

图 15　Optum 三大业务营业利润率

资料来源：公司年报，忠衣信裳整理。

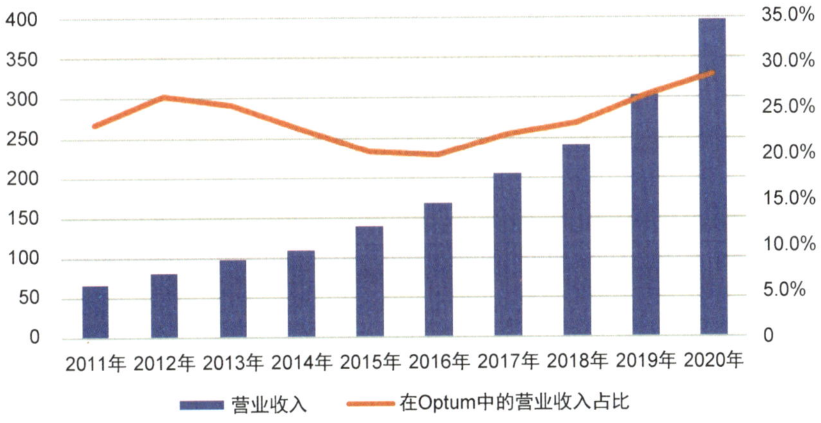

图 16　健康服务业务 OptumHealth（单位：亿美元，%）

资料来源：公司年报，忠衣信裳整理。

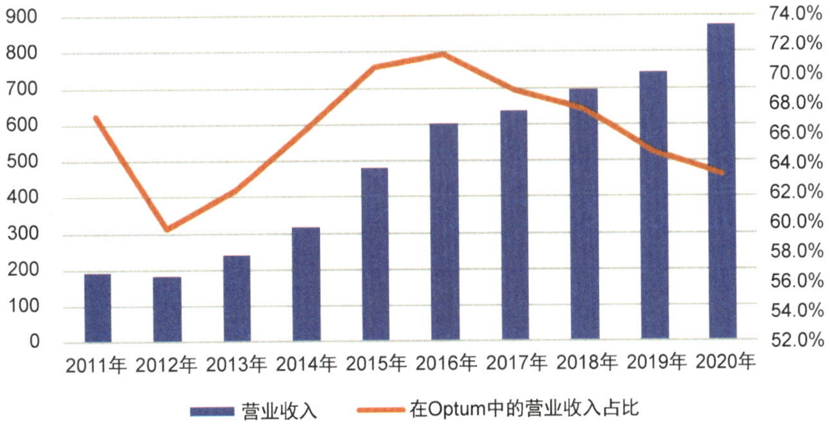

图 17　药品福利计划业务 OptumRx（单位：亿美元，%）

资料来源：公司年报，忠衣信裳整理。

健康信息服务业务 OptumInsight 业务在过去 10 年复合增长率为 15%，在 Optum 板块的业务占比在 7%—9% 之间（见图 18）。

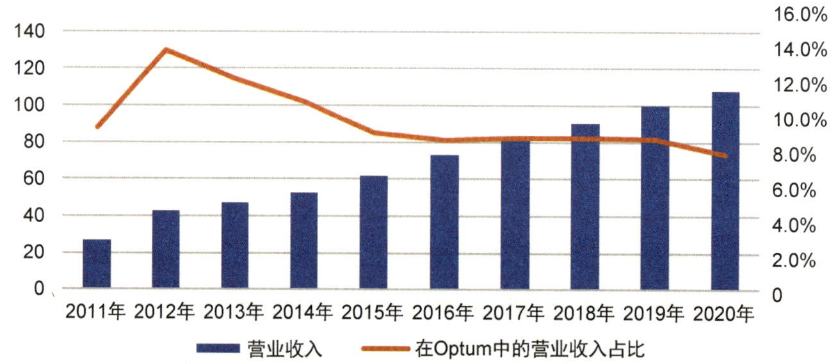

图 18　健康信息服务业务 OptumInsight（单位：亿美元，%）

资料来源：公司年报，忠衣信裳整理。

2. 健康保险板块 UnitedHealthcare 业务经营情况

联合健康的健康保险板块 UnitedHealthcare 2020 年实现营业收入 2008.8 亿美元。其中，雇主与个人业务 Employer & Individual 实现营业收入 558.7 亿美元，占比 27.8%；老年人与退休人员业务 Medicare & Retirement 实现营业收入 907.6 亿美元，占比 45.2%；医疗救助业务 Community & State 实现营业收入 464.9 亿美元，占比 23.1%；全球业务 Global 实现营业收入 77.5 亿美元，占比 3.9%（见图 19）。

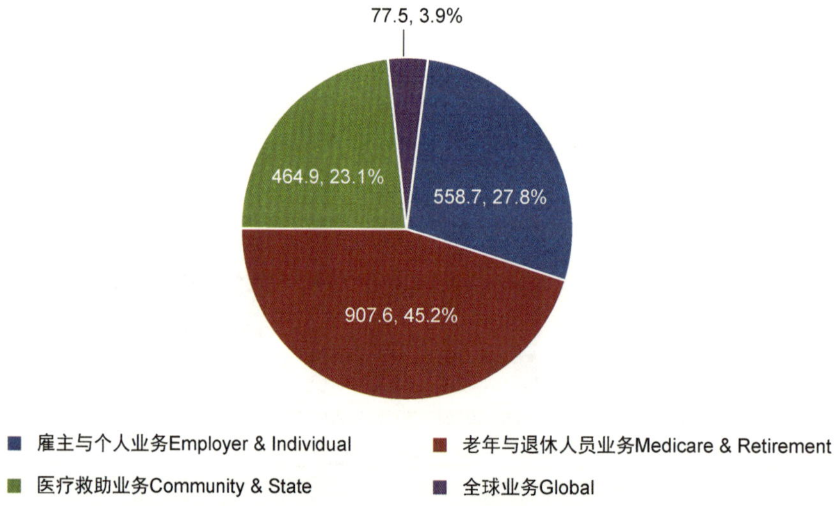

图 19　UnitedHealthcare 四大业务 2020 年营业收入及占比（单位：亿美元）

资料来源：公司年报，忠衣信裳整理。

其中，雇主与个人业务 Employer & Individual 在过去 10 年中营业收入略有增长，10 年复合增长率仅为 2.1%，占健康保险板块整体营业收入的比例逐年下降，从 2011 年 47.6% 下降至 2020 年 27.8%。这一数据背后也在某种程度上体现了美国商业健康险的覆盖率已经达到较高水平，高速增长的空间不大（见图 20）。

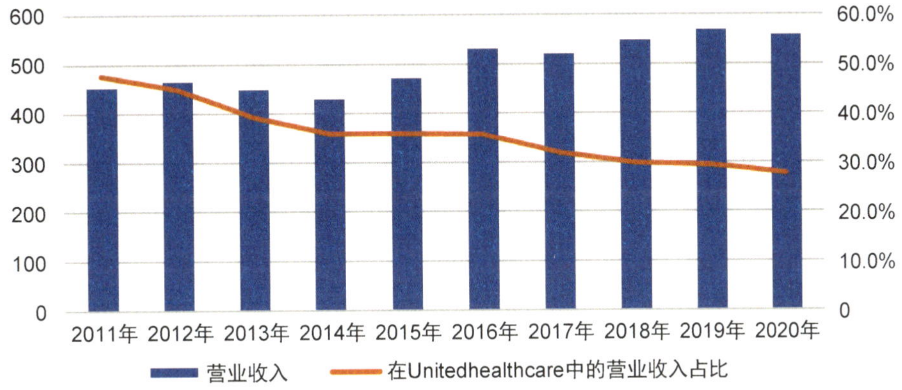

图 20　雇主与个人业务 Employer & Individual（单位：亿美元，%）

资料来源：公司年报，忠衣信裳整理。

老年人与退休人员业务 Medicare & Retirement 在过去 10 年营业收入实现较快增长，10 年复合增长率为 9.7%，占健康保险板块整体营业收入的比例逐年上升，从 2011 年 37.9% 增长至 2020 年 45.2%。这主要得益于美国人口的老龄化和 Medicare 业务的保费较传统保险企业提供的保费更有竞争力（见图 21）。

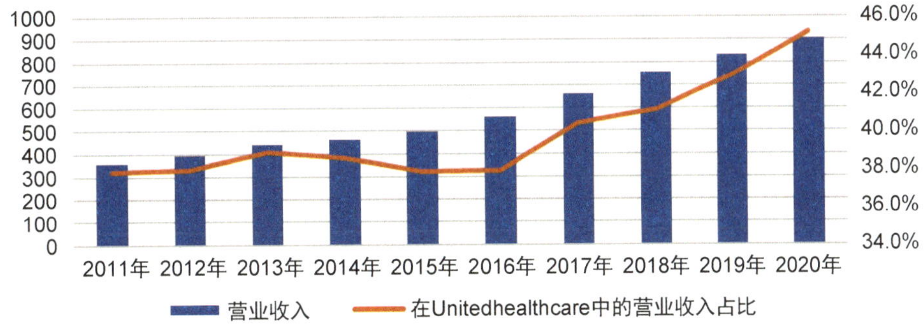

图 21　老年人与退休人员业务 Medicare & Retirement（单位：亿美元，%）

资料来源：公司年报，忠衣信裳整理。

医疗救助业务 Community & State 在过去 10 年业务营业收入实现两位数增长，10 年复合增长率为 12.9%，占健康保险板块整体营业收入的比例明显提高，从

2011 年 14.5% 提高近 1 倍至 2020 年 23.1%。

医疗救助业务的快速增长，主要与前文提到的 2009 年《儿童医疗保险再次授权法》和 2010 年《患者保护与平价医疗法案》的实施有关（见图 22）。

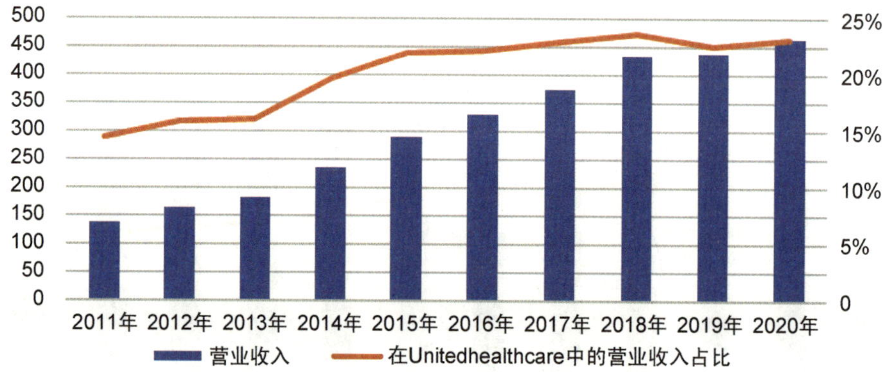

图 22　医疗救助业务 Community & State（单位：亿美元，%）

资料来源：公司年报，忠衣信裳整理。

全球业务 Global 从 2012 年联合健康并购巴西的 Amil 开始发展至今，9 年的复合增长率达到 21.1%，在整体的健康保险业务中占比较低，维持在 5% 左右，尚处于起步阶段（见图 23）。

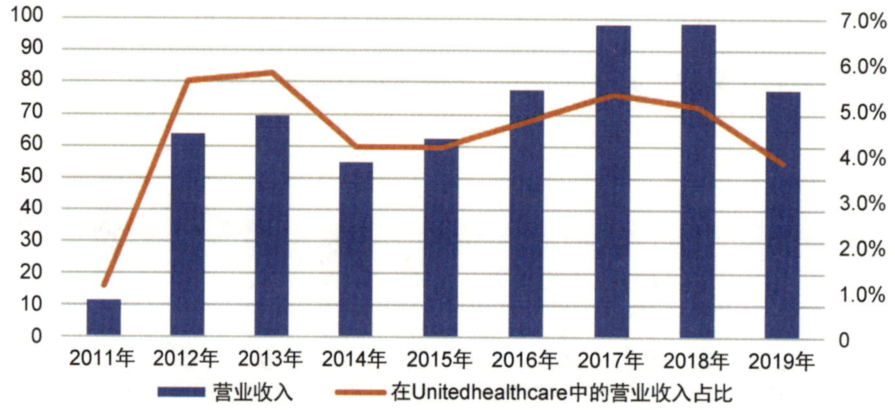

图 23　全球业务 Global（单位：亿美元，%）

资料来源：公司年报，忠衣信裳整理。

（五）启示与借鉴

国内保险、保险科技、大健康、健康科技领域的从业者对于是否可以有效学习借鉴联合健康集团的成功经营实践所持的态度不同。

悲观者认为，中美国情不同，体现在医疗体制、医药体制、医保体制、信息共享机制等均有很大不同，无法学习。

乐观者认为，虽然中美国情不同，无法简单复制照搬，但两国都致力于控制医疗费用的过快增长，致力于提升医疗体系的运营效率，致力于人民享有高质量健康福利计划，可以有选择性地借鉴。

悲观者往往正确，但乐观者往往成功。忠衣信裳观察到，那些深度学习、有选择性借鉴联合健康的国内企业，都发展得不错。

那么，中美医疗体制、医药体制、医保体制等究竟有哪些不同？国内企业学习借鉴有哪些案例？联合健康究竟有哪些可以学习和借鉴的地方呢？忠衣信裳对这三个问题进行了梳理。

1. 问题1：中美在“三层”体制及信息共享机制有哪些不同，进而导致中美健康保险在经营上又存在哪些差异？

（1）医疗体制的不同

美国私立医院发达，且分布较为均衡，而中国医疗资源分布不均衡，公立医院占主导，特别是优质医疗资源主要集中在大城市的三甲医院。

医生是医疗体系的核心。美国大部分医生在医生集团执业或拥有自己的诊所，医疗机构合同制医生不超过20%，这为商业保险与医生的合作提供了可能。医生在美国是最受尊重的职业之一，收入大幅高于社会平均工资，尤其是专科医生收入更高。医生与药企的利益绑定不明显，使得美国医生开具的药品处方更加客观。

而中国的优秀医生集中在公立医院，与公立医院的绑定程度较高，在诊疗行为、开具药品处方过程中具有绝对的话语权，国内商业保险公司想开展与医生的深度合作，介入医疗行为进行控费，难度非常大。

（2）医药体制的不同

美国医与药是分家的，医院往往不设立药房，或仅提供门诊和住院患者必需的药品，绝大部分处方药需要患者去院外药房购买，降低了医院与购药行为的绑定程度，避免药品滥用，药品收入只占医院收入的10%左右。

此外，美国的药剂师和医生同步发展，药剂师对于药品的不良反应、药品间的相互作用提出更加专业的意见，话语权较强，为药品福利计划PBM机构介入处方有效性管理提供了可能。

而我国医和药在历史上是深度绑定的，虽然在逐渐限制“以药养医”行为，但惯性依然存在，药品收入占医院总收入的比重较高。

在此现状下，国内推行与美国类似的药品福利计划 PBM 导致的药价下降会直接影响到医院和医生的利益，加大了 PBM 机构与医疗机构合作的难度。

同时，由于我国医疗资源不均衡问题非常突出，三甲医院聚集着大部分医疗资源，患者普遍选择去一二线城市的大医院就医，这进一步降低了 PBM 机构在与这些大医院合作时的话语权。

（3）医保体制的不同

美国的医疗保险体系可以分为公共医疗保障和商业医疗保险两大类。公共医疗保障主要包括老年和残障健康保险 Medicare、医疗救助制度 Medicaid、儿童健康保险项目 CHIP 等。商业医疗保险包括了雇主为雇员支付的商业医疗保险和个人购买的商业健康险。

美国商业健康险早在 20 世纪 70 年代就已经进入成熟发展阶段，覆盖率超过 70%，且在 20 世纪 70 年代推行了管理式医疗 HMO，从政策层面推动健康保险和健康管理的深度融合。上述两方面使得商业健康保险具备介入医疗体系的客观条件，商业保险公司在公共医疗保障中参与度非常高。

而中国的医疗保险体系，虽然也包括基本医保和商业医疗保险，但基本医保占据绝对的主导地位，由政府相关部门制定医疗保险计划并直接与医院结算，商业保险公司能够参与的部分极少。

国内商业健康险虽然在近年来快速发展，但商业医疗保险发展仍处于初级阶段，且赔付率低，在庞大的医疗保险体系中占比非常低，在介入医疗体系时没有话语权。

（4）信息共享机制不同

从 1996 年《健康保险便携和责任法案》（HIPAA）颁布开始，美国就重视信息技术在医疗控费以及健康保险赔付过程中降低成本的作用，并推动数据共享的法律框架，组织有关机构对数据进行标准化存储，鼓励使用电子病例，保护个人电子健康信息，保险公司可以获得脱敏后的个人就诊信息。

我国各地医疗体系和医保体系都是实行属地化管理，其结果是医保和医疗政策不一致，各地信息系统技术水平、数据结构、数据标准千差万别，形成了较高的技术门槛，缺乏全面的标准化体系，导致无法进行精细化管控。同时，医疗、医保、商保之间系统互联互通和信息共享尚存在种种障碍。

由于中美医疗体制、医药体制、医保体制、信息共享机制的不同，中美商业健康保险在经营结果上差异也极为明显，主要体现在：

在**客户**上，联合健康的主要客户群体是团险和政府客户，而国内商业健康险的主要客户是个人客户。

在**产品**上，联合健康的产品多为一年期管控型医疗保险，而国内商业健康险的主要产品是长期重疾险，百万医疗险等保险产品刚刚起步。

在**服务**上，随着管理式医疗 HMO 的深入，联合健康的健康服务与健康保险业务并驾齐驱，不但有力地支持了保险侧的发展与效益，而且在大健康侧也提供了可观的营业收入与利润，而国内商业健康险基本是重产品轻服务，客户的服务需求尚未被有效满足。

在**赔付**上，联合健康的赔付率基本维持在 80% 左右，较高的赔付率让客户满意度较高，而国内百万医疗的赔付率基本在 30%—50%，客户的感知程度相对较低。

在**渠道**上，联合健康针对团体和政府客户主要采取直销方式，成本较低，而国内的商业保险公司主要通过代理人渠道或第三方中介平台获客，成本较难控制。

在**投资**上，联合健康主要依靠保险负债端的精细化管理和提供健康服务实现健康发展，而大部分国内商业保险公司高度依赖投资，利差风险一直伴随着国内商业保险公司的发展。

知己知彼，方能有效借鉴。对于联合健康的学习研究，既要深入了解中美医疗体制、医药体制、医保体制、信息共享机制、商业保险经营等方面的差异，也要从中提取值得借鉴的有益部分，还要结合中国国情，因地制宜。属于既要又要还要，难度非常之大。

会当凌绝顶，一览众山小。联合健康作为全球健康保险和健康服务领域的认知高点，谁能学得深、谁能学以致用，谁就有机会脱颖而出。正如 2021 年已逝的链家、贝壳创始人左晖所说，**做难而正确的事。**

2. 问题 2：联合健康究竟有哪些值得学习和借鉴的地方呢？ 国内学习联合健康的行业典型案例有哪些？

(1) 商业保险企业的借鉴案例

在国内商业保险公司中，中国平安对于联合健康的借鉴与实践最深。尤其是

2021 年耗资数百亿并购北大方正，获得北大医疗产业集团优质的医疗资源后，更是被媒体称为加快打造中国版的联合健康。中国平安集团董事长马明哲曾说，“金融是平安的现在时，医疗是平安的未来时”。

中国平安持续布局医疗生态圈，为客户提供一站式的健康管理服务。2020 年 9 月 22 日投资者开放日活动中，联席 CEO 陈心颖表示，中国平安已经在医疗健康领域深耕 20 余年，12 个子成员单位与平安集团形成了巨大的协同效应。

其中，平安好医生主要对标联合健康的 Optumhealth，在其 2021 年中期报告中提出，平安好医生依托自有医疗团队和自主研发的 AI 辅助诊疗系统，建立了强大的医疗服务能力。通过 HMO 模式为行业内的商保、医保、企业、个人等支付渠道的用户提供高价值医疗健康管理服务，并在平台上汇聚、留存各方带来的高价值用户，通过及时、优质、高效的服务提升用户价值感知以及黏性，从而产生平台议价能力。

平安医保科技和**平安智慧医疗**主要对标联合健康的 OptumInsight，服务于政府端和医疗机构端，通过为政府和医疗机构等搭建线上平台，优化医保支付端等方式加强与政府和医疗机构的合作，为医疗生态圈积累数据，为控费打下基础。

（2）大健康企业的借鉴案例

在大健康企业中，2021 年备受资本追捧的镁信健康对于联合健康有深度的学习与理解。近期忠衣信裳团队与镁信健康创始人张小栋进行了近 3 个小时的现场深度交流。他表示，在 2016 年一年时间里潜心研究了将药品福利计划 PBM 引入中国的可行性以及可能的商业模式。

对于药品福利计划 PBM 的研究，也促使张小栋创建了镁信健康。他说，看病主要是医和药，在国内因病致贫主要是因为药。中国的医是以公立医院为主，医疗服务的水分不大，给老百姓看病带来负担的主要是药、器械和检测等。而大部分百姓生病之后，尤其是得了大病之后，除了医保，没有其他渠道可以支付，几乎都是自费。

镁信健康希望通过创新医疗支付模式，打通患者、药企以及保险公司，推动金融工具和医疗领域的深度融合，用互联网把医、药、险连接起来，解决上述百姓看病中关于支付的痛点。

镁信健康在学习借鉴药品福利计划 PBM 的基础上，创新性地推出了“药康付”平台，选择从“新支付”和“新零售”两条线入手。

所谓“新支付”，主要是指镁信健康聚合自费患者的需求，并将医疗关系链上下游打通，帮助患者以更低成本、更便捷地享受到前沿的药品或医疗服务，具体包括患者福利、金融分期和疗效保险等。

所谓“新零售”，主要包括DTP药房（直接面向患者提供更有价值的专业服务的药房）网络和云药房配送上门。镁信健康与全国DTP药房进行深度合作，并通过美信安心云药房最大范围地服务全国患者。

在综合药品福利平台“药康付”基础上，镁信健康不断拓展新的版图，包括商业健康保险和城市定制型商业医疗保险（惠民保）。

中金公司认为，由于中美医疗体制的差异，对于从医疗服务切入的公司，可能会面临更多困难，而从药品服务切入的公司，随着保险支付规模从量变到质变，具备资源禀赋的公司具有较强竞争力，有机会脱颖而出。

对于镁信健康，忠衣信裳计划后期推出单独文章予以详细介绍。

需要特别指出的是，国内对于联合健康模式的学习和创新性借鉴，尚处于探索实践过程中，商业模式也在不断迭代升级，需要持续予以跟踪观察。

3. 问题3：联合健康究竟有哪些可以学习和借鉴的地方?

在分析了中美国情的不同，以及国内不同企业借鉴联合健康的典型实践后，忠衣信裳认为；

首先，国内保险企业和保险科技企业可以对如下六方面加以关注。

（1）深度理解联合健康管理式医疗HMO的控费实践。

对联合健康的学习、研究、讨论过程中，忠衣信裳团队认为，理解联合健康的关键在于深度理解管理式医疗HMO，尤其是关于HMO是如何实现控费的，主要体现在商业保险对投保客户、医院和医生的有效管控。

对于投保客户，除了常规的免赔额设置外，以联合健康为代表的商业保险公司会提供一份名单，名单上全是初级保健医生，即家庭医生。这个名单就是联合健康提供的医生网络。投保人需要指定**家庭医生**，并且这个关系通常将持续多年。

投保人生病后，正常由家庭医生负责诊断治疗。如果涉及专科的疑难杂症，患者指定的家庭医生则会开一个介绍单，将其介绍给一位**专科医生**，这个专科医生也是联合健康网络内的。家庭医生成为联合健康的守门人。

涉及患者住院时，专科医生首先通知联合健康，告知病人病情，得到联合健康的许可后才可以收治病人入院（除非病人选择全部自费），没有联合健康的许可，医生不能收治病人入院。

联合健康采取的管理式医疗 HMO 通过给病人设置上述门槛实现控费，但很多预防性手段却是免费的，比如体检、疫苗、戒烟治疗等，这些预防性服务正是 HMO 模式的初衷，长期来看，有利于减少医疗费用且有助于被保险人的健康。

此外，管理式医疗 HMO 还加强了对重症病人，特别是严重慢性疾病患者就医的管理和协调。当这种病人就医时，商业保险公司往往会指定一个执业护士来协调治疗，以期达到效果与成本之间的最佳性价比。

对于医院和医生，如果一个保险公司在一个地区有一定量的投保人，它就拥有买方优势，加入保险公司网络的医生，对其他医生就有了竞争优势。相反，如果别的医生都加入，而自己不加入，就会处在劣势。当然，一个地区某一专科的医生可以组成合作组织，集体和保险公司谈判，争取相对有利的谈判位置。

所以，保险公司和医生之间在组建网络协定合同时，围绕费率、治疗规则、审查程序等有一番斗智斗勇的过程，主要看哪方占有市场优势。医院也是如此。但是特定市场上，医院的数量远远少于医生的数量，大医院在与保险公司的谈判中往往容易占据主动。

一旦合同谈定，网络建成，那么这种关系模式将会持续相当长的时间。具体而言，保险公司给医生付费有两种方式。对专科医生而言，是计件工资制，也就是说对一个病人做一个诊疗付一次费，按照 CPT 代码计费。费率则由双方商定，订立合同，一般参照联邦医保费率的 100%—120%，标准十分透明。

对家庭医生，很多保险公司让医生按人头数承包，也就是说只要投保人选定了某个医生，保险公司就每月付给医生承包费。

对于医院，合同大都采用联邦医保 DRG 包干的形式。如果不动手术，也可以按天算，普通病房一天 1000—1200 美元，重症病房（ICU）翻倍。DRG 包干的好处就是医院出于自身利益考虑，会尽量缩短病人住院时间，不需要保险公司定期审查住院的天数。

另外一种方式是保险公司事先与医院签合同，在医院定价的基础上打折，一般为医院定价的 40%—70%，但是保险公司每年要审查医院的定价表，防止医院涨价，抬高收费。一般每年涨价多少，也在合同里规定。很多合同结合按天包干和定价打折两种方法，视具体的医疗服务而定。

在治疗方面的管控，主要是针对医生的。管控的目的还是降低医疗费用。

其中一种方式是就医审查。保险公司拥有本公司病人就医记录，定期对他们的就医情况进行审查对比，如发现异常情况，就会立即和医生沟通。主要的审查对象是包干一定病人人数的医生。如果某个医生把诊所内就能解决的病人推给专科医生，时间一长，保险公司就会找到这个医生，医生如果不改，保险公司就有权解除合同，带走所有病人。

另外一种方式是要求医生遵守行医指南，直接指导医生在诊断、治疗等行医过程中采取的流程、标准和判断。行医指南是医学权威机构和政府以及保险行业共同参与制定的行医指导文献。行医指南对各种病症的各种治疗方案进行评估，对治疗的结果进行预期，并且加入了费用的考虑。其颁布的目的是对诊断治疗进行标准化，提高医疗质量，降低医疗成本。保险公司大多要求签约医生根据行医指南的指导进行判断治疗。

通过上述对被保险人、医院和医生的管控，管理式医疗 HMO 对于抑制医疗费用的上涨起到较好的作用，而联合健康是把管理式医疗 HMO 做到最好的企业，这一过程中的管控实践是最值得国内保险企业和保险科技企业借鉴的。

（2）学习 UnitedHealthcare 专注健康保险本质，做强做大保险主业。

2021 年，国内保险业迎来了至暗时刻，业绩出现了较为明显的下滑，各家保险公司都在寻求转型方向，健康管理是重要突破口。对于联合健康的学习借鉴，也更多是从如何结合健康管理角度出发的。有的头部投行撰文，借鉴联合健康商业模式，把健康服务作为寿险公司的第二增长曲线。

忠衣信裳非常认可 42 岁退休的美团二把手王慧文一句非常经典的话：企业能做新业务本质上是组织能力的溢出。企业做一个业务后，当组织能力已经可以把这个业务做好了，同时组织能力还有剩余，就可以做一些新业务了。

我国的健康保险，尤其是商业医疗保险尚处于发展的初级阶段，第一增长曲线尚不牢固，不存在组织能力的溢出，尚谈不上第二增长曲线。

我们回顾了联合健康的发展历史，可以看到，由于管理式医疗 HMO 的推行，联合健康从成立初始，就是伴随着健康保险核心经营的风险识别、定价、理赔控费等核心价值链成长的。

忠衣信裳创始人的老东家是中国人保财险，在经营管理过程中，中国人保财险曾经提出四个一流，其中第一个便是一流的风险识别和控制能力。国内的保险公司在经营健康保险过程中，对于前端的风险识别、定价，以及后端的理赔管控，还有非常长的路要走。

因此，我们建议学习借鉴联合健康，很重要的一点是专注健康保险本质，做强做大保险主业。

（3）学习借鉴 Optumhealth，注重健康管理，探索中国版 HMO。

近期忠衣信裳团队与阿里健康副总裁陈波、镁信健康创始人张小栋进行了交流，巧合的是，两人此前分别工作于全球两大顶尖咨询公司麦肯锡和波士顿咨询的医疗团队。他们向忠衣信裳都表达了一个观点，在两家咨询公司，健康保险业务不是放在保险咨询团队，而是作为医疗咨询团队的支付子团队。健康保险和健康管理与服务，本身就是相伴相生的。

国内商业健康保险在提供健康服务和控费管理中，面临的最大痛点是与公立医疗资源谈判时的弱势地位，导致健康服务跟不上，控费流于形式，即使通过与第三方 TPA 合作，实践中也存在着 TPA 水平参差不齐，无法对其进行有效整合的现状。

忠衣信裳团队经讨论后提出，国内商业保险公司如果希望深度参与健康管理，提供更好的医疗服务和进行控费管理，**可以与政府共同探索中国版管理式医疗 HMO 试点。**

忠衣信裳创始人曾于 2017 年参与财政部政研室、社保司、金融司召开的“精算平衡”座谈会，基本医保和头部商业保险公司共同讨论保险的精算定价，以实现更好的医保控费。基本医保和商业保险都存在提供更好的医疗服务和有效控费的需求，这也是美国 20 世纪 70 年代推行管理式医疗 HMO 的背景。

未来，国内可以形成以基本医保为主导，管理式医疗 HMO 作为有效补充的格局。一方面符合中国国情，另一方面有效提升健康服务和医疗费用控制，对国家、保险业以及百姓都是有益的。

（4）学习借鉴 OptumInsight，注重保险科技和医疗科技。

联合健康在 1984 年上市时就前瞻性地将自身定义为医疗健康行业的技术平台，既为自身业务运行提供支持，同时也对外输出，是联合健康核心竞争力的集中体现。

联合健康的成功很大程度上取决于其在信息化、数字化、智能化方面的先发优势，为其打造了医疗领域大数据能力，这不但为其自身的健康保险计划和医疗服务提供了数据和决策支撑，还有效实现了降本增效。

借鉴联合健康，特别是 OptumInsight 的经验，保险企业和保险科技企业就是要坚定不移地锻造自身的数字化能力，千方百计积累数据，结合医疗健康领域的专业知识创造性地开展数据挖掘，大胆应用前沿技术提升服务能力，降低服务成本。

在实践中，我们看到中国人寿2019年出资28.5亿元战略入股医疗信息化企业万达信息，将健康保险和医疗信息化厂商的合作提升到新的高度，万达信息成为“科技国寿”的重要承载者。忠衣信裳也曾与万达信息董事长匡涛就此事进行了深度交流。

值得注意的是，在借鉴OptumInsight在医疗信息化的实践时，也要关注其他借鉴者失败的教训，例如安泰保险CarePass健康管理平台运营2年后即告失败，Google的GoogleHealth也在运营4年后关闭。

（5）学习OptumRx，把握PBM领域存在的机会。

联合健康在1988年便提出了药品福利计划PBM，将健康福利计划与药企、药店网络联结起来，并提供药品邮寄服务。

通过需求的聚合以及支付端的规模优势，OptumRx与药企和药店进行价格谈判，以量换价，从而帮助消费者和保险企业更好地控制处方药成本。

在中国推行药品福利计划PBM面临医药尚未完全分家、医疗信息化和互联互通水平较低、医保制度以基本医疗保险为主的现状，不完全适用于我国的实际，但随着医药分开的逐步推行，医保支付方式的改革、处方药外流、药品零售信息共享机制、医务人员薪酬体系改革、“4+7”带量采购等举措的推行，为符合中国实际的药品福利计划PBM的推行创造了良好的环境。

泰康集团战略部负责人、哈佛大学博士李明强在与忠衣信裳交流时表示，未来谁能有效整合多层次的医保体系，谁就有机会聚合支付端的需求与规模，更有效地与医药侧进行价格谈判。

同时，无论是在药品服务上，还是在药品费用控制上，商业保险公司应该注重国内药品福利计划PBM的创新实践，例如关注思派科技、镁信健康、圆心惠保等企业的发展趋势。

（6）深度参与医保政策制定，做好政府和团险业务。

从联合健康的业务构成看，联邦政府推行的老年和残障健康保险Medicare以及各州政府推行的医疗救助制度Medicaid占据了联合健康业务的2/3，雇主与个人业务中的团险业务也占据大部分份额。

即便是市场化程度高度发达的美国，政府提供的医疗保险业务也是商业保险公司最重要的业务来源。我国基本医保是保险体系最重要的组成部分，国内商业保险公司必须深度参与医保政策制定，依托第一成长曲线中建立起来的核心竞争力，赢得政府和团险客户信任，才有机会做好政府和团险业务。

其次，大健康企业和健康科技企业对联合健康的商业模式和发展历程也同样可以学习借鉴。

（1）把握中国版 PBM 领域存在的机会。

与商业保险公司对于 PBM 的学习与借鉴类似，医药、医疗器械、医药分销、医药零售、互联网医疗等企业应该更加关注国内 PBM 领域的发展趋势，结合自身战略定位、核心竞争力，更好地借助 PBM 平台发展自己。

举例而言，2016 年 1 月，全球顶尖 CRO 企业精鼎医药（Parexel）和 Optum 达成合作，优化临床试验服务，降低药物研发风险与成本。Optum 的电子健康记录收集了大量临床数据和理赔数据，在检测药物临床试验效果过程中，Optum 的临床数据为精鼎医药做支撑。

这给我国 CRO 企业药明康德、药明生物、康龙化成、凯莱英、泰格医药等企业在医药研发上提供了新的思路。

（2）紧密对接商业保险企业，建立长期互信合作关系。

商业保险是大部分大健康和健康科技企业实现商业模式闭环不可缺少的一环。在国内基本医保占据绝对话语权的背景下，分散且尚处于发展初期的商业医疗保险产品是理想的合作对象。

联合健康发展过程中，实现了对于各类人群的广覆盖，而国内商业保险公司的目标客户还基本集中在健康人群，非健康人群的健康保险产品还在探索阶段。

大健康企业对非健康人群的医疗医药需求拥有更多的理解，打通与商业保险企业的合作空间，将有效形成“医 + 药 + 险”的商业模式闭环。即使如阿里健康、正大天晴这样的医疗、医药巨头，也在不断深化与商业保险公司的合作。

例如，针对全国 9000 万乙肝病毒感染者，阿里健康联合众安保险、和瑞基因、正大天晴，共同推出全国首个面向乙肝患者的“医 + 药 + 险”一体化的百万医疗保障服务——“乙肝保”，为患者一站式解决检查、早筛、会诊、购药、保险等健康管理问题，旨在让乙肝患者及其家庭实现寻药易、用药省和有保障。

忠衣信裳平台致力于打造保险 + 科技 + 健康 + 投资领域的跨界智库和赋能平台，尤其是在商业保险侧聚集了大量商业保险公司的中高层人士，愿意在此领域做出贡献。

围绕联合健康集团，忠衣信裳计划在本篇文章发表后组织系列线下小范围高层次研讨会，全面系统研究借鉴联合健康，并持续输出研究成果。欢迎感兴趣的读者添加“忠衣信裳”公众号及官方微信，及时了解最新动态。

主要参考资料

联合健康集团公司（UNITEDHEALTH GROUP INC），1986－2020年年报.

联合健康集团公司（UNITEDHEALTH GROUP INC）投资者电话会议记录，2016－2021.

毛晴晴，王子威，姚泽宇，2021. 从联合健康看中国保险创新支付的发展空间［R］. 中金公司.

动脉网. 樊鑫：年收入2400亿美元的联合健康是怎样炼成的［EB/OL］. https://www.vbdata.cn/46771，2020－04－18.

医享者/姚自习. 联合健康集团：扩张和创新之路（上）. 长寿时代研究，2020－10－10.

医享者/姚自习. 联合健康集团：扩张和创新之路（下）. 长寿时代研究，2020－10－10.

傅慧芳，等. 联合健康集团：高增长与高盈利的健康险龙头［R］. 兴业证券，2019－8－2.

黄蕾. 众安保险推出国内首个肝病百万医疗险［EB/OL］. https：//www.cnstock.com/v_news/sns_jg/202106/4716838.htm，中国证券网，2021－6－15.

Fiona Yu. 制药巨擘的成功密码. 药时代，2019－3－24.

慕哲说. Medicare Advantage是惠民保的未来吗?. 2021－6－29.

苗双麒，王阔，2018. “健康管理＋保险业务”协同发展模式研究［J］. 理论与实践，8：40－44.

刘欣琦，谢雨晟. 【国君非银】健康服务，寿险公司盈利的第二增长曲线——以联合健康为例. 欣琦看金融，2021－9－21.

赵强，2010. 揭秘美国医疗制度及其相关行业［M］. 南京：东南大学出版社.

奔跑少年团. 从《财富》世界500强看保险业、大健康发展格局. 长寿时代研究，2021－8－5.

李成平. 对标联合健康，华美浩联完成数千万人民币A轮融资. 动脉网，2021－

4 – 23.

刘文强，以海外健康险龙头的成功之道，探究我国健康险发展路径［R］. 长城证券，2021 – 5 – 11.

胡爱平，王明叶，2021. 管理式医疗——美国的医疗服务与医疗保险［M］. 北京：高等教育出版社.

胡又文，等. 医疗信息化，富贵“险”中求［R］. 安信证券，2020 – 3 – 26.

张径炜，徐康，洪锦屏. 产品和渠道竞争之外的战场与风口：医疗健康管理与服务［R］. 华创证券，2021 – 6 – 11.

PAUL M. ELLWOOD, JR. , M. D. In First Person: An Oral History [EB/OL]. American Hospital Association, https://www.aha.org/system/files/2018 – 03/Ellwood – FINAL – 050211.pdf.

Scott Fidel. 1Q17 Wrap: 2017 Off to Strong Start and 2018 Prospects Attractive; Raise Ests & TP [R]. Credit Suisse, 2017 – 4 – 18.

Griffin Consulting Group [EB/OL]. UNITEDHEALTH GROUP, http://economics – files.pomona.edu/jlikens/SeniorSeminars/Likens2012/reports/UnitedHealth.pdf.

Justin Lake. 2014 Medicare Advantage Review and Thoughts on the Road Ahead. J. P. Morgan, 2014 – 5 – 14.

Steve Valiquette. U. S. Health Care – Managed Care, Barclays, 2020 – 4 – 11.

Lisa C. Key Themes and Takeaways from the 1Q21 Call and Our Follow – Up with the Company, J. P. Morgan, 2021 – 4 – 21.

Lisa C. Solid 2Q21 Results, 2H21 Outlook Consistent With Prior Expectations, J. P. Morgan.

Justin Lake. Managed Care 2015 Outlook, J. P. Morgan, 2015 – 1 – 7.

NPAlliance.org. An Interview With Paul Ellwood Jr. , M. D. [EB/OL]. http://www.managedcaremag.com.

Industry Drive, UnitedHealth expects to ‘successfully overcome’ DOJ challenge to Change acquisition [EB/OL]. https://www.healthcaredive.com.

Gary P. Taylor. Healthcare Facilities & Managed Care Monthly, J. P. Morgan, 2016 – 6 – 5.

二、保险转型的泰康样本：2.0 时代的泰康走到哪一步了？

2021 年 11 月 14 日一早，泰康保险集团（以下简称“泰康”）董事长兼 CEO 陈东升在集团及子公司各个核心高管群转发了一篇文章，即忠衣信裳平台年度巨献《中国平安和泰康集团都在对标学习的联合健康是谁?》，组织全员学习。忠衣信裳平台得到了泰康高层领导的认可，尤其是作为保险业标杆人物的陈东升董事长表示了支持平台中长期建设，让我们备受鼓舞。

随后几周，泰康不同层级、各业务板块人士陆续向忠衣信裳发起添加好友的邀请，并表达了进一步沟通交流的热情。这不禁让忠衣信裳创始人感叹，**泰康是一家彼得·圣吉《第五项修炼》中所说的学习型组织**。《第五项修炼》这本管理学经典读物中所说的学习型组织，是组织中的每个人都充满了学习的热情和能力，并能在合作的过程中不断地互相启发，同时这个组织在创新和试错中又能够不断地自我成长和进化。

泰康这家学习型组织，仅用了 22 年时间，便进入了《财富》世界 500 强。

按照忠衣信裳平台的原定计划，第五篇文章就是写泰康，经过这次事件，进一步激发了我们关注泰康、研究泰康、学习泰康，并力争写好泰康的兴趣和热情。

泰康的写作与忠衣信裳前四篇文章不同，一方面，市场上关于泰康的书籍和文章很多，尤其是创始人陈东升的《战略思维》《长寿时代》，已经将泰康的商业模式表达得非常清晰；另一方面，泰康作为一家非上市公司，我们无法从年报等披露信息中获得更多公开、完整的研究资料。

忠衣信裳平台作为一个致力于成为以保险为纽带连接科技、健康、投资的跨界智库和赋能平台，一直把传统保险行业如何转型发展作为首要关注点，如何独立、客观地总结泰康的发展经验是我们在写作时一直思考的事情。

对忠衣信裳平台影响最大的人和书是查理·芒格和《穷查理宝典》，通过学习查理·芒格的智慧，使我们原有的零散认知逐渐系统化、条理化，我们希望用查理·芒格的普世思维，通过一篇文章去梳理、总结泰康的商业模式。

考虑到泰康体系十分庞大，为避免面面俱到导致的重点阙如，我们更多关注泰康2.0时代的养老、投资、健康三大布局和逻辑演进，而非1.0时代的传统寿险业务，从第三方的角度去深入观察、剖析泰康，为国内保险、健康、投资、养老等行业提供一些启示与借鉴。

基于上述考虑，我们这篇文章将着重写两大部分：一是影响泰康的关键人物，及其思维模式与特点；二是2.0时代的泰康在养老、健康、投资三大领域的布局逻辑及业务演进。

（一）关键人物

忠衣信裳过往文章中对关键人物的介绍，得到了读者的普遍好评。在总结梳理泰康25年历史的过程中，我们更是深感关键人物对这家企业的决定性作用，因此将关键人物放在本文的第一部分详加介绍，相信对于读者深入了解泰康应有裨益。

在关键人物的选择上，我们将主要介绍泰康的创始人、灵魂人物陈东升和泰康资产CEO段国圣，相信随着介绍的深入，读者对于我们的选择也将有所感悟。

1. 陈东升：泰康创始人

天门，古称竟陵，地处湖北省中南部，是长江中游地区的史前文明中心。天门历史上最杰出的代表人物是“茶圣”陆羽和晚唐诗人皮日休，而今天《财富》世界500强泰康保险集团的创始人陈东升则为天门增添了新的荣光。

1940年，湖北荆门市京山县杨集镇双墩村人陈万林参加了新四军，跟随湖北老乡李先念的部队转战南北。解放战争结束后，陈万林被安排到湖北天门工作，结识了段士英并喜结连理。

1957年12月27日，陈万林和段士英的第二个孩子出生，父亲陈万林希望孩子如旭日一般永远漫溢希望之光，便给其取名陈东升。

陈东升从小便认为自己不属于县城，去首都北京这样的大城市才是他的人生理想。小学一年级时，班主任李启华选班长，陈东升毛遂自荐，此后一路都是班长，并在高中成为校团委书记。

陈东升从小学三年级开始打工，直到高三，每年学费都是靠自己赚出来的。他割过草，卖给搬运站喂马；做过小工，喂猪、打扫猪圈。每到春节还从天门押猪到武汉，押一天猪六毛钱，天门和武汉相距约 100 公里，来回三天能挣一块八。陈东升回忆，后来成为企业家，与妈妈从小培养他的赚钱意识关系很大。

陈东升喜欢阅读，上中学时就坚持读《参考消息》，上高一时更是花了半年时间读《马克思传》，他在《一槌定音》中说：“**《马克思传》彻底改变了我的人生。**”在《战略思维》中说：“**《马克思传》开启了我的人生**。”在与俞敏洪的《酌见》中说：“我没有经历过‘文艺青年’，一把就跳到了‘理论青年’。”

《马克思传》中有这样一段话，成为陈东升的座右铭：“在科学的道路上，没有平坦的大道可走，只有那些在崎岖道路上攀登不畏劳苦的人，才有希望达到光辉的顶点。”

在《我的青少年时代》一文中，陈东升说：我高中时候有极强的自学精神，可以每天晚上学习到 12 点。他认为，机会总是垂青于准备好了的人。什么叫“准备好了的人”？就是他有成功的渴望，他善于捕捉每一次机会，利用每一次机会成就自己的人生。

1975 年，18 岁的陈东升高中毕业，当时高考尚未恢复。为了获得一个工农兵大学的名额，陈东升来到天门微生物研究所工作，成为一名技术工人，与螟蛉虫（学名叫蜾蠃，是寄生蜂的一种）打交道。研究所里有一半是上山下乡后返城的大学生，一心想上大学的陈东升经常向他们请教，自学了无机化学、有机化学和微生物学。

在研究所工作期间，陈东升拿着一部收音机，坚持每天收听中央新闻联播并阅读《人民日报》。当时《人民日报》常登载署名“梁效”（即清华大学和北京大学“两校”的谐音）的文章。陈东升回忆说，他清楚地记得当年的一个晚上，在煤油灯下读了“梁效”文章后，觉得如果有一天能够写出这样的文章并在《红旗》杂志发表，将足慰平生。而这个梦想在 1986 年就实现了，那年陈东升 28 岁。

1977 年，还在田间做调研的陈东升听到了恢复高考的消息，便兴冲冲地报了名。他白天工作，晚上拼了命地学习。

160 分的录取线，陈东升考了 209 分，天天望着邮差，期待着大学的录取通知书。可事与愿违，终因一些历史原因而未被录取。高考落榜，这是陈东升人生中遭遇的第一次重大挫折。在《酌见》中，63 岁的陈东升回顾这段遭遇，依然唏嘘感慨不已——"对我打击大了"。

面对如此挫折，陈东升想到了高中历史老师讲的曹禺的故事：20 世纪 30 年代，清华大学西洋文学系有两个高材生，同时被选拔赴美留学。结果另一个张姓高材生走了，曹禺却未成行，这对他而言是一次重大打击。自此曹禺一年不见人，在 23 岁写出了著名的话剧《雷雨》。曹禺这一年写作刻苦到什么程度呢？有一次他夫人打好水让他洗澡，但没听到洗澡的声音，问曹禺你洗澡了没呀？曹禺就一边用手划水发出哗哗哗的声音，一边说我在洗啊我在洗，实际他还在看书。

受到曹禺故事的激励，陈东升横下一条心，请假 3 个月，到天门中学尖子班插班复读，最后成为考上武汉大学的 3 名尖子生之一。陈东升也从小县城天门，来到了九省通衢的武汉。

武汉大学的前身是晚清四大名臣之一的张之洞创建的自强学堂，后成为解放前全国五大名校之一。陈东升考上武汉大学时正值 1979 年改革开放，他便选择了经济学系的政治经济学专业，入住了珞珈山下的梅花园。

大学期间，陈东升用了两年时间读完了 4 年的政治经济学课程，并在大三读通了《资本论》原著。一到周末，陈东升就去武汉大学教授们家里求教，**大学期间几乎遍访了学校所有著名教授**，并师从著名经济学家董辅礽。董辅礽是哈佛大学博士、发展经济学奠基者张培刚的弟子。

难得的休息时间里，陈东升喜欢到珞珈山顶看武汉大学的全景，尤其喜欢俯瞰东湖美景。

值得一提的是，8 年后，武汉大学又出了一位用两年时间读完了 4 年课程的"学霸"，他就读于计算机系，看的不是《资本论》，而是《硅谷之火》，后来成为小米的创始人。

1983 年大学毕业前，陈东升特地回到家乡天门，买了锤子、斧子和凿子，找一位石匠学了半天雕刻，回到武大珞珈山，在一块大石头上刻下一个"始"字，寓意**千里之行始于足下**。这一做法与苹果创始人史蒂夫·乔布斯的**"Stay hungry，Stay foolish"**、亚马逊创始人杰夫·贝佐斯的"**人生永远都是第一天**"颇有异曲同工之妙。

大学毕业生在 20 世纪 80 年代是真正的天之骄子，身份是"干部"、工作则是包分配的。作为名校优秀毕业生，优越的工作机会更是会找上门来。当时的陈东升有两个选择，一个是新华社，一个是经贸部。学校领导特地找到陈东升，希望他去新华社。当年去新华社当记者是多少人梦寐以求的机会，而他最终选择了经贸部国际贸易研究所。北京，这个儿时梦想工作生活的大城市，也在毕业后成为现实。

在此后的介绍中，我们会发现，正是在武汉大学刻苦读书、拜师学艺，以及在经贸部国际贸易研究所的经历，让陈东升逐步具备了**“站在万米高空看世界，身处百年时空观察世界”**的视野，形成了“**长期看人口、中期看结构、短期看宏观**”的方法论，最终让他选择了深耕人寿保险和养老产业。

1983—1988 年，在经贸部国际贸易研究所工作期间，陈东升的本职工作主要是做研究、写文章。当年社科院世界经济研究所、苏东研究所、拉美研究所、对外经济贸易大学、现代国际关系研究所、中国银行国际金融研究所、经贸部国际贸易研究所等权威研究机构联合成立了中青年学会，陈东升担任常务理事，作为理论青年，他写了很多文章。

业余时间，陈东升还为湖北一个学术刊物《青年论坛》兼职北京记者站站长。他经常骑着一辆女式小自行车，穿梭于北大、人大、中央党校之间，往往凌晨三四点才回到宿舍，并且一分钱报酬都没有。陈东升说：“很累，但乐呵呵的。”他思想活跃，活动能力强，来北京后很快成为武汉大学经济系毕业生在京同学圈的重要一员，和田源、卢健等结下深厚的友谊。田源当时是国务院发展研究中心年轻的党组成员，而卢健时任中央财经领导小组办公室处长。

据陈东升回忆，他与田源、卢健三人有一天站在中南海附近的 22 号院门口不吃不喝从傍晚聊到凌晨一点多才散伙，各骑各的自行车回家，足见三人友谊之深。

正是在坚持加强自身学习并不断扩大社交圈的背景下，1988 年，一次改变陈东升人生轨迹的事情发生了。

一天，薛暮桥（中国经济学界泰斗，被誉为“市场经济拓荒者”，原国务院经济研究中心总干事）的秘书李克穆和卢健下班后喝酒聊天时产生了一个想法——筹办一个宏观管理和宏观经济刊物，拟命名为《管理世界》。最后这个刊物得到了国家层面的支持，由主管国家经济工作的陈云同志题词创办，最早挂在《经济日报》旗下，编辑部定为副局级，后转隶于国务院发展研究中心。李克穆后来担任了《管理世界》总编，想找一位学术功底好并有能力把杂志办好的副手，所有人都推荐陈东升。这样，陈东升从经贸部到国务院发展研究中心旗下的《管理世界》工作，任副总编。

1988—1992 年，陈东升在《管理世界》工作期间，有两件事改变了他的人生选择。

陈东升有一句座右铭，**大事要敢想，小事要一点点做**。到《管理世界》后开的第一次会，他就带着自己的见解开展工作。他向李克穆建议，《财富》杂志评选世界 500 强，《时代周刊》杂志有封面人物，我们能不能评选中国 500 强？

当时《管理世界》初创不久，一没钱，二没人。陈东升灵机一动，借了 3800 元经费，到国家统计局找数据，在媒体发新闻稿，一个原本并不被看好的评选被他搞出了惊天动地的声势，《管理世界》在社会经济学界名声大振，还通过广告费赚到了近 400 万元。

此后，陈东升组织的中国工业 40 年成就展，成为建国 40 周年最重要的活动之一，多位时任国家领导人莅临参观指导，杂志社一时风头无两。一系列活动的成功举办，为陈东升积累了声誉，也使他结识了一大批企业家。

1989 年，《财富》杂志公布了世界 500 强榜单，做了国内 500 强评选的陈东升敏锐地发现，美国、日本、英国、德国、法国的世界 500 强企业数量和所在国家的经济体量完全成正比。于是他坚定地认为，中华民族要屹立于世界民族之林，必须有一批世界 500 强企业。在教育强国、科学强国和实业强国的不同道路上，陈东升最终选择了实业。在《酌见》中，陈东升坦承 1989 年他就有了下海的决心。

1990 年，作为国务院发展研究中心《管理世界》常务副总编的陈东升，随中国青年代表团一行 50 人出国考察。在日本东京最繁华的街头，到处林立的"生命保险""火灾保险"广告牌，引起了他极大的兴趣。他第一次意识到，保险业原来可以做得这么大。经过研究，他还发现，人寿保险在社会经济中发挥了重要作用，日本每一个阶段经济起飞的重要资金来源之一都有人寿保险。自此，在陈东升内心萌发了一个想法，通过创办一家人寿保险公司，实现自己实业强国的理想。

1992 年，国家发生了 3 件大事。一是邓小平南巡，凝聚了改革开放的全民共识；二是党的十四大确定了建立社会主义市场经济的目标，促使国家十万干部争相下海；三是国家体改委 5 月颁布了两个标志性文件，《股份有限公司规范意见》和《有限责任公司规范意见》。

陈东升决定下海创业，首先选择创建嘉德拍卖。嘉德拍卖在此后不仅发展成为国内最具影响力的文物艺术品交易平台，更成为全球中国文物艺术品拍卖的领跑者。关于嘉德拍卖，文章不再赘述，有兴趣读者可以参看《一槌定音》一书。

同样是在1992年的一天，陈东升发现了申请人寿保险公司的机会，他第二天便匆匆跑到新华书店，将保险类书籍全部买回来阅读。

1992年12月16日，陈东升到上海出差，晚上在新锦江饭店里取出一张纸，开始勾画未来人寿保险公司的蓝图。

申请人寿保险牌照的第二年，即1993年，国家开始紧缩银根，并减少牌照审批，使得牌照变得遥遥无期。直到1996年8月20日获批开业，陈东升一等就是4年。

这4年里，十大股东有6个因为各种原因先后撤出，负责审批的中国人民银行有关领导也换了3任，很多合作伙伴劝陈东升放弃，但他铁了心要办人寿保险公司。对于这段历史，陈东升说，这4年里，只有他一家申请人寿保险公司，没有第二家，是为“坚韧不拔的申请之路”。

俞敏洪曾问陈东升当年坚持创办泰康的理由。他说，只要有市场经济，就一定有人寿保险。**理想和现实是一道万里长城，你就是要有耐心，要坚持**。这让忠衣信裳创始人想起美团创始人王兴的一句话：**你对未来越有信心，你对现在越有耐心**。1995年10月1日，《保险法》正式实施。这个月的一天，陈东升正开车经过天安门，接到一个电话：东升同志，今天中国人民银行党组通过了泰康人寿的创办申请。

“泰康”并不是这家新公司最初的名字。“四方人寿”是陈东升最初的一个设想，这份创意稿至今仍然保留在泰康总公司的展览室里。后来，陈东升希望把“四方”改为“南山”，取“寿比南山”之意。谁料，中国台湾已经有一家名叫“南山人寿”的公司。

重新翻字典，不到一个小时，陈东升就把新公司的名字定为“泰康”，暗含“国泰民康”之意。

1996年9月16日，泰康人寿举办开业庆典仪式。这一年，陈东升38岁。

忠衣信裳研究认为，从1996年到2021年的25年间，陈东升领导下的泰康可以大致划分为两个阶段，1996年到2006年是泰康的1.0时代，2007年以后泰康进入2.0时代，这样划分的依据主要是革命性的商业模式创新：虚拟金融产品与养老社区的结合。

本文后续部分主要关注2.0时代的泰康，即长寿时代的养老闭环、健康闭环和财富闭环。为使读者对于2.0时代泰康发展的基础有所了解，有必要先介绍一下陈东升的指导思想和经验做法。

第一个经验做法是创新就是率先模仿，照世界上最好的葫芦来画瓢：要善于模仿，主动模仿；要率先行动，必须成为第一模仿者；要找到最好的模仿对象。

在2019年央视《财经人物周刊》节目中，陈东升回忆说，为筹办泰康，他带着员工跑到中国台湾、日本、美国、欧洲的20余家保险公司考察公司治理、核保核赔、信息技术等。在泰康1.0时代，他还提出泰康是左眼看友邦，右眼看平安，两只眼睛看世界。

泰康2.0时代提出的长寿闭环、健康闭环和财富闭环都是师法国际领先企业的成功经验：**长寿闭环模仿借鉴的是美国的CCRC（Continuing Care Retirement Community，持续照料退休社区），健康闭环则是师从凯撒医疗和联合健康，财富闭环学习的是沃伦·巴菲特和查理·芒格的伯克希尔哈撒韦。**

第二个经验做法是明确提出并践行战略决定一切，所有领域的工作都要服从和服务于总体战略。陈东升认为，战略是所有组织解决往何处去的首要问题，不论是一个国家，还是一个企业都是如此，泰康的成功就是战略和价值观的胜利。陈东升个人微信公众号的第一篇文章，就是发表于哈佛商业评论的《战略决定一切》。

如何理解战略决定一切，有几个关键点特别值得深思：

一是**做什么生意和做什么人的生意**。人寿保险是长坡厚雪，这个生意足够支撑泰康成为世界500强；在人寿保险中，做什么人的生意，成为泰康战略定位最重要的一点：对于中产人群保险才是必需品。陈东升给泰康的定位就是：牢牢地抓住中产人群崛起，抓住中产家庭这个关键客户群。

这个定位似乎很平常，但忠衣信裳认为至关重要。国内保险业都知道，很多公司对于客户的定位都是学习平安，一个客户，多个产品，一站式服务。但如何调配资源区分不同客户加以经营，很多还停留在纸面上。而泰康的战略定位非常聚焦，就是中产阶层为主，这使得泰康从成立之初就把好钢用在了刀刃上，而不是广撒胡椒面。

战略要求有所为有所不为，更重要的是有所不为。我们可以看一个典型案例。在《酌见》中，俞敏洪问陈东升他需要买什么保险产品？陈东升的第一反应是：保险是属于中产人群的。这个回答看似答非所问，但忠衣信裳认为，这正反映了陈东升坚守保险客户定位的战略思维，对于超高净值人群，保险并非必需品。

二是公司治理。陈东升特别重视公司治理，提出公司治理结构是战略落地的组织、制度和人才保障。他指出，从公司治理角度来看，发展最好的还是那些**创始人、创新者、核心股东和经营者**四位一体的企业，比如苹果、谷歌、亚马逊、华为、腾讯、平安。这样一种公司治理结构，有着**很顽强的生命力和出类拔萃的竞争力**，而且也往往容易成为**新时代技术创新的主导者和推动者**。

三是形成**战略共识**。战略不是挂在墙上的，而是集体的共识。陈东升说，**战略共识就是执行力**，要在**董事会、经营高管层、核心干部和基层骨干员工等层面**都形成高度共识，才能保障战略的落实落地。我们可以看到，泰康 2007 年提出进军养老产业，2009 年回归寿险本源，开启价值转型两大战略调整，以及 2017 年**形成深耕寿险产业链，打造大健康产业生态的全新战略**过程中，陈东升特别重视凝聚战略共识，这一点对于最终的成功起到了极为关键的作用。

四是注重**战略与愿景、使命和价值观的有机统一**。陈东升说，价值观是底层系统，战略是价值观具体化的体现；没有正确的价值观作为基础，公司的战略、愿景与使命就有可能偏离正确的方向。

第三个经验做法是人才经营。一个好汉三个帮。在泰康 25 年的历史上，陈东升发现、培养和成就了一批顶尖人才。例如，1998 年邀请平安明星人物刘经纶加入泰康出任总裁，一干就是 21 年；2002 年邀请平安的段国圣加入泰康掌管投资部，一干就是 20 年，并成为保险投资第一人。识人、用人已实属不易，能够长期留住顶尖人才更是需要企业掌舵人的格局和心胸，陈东升做到了。陈东升曾说，**我最喜欢的一个称呼就是东升大哥，这个称呼是不容易得到的，它不是组织任命的，而是靠你的实力、你的奉献和你的为人长期形成的。**

按照《战略思维》中陈东升的说法，泰康的 1.0 时代又可以划分为两个阶段：1996 年到 2001 年，基业初创；2001 年到 2006 年，快速发展，自主创新。

2001 年中国加入 WTO 后，泰康做出一次关键战略调整：做大规模，开启全国布局，当年获批 23 家分公司，并从模仿逐步走向了创新，按自己的牌理出牌。2002 年，陈东升创新提出"一张保单保全家"，从做中产阶层的生意变为做中产家庭的生意，提出 21 世纪现代生活三大件：汽车、住房和保险。

1.0 时代的泰康用了 10 年成为业内排名前列的寿险企业，但陈东升并不满足于此，他有更大的梦想。陈东升曾说，我从事人寿保险，选择了人类最伟大的职业，终身无怨无悔。因为它是关注生老病死，是安排每一个人、每一个家庭未来健康、幸福、美满的生活。

陈东升敏锐地发现，2006年底中国65岁以上人口已经超过1亿人，占全国总人口的7.9%，而国际上普遍认为这个比例超过7%，即进入了老龄化社会。中国开始进入老龄化社会，如何养老的问题必将日益突出。这对于已经形成“长期看人口”方法论的陈东升来讲，意味着未来的巨大商机。

陈东升萌发了成立养老社区的想法，希望通过将保险与养老产业相结合的商业模式创新，改变国内老年人的生活方式，改变中国人对生命的态度。

从2007年到2021年，陈东升一直在养老产业领域深耕。2012年，陈东升创新性提出了“幸福有约”养老模式，即将传统的保险产品和养老社区结合，打下了泰康转型医养的基础。

截至目前，泰康在北京、上海、广州、成都、苏州、武汉、杭州、南昌、沈阳、长沙、厦门、南宁等12个城市的13个养老社区已经投入运营，在泰康之家安享晚年的老人超过7000人。未来3—5年，泰康还将在全国开办25—30家养老社区，提供4万—5万个养老单元。对于陈东升打造的寿险与养老服务结合的养老闭环，本文将在后面予以详细介绍。

布局养老产业并形成创新性商业模式后，陈东升依然没有停下脚步，在观察最发达的美国保险市场时又发现，20世纪50年代，美国保险产品75%是人寿保险，年金和健康险分别只占10%多，但60年后，美国健康险占到25%—28%。健康险企业无论在估值还是盈利能力上，都远超寿险，这引起了他的关注与思考。

美国健康险企业盈利主要来自健康产业链，而非传统的健康险产品。健康险企业的人员构成，25%是医生、护士，25%是IT工程师；并且不仅持续收购医院、诊所、医疗科技企业，还自建护理院，这给了他很大启发。

2013年，陈东升开始探索医疗实体道路，并在2014年带队到美国考察知名医院和医学院。

2016年，在经过深思熟虑后，陈东升特地在香港召开一次董事会，对进军医疗产业的战略进行深入论证，并在同年召开的泰康20周年司庆上正式官宣。对于陈东升打造的健康险与医疗服务结合的健康闭环，本文将在后面予以详细介绍。

在陈东升的远见与坚持下，成立于1996年的泰康，在2012年入选哈佛商业案例，在2018年进入《财富》世界500强，成为国内外具有广泛影响力的保险集团，为中国保险业的转型发展提供了一个典型的观察样本。

从1988年将《财富》世界500强评选引入中国，立志下海打造一家世界500

强企业，到2018年带领泰康进入世界500强，陈东升用了30年时间圆了自己的梦想。他说，这就像在春天播种，在秋天收获，浑然天成。**一个时代总有一个时代的机会，这个机会总是为最先敏锐发现并行动的人准备的。**

最后，指导我们每一篇文章写作的都是查理·芒格的多元化思维模型。我们试图用查理·芒格的思维模型来总结陈东升身上优秀的特质和智慧，期待对读者有所启示。

一是复利思维。阿尔伯特·爱因斯坦曾说，复利是世界上第八大奇迹，了解它的人可以从中获益，不了解它的人将会付出代价。

复利不是一个简单的数学公式，也不单单应用在投资领域，而是体现在一个人的思维方式中。拥有复利思维的人和没有复利思维的人，最终过着完全不同的人生。复利这个词几乎人人都听说过，但深度理解和践行的人并不多，正如电影《教父》中最经典的话：**花半秒钟就看透事物本质的人，和花一辈子都看不清事物本质的人，注定是截然不同的命运。**

复利思维有几个本质特征：**以终为始；选择自己喜欢并正确的事；付出得够久；延迟满足，直至突破临界点。**

陈东升讲得最多的一句话是**战略决定一切**，这背后正是以终为始，选择自己喜欢并正确的事。所以他决定从事人寿保险事业，选择养老、大健康和财富管理。看到终局，并选择最佳的方向和路径，是复利思维的必然要求。

立志本身也是复利思维的体现，是以终为始，站在终局思考当下。而陈东升自身就是少年立志的代表。

陈东升出生于1957年，这一年，在全球范围内还出生了一个少年立志的优秀企业家——日本首富孙正义。

孙正义在中学期间看了司马辽太郎的《坂本龙马》，其中最著名的一段话是：“**人生在于成事。人一旦有了志向，就得为了实现这个志向而努力，选择能够成功的手段，不能气馁，即便不能成功，也要死在追求志向的途中。**”孙正义从此立志成大事，创建了软银集团，并将软银打造成为《财富》世界500强以及全球最知名的投资机构之一。

陈东升在中学期间也看了一本书《马克思传》，其中有一段著名的话：“**在科学的道路上，没有平坦的大道可走，只有那些在崎岖道路上攀登不畏劳苦的人，才有希望达到光辉的顶点。**”这段话成为陈东升的座右铭，从此立志成大事，先后创建了嘉德拍卖和泰康，并将两家企业打造成各自领域声名显赫的存在，泰康更是在成立22年后进入了《财富》世界500强。

陈东升讲**目标纯正、心无旁骛，做正确的事，时间就是答案**。这本质也是复利思维的体现，说的是延迟满足和要付出得够久。

与复利思维对应的是线性思维。有一点特别值得关注的是，在做一件事时，短期内线性思维比复利思维见效快，人性是喜欢短期获利的，所以大部分人的思维是线性思维，怎么见效快就怎么做。而成大事的人讲心无旁骛，就是愿意为长期目标牺牲短期利益。在国内，很多企业都讲长期主义，但真正愿意牺牲短期利益的少之又少。

付出得够久，直至突破临界点。网易创始人丁磊有一句名言：付出不一定有回报，但持续的付出一定有回报。这一持续的付出一定是突破了临界点。回顾泰康的历史，无论是在2007年提出进入养老产业，还是2009年泰康"遵义会议"坚定价值转型时，都不是一帆风顺的，各种争议不断，但陈东升付出得够久，突破了临界点，质疑声自动消失。这个过程中的坚忍不拔不是常人能及的，这是优秀企业家身上的卓越特质。

陈东升的思想中体现复利思维的还有很多，例如大事要敢想，小事要一点点做；理想和现实间隔着一道万里长城。

二是进化思维。1859年，查尔斯·达尔文发表了改变人类历史的巨著《物种起源》，完成这一著作背后，他花了整整20年时间。《物种起源》中，最经典的一句话是：能够生存下来的物种不是最强的，也不是最聪明的，而是最能适应变化的。

人作为高级物种的优势在于可以主动进化，并且选择进化的节奏和方向。

优秀的企业家和投资人都具备进化思维。主要体现在：**构建信息优势，及时发现环境的变化；拥抱变化，勇于创新，善于学习模仿任何微小的进步**。

陈东升非常注重构建信息优势，及时发现环境的变化。例如，刚来北京时，陈东升很快成为武汉大学经济系毕业生在北京圈里的重要一员，而他创建嘉德拍卖的信息来源正是这个朋友圈。1991年，陈东升的武汉大学校友毛振华组团去考察武汉印刷厂，大家在考察过程中听陈东升讲工业博物馆和拍卖行，就撺掇他做，校友李军还表示可以提供帮助。1992年，陈东升从股东处听闻正在申请寿险公司的信息，正式决定进军人寿保险公司，也是前期构建的信息优势发挥的作用。

此外，陈东升特别注重从各个领域获取信息，例如他是中国精算师协会会长、武汉大学校友会执行会长、亚布力企业家论坛理事长等。

除了构建信息优势，陈东升非常注重拥抱变化，他挂在口头的名言就是**创新就是率先模仿，照世界上最好的葫芦来画瓢。**

做嘉德拍卖，他模仿国际顶尖的拍卖行苏富比；做1.0时代的泰康，他左眼看友邦，右眼看平安，两只眼睛看世界；做2.0时代的泰康，他养老模仿创新美国CCRC社区，健康模仿创新凯撒医疗、联合健康，财富管理模仿创新伯克希尔哈撒韦。

三是二八定律思维。二八定律，或称关键少数法则，是19世纪末20世纪初意大利经济学家帕累托提出的。他发现，在任何一组事物中，最重要的只占一小部分，约20%，其余80%尽管是多数，却都是次要的，他将这一现象称之为二八定律。

陈东升非常注重二八定律思维的应用，将关键时间和资源用在最重要的地方。这一思维尤其体现在“战略决定一切”上，陈东升的主要时间精力用于制定战略，而对战略的执行则充分放权，泰康多年的公司经营报告，都是由COO、CFO、CIO、董秘等来做。

这一思维的另一体现是，陈东升将泰康首先定位于深耕寿险产业链，先把寿险主业做好，然后进入资管，再进入养老和医疗。他说，这不是在跨界，因为养老和寿险是天然匹配的。这不同于一些企业四处出击，寻求所谓的多元化。

四是跨界思维。《穷查理宝典》中有一句经典的话：**在拿着锤子的人眼里，所有问题都是钉子。**大多数人都只使用一个领域的思维去试图解决所有问题。而查理·芒格提出必须知道所有重要学科的重要原理，并经常使用它们。

查理·芒格之所以形成这样的思维，是向他的偶像本杰明·富兰克林学习，富兰克林是个通才，除了是美国独立战争的领袖外，还是新闻记者、出版家、作家、慈善家、科学家、外交家和投资家。

陈东升的跨界思维对养老社区的创建有重大帮助。他在书中和若干视频中都回忆，当时希望把沈南鹏的如家模式借鉴到养老领域，通过泰康去托管敬老院、养老院，像如家连锁的模式一样做一个连锁的养老院。可以看到，在进军养老产业时，陈东升自发运用的正是跨界思维，而不是在单一保险领域找答案。

在本文发布之际，陈东升即将迎来64岁生日，他曾说，过了耳顺之年，希望还有一个甲子，做好医疗、养老、康复。

2. 段国圣：泰康资产 CEO

除了创始人陈东升外，另一个影响泰康的重要人物是段国圣。段国圣是国内保险资产管理领域公认的顶尖人才，他执掌下的泰康资产业绩堪称卓越，在保险投资界无人能及。

国内主流保险公司长期投资收益率目标都定在5%左右，而泰康资产从2006年成立以来的15年里，受托管理的泰康人寿一般账户资产年均投资收益率超过8%，常年高于行业平均水平，不仅为泰康经营业绩带来巨大贡献，更是为泰康进军养老、健康产业提供了不可或缺的资源支持与底气。

段国圣除了在泰康任职外，凭借其卓越的专业洞察力，深刻的行业影响力，还成为2015年12月成立的中国保险投资有限责任公司第一任董事长，同时自2016年11月开始至今，一直担任中国保险资产管理业协会会长一职。

忠衣信裳两位创始人的职业生涯中，都是从保险负债主动转型至投资、投行领域，平时与大资管领域打交道，段国圣是整个资管行业经常提及的重要人物。

此外，忠衣信裳平台聚集大量的银行、保险资管、投行、公募私募领域中高层人士，也是我们介绍段国圣的重要原因。

遗憾的是，在搜集、整理、讨论泰康资产CEO段国圣的人生经历时，我们发现他极为低调，尤其在2002年加盟泰康前的信息十分有限。我们力求在不够完整和准确的信息中，拼凑出其全貌。

段国圣的经历可以简单分为三个阶段：34岁以前求学并在大学教书的经历，34岁到41岁在早期平安工作的经历，以及41岁至今在泰康工作的经历。

1961年，影响中国投资界的两位同姓牛人都在这一年出生，一位是段永平，另一位是段国圣。段永平后来创建小霸王、步步高，凭借投资网易一战成名，成为国内最知名的个人投资者代表；段国圣在泰康创始人陈东升的信任和支持下，创造了泰康投资的神话，成为国内最知名的机构投资者代表。

段国圣早期成长经历资料十分匮乏，只有碎片信息显示是他是陈东升的湖北老乡。

段国圣1976年高中毕业，回农村老家种地，干了一年半农活。

1977年，恢复高考的消息传来，段国圣听闻后，觉得改变人生命运的机会到来，16

岁的他报名参加了1977年12月的高考。

这一年12月，中国570万考生走进了被关闭了十余年的高考考场，当年全国大专院校录取新生27.3万人，录取比例仅4.8%，这一批高考的77级学生入学时间是1978年春天，和1978级学生秋天入学在同一年。段国圣回忆说，1978年成为其人生转折点。

段国圣考上的是位于湖北荆州的江汉石油地质学校，1978年江汉石油地质学校升格为江汉石油学院（2003年组建为长江大学）。恢复高考第一年，江汉石油地质学校共录取了411人，其中数学师资77班23人，段国圣成为其中一员。

段国圣的专业是数学，1981年6月毕业后留在了学院的基础课部做了一名老师，主要工作是教授数学公共基础课程。

在学校做了3年数学讲师后，段国圣读研深造，考取了云南大学数学系的研究生，24岁毕业之后又回到了母校，继续在基础课部教书。

与之前不同的是此时他有了自己感兴趣的研究方向：概率统计分支的马氏决策模型，并尝试将这些方法应用在了诸如石油工业中勘探方案选择、钻井成本最优化等复杂的非线性随机动态规划问题上，助力石油勘探这类高风险型决策选择最优的行动方案，以节省大量时间和资源成本。

1991年，工作之余的段国圣又考取了武汉水电学院（现已并入武汉大学）水文学与水资源专业的博士研究生，进一步提升自己，在随机动态规划领域进一步深造。

1992年，邓小平南方谈话以及《人民日报》发表的《要发财，忙起来》文章鼓励人们下海经商，大批机关干部、知识分子、国企员工纷纷放弃了在传统体制内的位置，投身到这一新的时代里创业经商、谋求发展，史称“下海潮”。

1994年博士毕业之后，他回到江汉石油学院继续教书，并在此后被母校聘为副教授。

但在那个知识精英躁动的年代，段国圣身处其中，难免不受影响，作为当年极为稀缺的博士级别选手，他下决心离开体制，投身社会主义市场经济浪潮。

1995年，段国圣离开了学习、工作、生活18年的科研院校，南下来到改革开放的前沿城市深圳，加盟了成立7年的中国平安，这一年段国圣34岁。

时年的中国平安刚刚引进外资摩根士丹利和高盛。1996年，平安又迎来对之影响深远的关键年份——“麦肯锡改革年”。麦肯锡的到来，对中国平安保险业务流程、投资体系、人力资源等方面提出了系统性改造方案，帮助平安确立了综合金融的战略,并促之走上"外资、外脑、外体"的国际化道路。

在这个过程中,麦肯锡平安咨询项目组带来了保险公司资产负债管理概念。段国圣成为国内接触麦肯锡"保险公司资产负债管理概念"的第一批"弄潮儿"。

在平安工作的8年时间里,伴随着平安的国际化,段国圣历任财务管理室主任、董事长办公室主任秘书、投资经营管理部助理总经理(主持工作)、执行委员会委员、投资管理中心负责人、助理首席投资官兼平安博士后工作站指导专家,接触到了先进的投资管理理念和经验,并先后赴美国林肯国民金融集团、林肯投资公司、特拉华基金管理公司、马来西亚大马保险学院学习,开拓了视野。

41岁时,段国圣迎来了他职业生涯重要的转折点。2002年底,他只身一人从深圳来到北京,加入成立近7年的泰康,正如当年他加入成立7年的中国平安。

到了泰康,段国圣薪水低了不少,而且平台也似乎小了不少。当年中国平安的资产管理规模已经超过2000亿元,而泰康只有60多亿元,"像个创业公司"。但段国圣可以掌管投资部,成为一方大员,泰康给了他一个展示自己的平台。日后段国圣回忆自己在泰康取得的成就,谦虚地表示:"这归结于'势':最重要的是因为这个时代,遇到了邓小平的改革开放,刚好赶上经济和财富起飞的时代,保险业又是很好的产业。好的时点,好的行业,好的公司。其实,离开时代,离开平台,个人算什么?"

陈东升给了段国圣平台,段国圣成就了自己,也成就了泰康资产。

从2007年到2020年,段国圣带领下的泰康资产成为业界翘楚,成为泰康的一大名片。泰康资产的业务发展,我们会在业务演进板块中做进一步详细介绍。

能够在不到20年时间里将泰康资产带到管理资产规模超过2.4万亿元,进入"2021全球资产管理行业500强榜单"前100名,段国圣无疑有其过人之处。忠衣信裳平台总结了他的几个特点:

第一个特点是聚焦。1998年5月的一个周五下午,微软创始人比尔·盖茨和伯克希尔哈撒韦创始人沃伦·巴菲特进行了一场世纪对话。当被问到致富秘诀究竟是什么的时候,二人心照不宣,不约而同地在纸上写下了同一个单词:**Focus**,即聚焦。段国圣身上也有这个特点。

段国圣曾说:"我喜欢投资,我很专心。我心里没有其他事,整天琢磨的就是投资。"在泰康的接近20年职业生涯中,大多数时间,段国圣在单位会工作到很晚,还拿一些研究报告回家看。周末他也会来单位。他的业余爱好也和投资有关。刚来泰康时,太太和小孩没来北京,他周末不是在单位加班,就是和朋友去看楼盘,看楼盘成了他的一个业余爱好，他至少看过北京 80 多个新楼盘。跟股票估值一样，段国圣每每也会对楼盘进行估值。

“我每年都要出去几次，不是游山玩水，而是真心沉淀下来去学习，和顶级的世界资产管理公司交流，以便能随时和他们保持一致”。段国圣粗略算了一下，他每天要工作至少 12 个小时，甚至搭上周末。

因为聚焦，所以段国圣会很执着。段国圣喜欢研究佛理，他的左手永远带着一串佛珠，他相信不断重复一个愿望，实现这个愿望的信念就会加强。段国圣很好强，在投资上，他希望比别人做得更好，用佛家的观点来讲，他很“执著”。“我后来发现太执著会坏事，我心里很清楚，我没有达到‘破执’的境界。我有时候很在乎结果，这另一方面也给你很大的动机去做事情”。

第二个特点是理性。在全球投资界，查理·芒格被公认为是最伟大的智者之一。一次在伯克希尔哈撒韦股东大会上，一位记者坚持让芒格用一个词来总结他的成功，这个问题太大了，查理·芒格实在是不知道如何回答这个问题，最后他说“理性”。查理·芒格认为，**理性就是尊重常识，尊重事实，不要被狂热、嫉妒、愤怒、仇恨等原因或意识形态影响自己的判断**。我们看到，段国圣身上体现出了极强的理性。

段国圣尊重常识，尊重事实。他把证券市场比喻是大海，而个人智慧则是一桶水。一桶水如何才能战胜大海呢？段国圣认为，唯一的方法就是中国古代的一个思想——山能克水。也就是坚持一些最基本不变的东西，这样才不会随波逐流，才能战胜不断变动的市场。

段国圣认为，做投资取胜不在于“术”而在于“道”。做投资最基本不变的是资产的价值、风险控制及一整套的科学分析框架。技术分析、信息等眼前的东西看得太多，不见得能取胜。“我也听消息，我也希望自己消息灵通，但我绝不把这个当基本的东西。如果这个信息是改变公司基本面的，我当然听，它很重要；但如果这个信息只是一个脉冲，我根本不予理睬”。

段国圣热衷于以不变的规则来应对变动的市场，同时他又意识到规则会扼杀很多东西，包括创造力。投资既要规范又要保持旺盛的创造力。没有创造力，就会做死；没有规则，就一定会出问题。如何在规则与创新两者间权衡，这是一门艺术。

第三个特点是自律。段国圣的工作生活保持着看上去单一乏味的状态：每天早上起床后，柔韧性锻炼；上班途中，完成其他车载锻炼；上班后参加各类会议，午餐一般是边吃饭边听取业务人员汇报。如果晚上 8 点前到家，就再去锻炼 1 个小时。无论多忙，都要保证在晚上11点前上床休息。每天周而复始，只有周末，可以稍微放松片刻。

"他们都叫我'技术木偶'，包括餐饮在内，都是严格照章办事——早餐吃好，中餐吃饱，晚上不吃或少吃。"段国圣在一次接受采访时笑着说。

看似乏味的工作和生活的背后，是他投资人生获得成就的原因：清清白白投资，稳稳当当做人，内心平淡，初心常在。

第四个特点是善于用人。段国圣认为，要尽量少辞退人，在开始时就要把关严，不让不合格的人进来。对于推荐来的人，他都要面试，不行的坚决不要，没有丝毫情面可讲。他宁愿得罪在前面，而不得罪在后面。

段国圣挑选人才有独到的原则，只挑选两类人才：一是在市场上已经证明是优秀的人才，小学毕业都没关系；二是挑新手，一般必须是清华、北大毕业，最好是高考状元、数理化竞赛一等奖、在国外学习过的。这些人经过严格的训练，半年就能上手，一年就是很好的了，两年便成才了。段国圣不挑选一类人——在一些不太好的机构里工作过的人，因为他们会沾染上一些坏习惯，沾染上的坏习惯是很难改变的。

段国圣喜欢有这样的学科背景——本科为理工专业，研究生为金融或经济专业。这样的人基本上在本科阶段初步形成了关注实证和细节的线性思维模式，而在专业研究阶段，经济领域更宽、视野更广，使他又具有了系统化的思维方式。所以做投资的人，素质要求是很高的，既"深"且"广"，缺一不可。

段国圣除强调手下必须聪明踏实之外，也特别注重在禀赋、个性上"人尽其才"。他介绍说，做债券交易员的，一定不要挑那种太厚道的人，要挑稍微尖刻一点的，太厚道的人是做不好交易员的，心很善，用钱很大方的肯定不行。买入的债券成本足够低，才不会亏本，因此做债券交易员，需要会占一点便宜，很精明，很会来事，但又不会引起别人的反感，很多女孩做这种事情很好。搞精算的，一定要细致，不细致的不要。搞风险控制的人，一定要原则性很强，但又稍微能沟通点，否则把大家都得罪了。

第五个特点是注重体系建设。在《资产管理实务、方法与理论》一书中，段国圣在做好资产管理公司的思考中说，要搭建良好的投资生态体系，其中最重要的是建立系统化的投研体系。

段国圣提倡的不是培养投资感觉，而是做功课，细致地做功课，即搭建系统化的投研体系。段国圣说，我布置给手下员工的功课包括宏观研究、行业研究和企业研究。宏观研究主要是考察国民经济运行的整体趋势，分析经济的周期性变化，研究与国民经济密切相关的一系列指标，如 GDP 增长率、利率、汇率等。行业研究，要研究供求趋势、发展周期和成长潜力；企业研究，要研究企业的成本费用支出、盈亏平衡点等，据此对企业进行投资价值判断。

第六个特点是注重企业文化。忠衣信裳平台认为，企业文化是企业战略的一部分，是必须关注的。关于企业文化，最经典的定义来自段永平，他认为，好的企业文化能管到制度管不过来的东西。制度是强制性的，文化则不完全是，所以建立好的企业文化非常难，破坏起来非常容易。

段国圣非常注重企业文化。他说：我绝对不会干涉团队成员在其授权范围内的投资决策，比如选股票，如果我告诉一个投资经理要买哪只股票，即使赚钱了，这件事对公司投资文化的影响也是不好的。

段国圣很注重自己的言行，尤其注意克制自己多说话的习惯，唯恐不经意一句话，对下属工作造成困扰。

展望未来，段国圣说，在全球前 50 大的资产管理公司里面，没有一家是中国的。但是他认为未来的 20 年里，从资产管理行业来讲，是中国的黄金时代。

也许十年甚至不到十年，世界上最大、最好的资产公司中一定有中国的，因为市场在这里，中国人在这里，中国的经济总量在这里。

段国圣说，因为我是从事资产管理行业的，我希望我们能成为全世界最大的资产管理公司之一。

让我们拭目以待。

泰康创新发展的 25 年历程中，经历了三波创新。

第一波创新是从泰康 1996 年成立到 2000 年前后，中国寿险业刚刚起步，泰康“左眼看友邦，右眼看平安，两只眼睛看世界”，构建了公司的保险经营管理体系和框架。

泰康的营销体系主要是向台湾地区的国泰人寿学习，团险与年金业务向荷兰全球保险集团学习，财务管理向加拿大伦敦人寿学习，投资向瑞士丰泰学习，风险管理向瑞士信贷学习，荣誉体系向美国大都会人寿学习，信息技术平台从台湾地区的瑞泰人寿引进，产品精算、核保核赔体系建设得到了瑞士再保险、瑞士丰泰、慕尼黑再保险的帮助。

第二波创新是 2002 年前后，泰康开发了“爱家之约”家庭保障计划，提出了“一张保单保全家”，并构建了代理人、新生活广场、95522 热线和互联网“四位一体”虚实结合的保险服务模式。

泰康提出保险是一种新的生活方式,提出"买车买房买保险"的新"三大件"理念,在业内率先引入了内含价值体系,发行了业内首笔次级债。

从1996年成立到2006年,泰康一直是一家单纯的寿险公司。

第三波创新始于2007年进军养老服务业,并发现养老和医疗分不开,将虚拟保险支付和实体医养服务结合起来,开创了一个全新的商业模式。

从2007年开始,泰康从一个单一的寿险公司,通过医养融合迈进大健康生态体系,走向综合保险金融服务集团,提出养老(长寿)、健康、财富三大闭环,构建了"长寿时代,泰康方案"。

忠衣信裳将重点聚焦在泰康的第三波创新:日渐成熟的养老闭环、积极探索的健康闭环、稳中有进的财富闭环。

(二)日渐成熟的养老闭环

2006年8月22日下午,北京人民大会堂的万人大礼堂座无虚席,泰康成立10周年庆典隆重举行。陈东升在庆典大会上作了《迈向未来新的十年》演讲,他说,一个企业的成长,3年决定生死,5年打下基础,8年站稳脚跟,10年小有品牌,20年才能成长为参天大树。

陈东升这样总结,10年发展历程中,泰康做对了很多事,因时而生、因市而兴、因势而变。

小有品牌的泰康,如何再用10年成长为参天大树?是陈东升考虑的主要问题。

从外部市场环境看,2006年底,中国65岁及以上人口,超过1亿人,占全国总人口7.9%,我国已迈入老龄化社会。

长期从事宏观经济研究的陈东升对于人口变化趋势一直很敏感。如何将关乎人的生老病死的寿险切入中国人口老龄化发展趋势,一直是陈东升头脑中思考的问题。此时,他觉得外部市场环境日渐成熟了。

从自身发展情况看,2006年,泰康的保费规模成功跨越200亿元大关,资产规模达到866亿元。泰康资产成立后,稳稳抓住上证指数从2005年6月的998点上涨至2007年10月的6124点这一轮牛市,取得了亮眼的投资业绩。2007年泰康人寿投资净收益达到155.18亿元,同比增长269.2%,对总收入贡献比重达到32%。

2007 年 6 月底，泰康人寿总资产规模突破 1000 亿元，利润突破 10 亿元，各项业务全面起飞，为寻求第二赛道打下了坚实的基础。

现金在手，机会在前，让泰康进军养老产业成为可能。

2007 年 3 月，陈东升参加了一场婚礼，过程中感受到了为人父母的凄凉，触发了他进军养老产业的决心。

婚礼结束后，他便迫不及待地在现场拉着刘挺军等泰康高管开会，提出了进军养老产业的想法。

泰康请来了袁岳的零点咨询公司（现已更名为零点有数，于 2021 年 11 月在创业板上市）进行调研，结果显示，中国老龄人口急剧增加，而国内养老的现状是“9073”，即 90% 的老人选择居家养老，7% 的老人选择社区养老，只有 3% 的老人选择养老院（养老社区）。

如何抢抓老龄化社会带来的市场机遇？陈东升首先想到的是借鉴沈南鹏、季琦创办的连锁酒店品牌如家的商业模式。

如家 2002 年成立，其商业模式是将全国各地闲置厂房和办公楼做简易装修整合后提供住宿服务，仅用不到 5 年的时间就在美国纳斯达克上市。陈东升和团队讨论是否可借鉴如家的方式，托管一些经营不理想的养老院，用轻资产托管的方式进行全国连锁，从养老的资金供给方变为养老的实体服务方，以此进军实体经济。

调研了北京 100 多家养老院后，泰康发现人们普遍不愿意花钱养老，经营不佳的养老院也不具备改造托管的条件。

此后，泰康又在北京的望京进行轻资产的养老会所试验，但由于商业模式不清晰，以及轻资产业务对于保险公司的长期资金没有协同效应，很快以失败告终。

国内对标如家模式走不通，泰康把目光放眼到国外。

自 20 世纪八九十年代开始，陈东升到过很多国家访问，也做过很多研究，他认为自己是“崇洋不媚外”，结合中国作为后发国家的实际，提出了“创新是率先模仿”的中国企业后发理论，**以模仿开始，找最好的模仿，也要最快地模仿**。秉持这个思路，泰康继续寻找对标，先后前往中国台湾、日本、新加坡、美国、欧洲学习考察。

2007 年底，陈东升带领任道德、刘挺军、刘淑琴等筹备团队成员赴日本考察松下、21 湖水公司（专业提供护理服务）、Nichii 日威公司（提供管理服务）、Watami 旗下镰仓养老机构。

通过考察，泰康了解到：日本的第一保障支柱，也就是政府的行政力量很强大，特别是2000年4月日本开始实施《介护保险法》，强制40岁以上的居民加入介护险，居民65岁以后可享受介护保险制度提供的不同等级服务，这些养老雇佣服务可由政府提供高比例补贴，因此日本的小型养老服务机构蓬勃发展。

通过对比分析，泰康发现，国内缺乏相应的法律基础和机制保障，日本小型分散的养老模式在当时很难复制，泰康在望京养老会所的实践也印证了这一点。

2008年2月，陈东升又带领任道德、田源、刘挺军、刘淑琴、邱建伟等筹备团队成员，访问美国Riderwood、Sunrise、Aldersgate、Willow Valley等多个养老社区。泰康团队从美国西海岸出发，一路几乎考察了所有主要的养老社区。

北卡罗来纳州夏洛特的晨曦（Sunrise）养老社区，是一个有四五百户居民的中型连锁社区，环境设施一流，有餐厅、活动中心、健身中心，老年人衣着整洁、打扮时尚，给陈东升留下了深刻的印象。

宾夕法尼亚的万柳（Willow Valley）是一个开放式的社区养老大学，有800多户居民，可以容纳2000多人，具有从公寓到别墅不同业态的持续照料养老社区。

在一系列的考察中，泰康摸清了美国养老社区的商业模式。其核心是建立一个新型的开放式社区，通过销售不动产或者提供养老设施与服务并收取会费的方式盈利。

美国CCRC（Continuing Care Retirement Community）持续照料模式养老社区的活力生活方式让陈东升大开眼界，最关键的是，陈东升看到了保险公司在这一商业模式中的机会与优势。

从市场看，美国30%以上的老人是机构养老，而在中国这个比例是3%，随着中国高净值人群和中产阶层的崛起，这个市场存在着大量空白，保险公司通过沉淀的海量客户，实际上已经部分锁定了未来养老产业的客户群。

从资金看，在美国养老社区大都是房地产公司、慈善机构投资建立的，但保险资金特别是人寿保险聚集了大量的长期资金，适合投资稳定的商业不动产。

从产品看，泰康轻资产、小规模居家养老服务的商业模式没走通，而CCRC这种大规模的养老社区可以提高效率，形成规模经济，打造品牌和影响力。

泰康进军养老产业的路径找到了对标，打造养老社区商业模式的构想正式成型。

进军养老产业的路径明确以后，陈东升首先想到的，是在3个层面达成共识。

在《战略决定一切》一文中，陈东升总结，执行力就是战略认识的统一。战略一定要在3个层面达成共识，在这个方面，泰康是有教训的。

陈东升坦言，2006年泰康开启县域保险战略，所有干部不理解，但那时候我觉得自己是董事长也是CEO，自己说什么他们去做就行了，强行推这个战略。他们迫于压力做了，但动作变形，严格讲应该是“失败”了。这件事教育了我，后来再制定新战略时，一个很重要的经验，就是一定要在**董事会、经营高管层、核心干部和基层骨干员工**中形成高度的共识。

如何能够实现上下同欲，统一共识，陈东升着实费了一番功夫。在实践中，他先后与经营高管层、董事会进行了深度沟通。

在高管中，第一个站出来反对的是公司CFO周国端，在美国近20年接受过严格的数学和金融训练的他有一套严密的逻辑。周国端认为，保险作为金融的一部分主要提供资金流，保险资金本身承受很大的利率风险，养老社区投资期限长，不是保险的优势所在。周国端和陈东升辩论很久，陈东升“一槌定音”结束了这次争论：“我是CEO，你是CFO，资源要服从战略，这就是我的战略。”

泰康资产CEO段国圣最初也反对养老社区重资产的商业模式，其他高管也或多或少存有疑虑。

陈东升耐心与周国端、段国圣等高管沟通。后来周国端表示，“董事长很懂中国的国情脉动，他很懂在一个大潮流里，站在什么点上，抓住什么机会”。段国圣对重资产的养老模式也逐渐认同：虽然开始的投资回报低，但这也是它的高门槛，能够形成自身的护城河。

在与高管层达成一致后，陈东升着手在董事会层面形成战略共识。

保险公司直接投资养老社区、长期持有并运营的模式在国内是首例，在国际上也比较罕见，董事们普遍担心是不是跨界跨得太大？投资回报如何？是不是有能力把控风险？

面对这些疑虑，陈东升的做法是直接把董事会开在了美国，让董事们亲身感受美国成熟的CCRC养老社区模式。

2010年4月，陈东升率领泰康董事会成员和全体监事赴美进行了为期10天的考察，最重要的安排就是全面考察美国的养老社区。走一圈下来，董事、监事们共同领略了这种养老商业模式的魅力。

“其实就开销而言，这次董事会代价不菲，但我觉得非常值”，陈东升说。此行，泰康董事会对投资养老社区形成共识。

在董事会和高管层形成战略共识以后，陈东升还积极向核心干部员工宣传战略思想，直到全公司形成广泛共识。

在凝聚内部共识的同时，2008 年 4 月 20 日，泰康正式向保监会提交寿险资金投资养老社区的可行性报告和试点申请。

监管层主要对养老社区的风险管控和公司偿付能力表示担忧。为此，泰康向监管部门呈报一份关于泰康首个养老社区北京燕园的详细报告，"项目受托资金 22 亿元，全部建成后可供 6000—8000 名老人居住，经测算预期财务内部收益率 11.42%（税前），运营内部收益率为 13.68%（税前），静态投资回收期 12.39 年"。同时，报告中也做了最坏的打算："22 亿元投资约占泰康 2008 年末总资产的 1.10%，5 年后约占 0.47%，对泰康资产和收益影响在偿付能力范围内，风险可控。即使在项目失败的情况下，还可以通过变现房地产和设施收回部分成本。"

泰康与监管层反复沟通，自带投影仪和音箱向监管部门展示在美国拍到的养老社区视频和资料，同时给出了保险公司做养老社区的可行性理由：保险资金是长期资金，投资养老社区的长期资金与保险公司的长期负债相匹配，养老社区长期不动产不受经济波动影响，长期收益稳定，是人寿保险资金最佳的投资方向。

2009 年 11 月 19 日，保监会正式批准了泰康提出的养老社区股权投资计划，泰康成为中国保险业第一家获得养老社区投资试点的企业。

在内聚共识、外获批准后，泰康从**客户定位、明确需求、产品服务、销售渠道以及盈利模式**五方面，着手构建养老社区的商业模式。

客户定位是商业模式的起点。管理学之父彼得·德鲁克在《管理的实践》中有一句经典名言：**企业的唯一目的就是创造客户**。

泰康从成立之初，便明确把中产阶层作为自己的目标客户。经过充分的市场调研，泰康将养老社区的客户定位于"三高一主"——高级知识分子、高级管理者、高级干部和企业主。

满足客户的需求，是每个企业的宗旨和使命。

中国老年人想要的老年生活是什么呢？总结起来可以概括为八个字，"**健康长寿，天伦之乐**"。

泰康在北京、上海做了几千份市场调查也印证了这一点。调查发现，60% 的养老客户第一需求是医疗。但与美国不同的是，中国的老年人追求儿孙绕膝的老年生活，希望不要离孩子太远。一个北京的阿姨说："如果你把我放到北京八达岭长城那么远的地方，可能就给了我孩子不来看我的最好理由。"泰康团队意识到老年人和年轻人的需求是不一样的，除了最重要的健康需求以外，老年人怕寂寞，怕与家庭和社会隔离。

基于上述的客户定位与需求分析，泰康开始设计符合目标客户精准需要的产品与服务。

首先在布局上泰康有着清晰的路线图。明确先布局北京、上海、广州这些经济发达、老龄化程度高、养老意识强的大城市，待完成东南西北中布局后，再进一步深耕长三角、大湾区和京津冀。即使在二线城市拿地成本低、更容易，也毫不动摇战略方向。

在选址上，考虑到中国老年人需要子女陪伴、家庭时常团聚的需求，泰康没有简单照搬照抄美国 CCRC 在偏远小镇建设养老社区的模式，而是在城区周边布局养老社区。

泰康的首个养老社区——燕园，就是位于北京昌平区的小汤山，距离北京市中心约 40 公里。

针对老年人的医疗保障需求，泰康打造"一个社区、一家医院"，引入美国 CCRC 持续照护模式，满足自理型、介助型、介护型等不同类型老人的需求。社区配套的康复医院为老人建立电子健康档案，由社区医务室专职家庭医生、社区管家、社区护工组成慢病管理团队，依据老人的体检情况调整健康管理服务安排，打造急诊急救保障、老年慢病管理、老年康复的三重防线，为老年人提供包括独立生活、协助生活、专业护理、记忆照护、老年康复及老年医疗在内的一站式健康服务。

除了以上两大核心需求外，泰康还全面总结了老年人的"社交、运动、美食、文化、健康、财务管理和心灵的归属"七大需求，为老人提供舒适温馨的生活环境、营养健康的美食菜品、丰富多彩的文娱活动以及专属的管家服务，满足老年人日常生活的各方面需求。

满足客户需求的养老社区已明确，但在具体产品落地过程中，如何将保险和养老社区进行连接，成为泰康团队面临的新问题。泰康成立了专门的产品研发团队，但挑战在于：一方面，国内法规不允许保险产品条款明文做出保险利益以外的承诺；另一方面，如果将养老服务写进保险合同，偿付能力、准备金的计算都没有先例。

在几十年的商业实践中，陈东升有一个“**化整为零**”的超级方法论。当遇到复杂问题，扯不清的问题时，就把**问题简单化**，切割清楚，化整为零。

在这个超级方法论的指导下，泰康通过签署一个独立的“确认函”的方式，将优先入住泰康养老社区的权益与养老保险销售连接起来，巧妙地解决了前述法规的限制，也赢得了市场先机。

2012 年 4 月，泰康推出“幸福有约终身养老计划”。“幸福有约”产品由“乐享新生活养老年金保险（分红型）”和“泰康人寿保险客户入驻养老社区确认函”共同组成。

“乐享新生活”有三个功能：一是提供从约定年龄开始，终身按月领取生存保险金，满足客户养老生活的日常开支；二是同时提供备选的一次性领取生存保险金，可作为客户养老生活的启动资金，也可再投资；三是产品还具有分红功能，可一定程度上抵御通胀风险。

“入住确认函”把“乐享新生活”与泰康养老社区挂钩，为客户提供入住的选择权。

由于客户定位准确，市场空白被有效填补，“幸福有约”一经面世就获得了市场的强烈反响。2020 年，泰康将面向成年客户的“幸福有约”产品进一步创新升级，聚焦 18 岁以下的青少年群体，推出“幸福有约”青少版。此后，“幸福有约”演化出“活力养老、高端医疗、卓越理财、终极关怀”四位一体的产品与服务体系，延展出 15 款产品。

“幸福有约”是泰康全新商业模式的根基，它的创新之处在于改变了保险企业仅提供保险产品的传统，将保险产品与养老社区和客户结合起来，构建了虚拟养老产品与实体养老服务的结合，从而也为泰康转型医养和大健康打下了基础。

在探索养老闭环的过程中，泰康打造了养老社区和“幸福有约”两个拳头产品。如何整合产业链，打通渠道，泰康又进行了销售场景和渠道的创新。

在寻找建设首个养老社区的地块过程中，由于没有合适的机会，产品没法落地，泰康寿险将位于北京东三环的泰康金融大厦的一层楼专门改造成体验馆，把美国养老社区模式搬过来做成样板间，对团队和潜在客户进行培育，这就是泰康的**体验式营销**。

后来，体验式营销逐渐从泰康的体验馆扩展到养老社区、实体医院、口腔诊所和纪念园实体。2021 年上半年，体验人数达到月均数万人次规模，成为客户理解泰康商业理念和商业模式的前沿窗口。

在销售渠道上，针对“幸福有约”保费200 万元以上的客户，2013 年7 月，泰康成立了高客事业部，号称 F1（代表 Future 未来和 Fortune 财富）。F1 的出现开创了保险业成体系经营高端客户的实践，也开创了为高端客户提供一站式医养综合解决方案的模式。

2017 年，在 F1 俱乐部的基础上，泰康又创新推出了健康财富规划师（HWP，Health & Wealth Planner）。HWP 的定位是服务中高净值人群全生命周期、全财富周期的专家，是绩优保险代理人、初级全科医生和高级理财顾问 3 个角色相结合的新职业，也是泰康一站式健康财富管理综合解决方案的推广者，服务于客户的全生命周期。

客户、产品和销售渠道“经营金三角”已搭建，泰康的养老社区如何实现盈利？

国际上，养老社区有两种盈利模式：一是出售型，即在开发建设后，直接出售收回投资以获利；二是长期持有型，即通过获得运营收入和土地、物业增值来收回投资并盈利。

泰康的养老社区采用了后者，并且通过高端养老社区的吸引力，带动保险产品销售。其盈利构成主要包括以下 4 个部分：销售保险带来的盈利、房产升值带来的收益、养老社区的运营收益（如月费、护理费）、押金或会籍卡沉淀资金的投资收益。其中，养老社区自身可通过大额押金、会籍费、日常经营性收益达到项目自身的盈亏平衡或资金平衡。

目前，泰康已完成北京、上海、广州、成都、苏州、武汉、三亚、杭州、南昌、厦门、沈阳、长沙、南宁、宁波、合肥、深圳、重庆、南京、郑州、青岛、福州、温州、天津、济南、呼和浩特、昆明、佛山等 29 个核心城市医养社区布局，规划总地上面积约 423 万平方米，可容纳约 7.5 万人，可提供近 5 万个生活单元，医疗床位超 3000 张，成为全国最大的高品质连锁养老集团之一。其中，北京、上海、广州、成都、苏州、武汉、杭州、南昌、沈阳、长沙、厦门、南宁等 12 地 13 家社区已投入运营，在住居民约 7200 人。

公开资料显示，泰康之家燕园一期自 2015 年 6 月投入运营起，在不到两年的时间内，就达到了 99.7% 的入住率，2017 年 8 月 18 日开业的燕园二期提前就已预订一空。高入住率、快速去化，也出现在泰康之家申园。

养老社区的发展，也带动了泰康高净值客户的积累。针对购买保险取得养老社区优先入住权的客户（缴纳保费200万元以上），泰康在保险业第一次明确提出高净值客户的概念。

到2021年5月，泰康高净值客户已突破11万人。招商银行2021年半年报显示，按照1000万元资产以上的门槛，高净值客户数达到11.19万户。可见泰康与财富管理领域排名第一的招商银行相比，高净值客户的数量已不分上下。

在疫情影响，国内经济增速放缓的大背景下，越来越多的行业与企业将目光放在了养老产业，包括至暗时刻寻求转型的保险企业、房地产企业，与养老产业配套的大健康产业等。泰康在养老闭环上的实践又能带来什么样的启示与借鉴呢？

2011年，北大光华教授黄铁鹰出版了一本书——《海底捞你学不会》，餐饮业都想学海底捞，但至今仍没有第二家海底捞出现。忠衣信裳认为，泰康同样很难被模仿和超越，主要体现在几点：

一是较为完善的公司治理。陈东升曾说，公司治理是战略落地的组织、制度和人才的保证。企业竞争的本质是治理结构的竞争，是董事会的竞争。公司治理结构的核心是股东大会、董事会和经营管理层的三位一体。股东大会是最高的权力机构，董事会是战略决策机构，经营管理层是战略决策的执行机构。治理结构一定要建立在阳光透明原则的基础上。

一流的董事会，一定要考虑到知识结构的相互补充和完善，此外还要考虑到市场竞争和时代环境的要求。一定要尊重董事的专业意见，保持独立董事的独立性。

二是优秀的企业家。2021年12月6日，《人民日报》发表评论员文章：弘扬企业家精神，为国家做出更大贡献。泰康创始人陈东升在朋友圈指出，企业家是社会稀缺的资源。

高瓴资本张磊在《价值》一书中曾指出了伟大企业家的特质：他们拥有比大多数人更加强大和自信的内心世界，志存高远；他们能够大幅度提高资源的产出，创造新的产品和服务，开拓新市场和新顾客群，视变化为常态；他们希望在改变自我的同时，改变世界。

伟大的企业家拥有长期主义理念，能够在不确定性中谋求长远；拥有对行业的深刻洞察力，在持续创新中寻找关键趋势；拥有专注的执行力，运用匠心把事情做到极致；拥有超强的同理心，能协调更多资源，使想法成为现实。

在泰康养老闭环的构想提出、统一共识、商业模式的探索等关键环节，我们可以看到陈东升的思维、决策发挥了关键作用，使得泰康在布局养老产业上具有明显的先发优势。

三是强大的网络与渠道。泰康养老闭环的客户定位非常清晰，即“三高一主”。为触达三高一主，需要泰康在一二线城市具有强大的销售网络和销售能力。泰康在成立第一个10年，已经在一二线城市完成了布局，尤其是在2001年获批23家分公司，明确了一线巩固、二线崛起的发展战略。在人才经营上搞了千人计划、百川计划、青干班、中青班等，培养了大批的销售干部与人才，建立了强大的网络与渠道。

四是强大的投资能力。我们可以看到，泰康养老闭环商业模式的探索，从提出到日渐成熟，用了10年。除了完善的公司治理结构，优秀企业家的长期坚持，也离不开客观的保障。其中最大的保障之一就是泰康强大的投资能力。试问，有哪家公司的投资负责人能像段国圣一样，和老板拍胸脯说：“老板提出要投1000亿元，过几年，泰康的资产肯定超过万亿元了，1000亿元也就10%，把我们剩下的90%做得好一点，只要比其他保险公司多10%，这个回报就回来了。”

我们将在后面对泰康的财富闭环进行详细介绍。

（三）积极探索的健康闭环

在布局养老产业之外，泰康还在寻找着另外一条增长曲线，即保险+健康。

陈东升曾说，在进军养老的过程中，他逐渐认识到保险和养老、健康产业均存在强大的协同效应，健康领域很自然地进入了他的视野。

保险+健康，是国内保险行业公认的业务重点和难点，各家保险公司都在积极探索，其中，中国平安的实践最为超前。2020年9月22日投资者开放日活动中，联席CEO陈心颖表示，中国平安已经在医疗健康领域深耕20余年，12个子成员单位与平安集团形成了巨大的协同效应。

但即便是中国平安，也尚未在保险+健康领域实现商业闭环。作为其健康闭环最重要的“排头兵”平安好医生，成立7年尚未实现盈利，根据首席财务官叶澜在2021年中期业绩发布会的表态，平安好医生整体盈亏平衡目标维持在2024—2025年达成，即10年无法实现盈亏平衡。平安医疗健康领域的另一大布局平安医保科技近期更被媒体传出面临业务重组，寻求买家的尴尬。可见保险+健康探索之路的艰难。

那么，泰康是如何理解保险+健康闭环，如何实践保险+健康闭环的呢？

根据忠衣信裳平台梳理，泰康主要是从两大方面布局健康闭环的：一是做大做强支付端，即健康保险；二是重资产布局医疗产业。

保险对接医疗，主要是靠健康保险产品。但早先，包括泰康在内的整个保险行业并没有给予健康保险足够的重视，尤其是健康保险中的医疗保险，因为件均保费低、经营风险高、盈利水平低，一直没有成为保险公司的主推业务，而多是以附加险的形式销售。

直到陈东升关注到美国寿险业的发展趋势，才意识到健康保险大有可期。“20世纪50年代，美国保险市场75%是人寿保险，年金和健康险各百分之十几，但60年后，美国年金占到50%，健康险占到25%—28%。健康险（公司）无论是股价还是盈利，都远远高于寿险（公司），寿险从大哥变成了小弟”。

为了不让美国寿险业的悲剧在泰康发生，从2015年起，泰康开始重视起健康保险业务。

陈东升认为，保险公司的健康闭环，一定要以强大的支付端为保障，大量获客，才能形成规模效应，与实体医疗服务产生协同，整合优化医疗健康的上下游产业，实现整体效率的提升。做大支付的责任，由泰康人寿、泰康养老和泰康在线三家子公司肩负，从政府、企业、个人三大渠道全面布局。

在**政府端**，鉴于国内基本医保为主的医疗保障体系，商业健康险空间较小，泰康决定通过政府业务切入，通过承接政府医保业务积累数据，把基本医保、医院、客户、健康险和健康管理串起来。

从2015年起，泰康养老已布局全国28个省119个地市，与地方政府在大病保险、精准扶贫、长期护理保险方面开展合作，参与DRG（疾病诊断相关分组）试点和医保审核控费工作，与多地合作开展个人账户余额购买商业健康险试点，覆盖人口超3.2亿人。

在**企业端**，泰康向雇主和雇员提供团体和个人健康保险等一揽子福利医养解决方案，市场规模已经进入行业第一梯队。截至2020年底，泰康有效企业客户已达到42万家。

在**个人端**，泰康主要以泰康人寿和泰康在线两家子公司为依托，线上线下全面布局，为个人客户提供健康保险产品。在此过程中，泰康也做出一些创新，如2016年推出在代理人渠道销售的中端百万医疗保险，2018年推出个人特药保险。此外，泰康还率先与互联网头部渠道展开合作，提供与健康医疗生态深度融合，与互联网生态完全贴合的健康险产品，如与腾讯微保合作的面向微信用户的医疗险“微医保”。

通过上述实践，陈东升认为商业健康保险将成为变革的杠杆。他在《长寿时代》中描述：“在大健康产业中，保险公司作为医疗健康服务的第三支付方，是极为重要的参与者，与养老、健康产业有着天然的交集。实际上，我们纵观整个商业领域，从来没有哪个领域像医疗行业一样，在第三支付方的参与下，客户只用支付极少数的费用就可以享受如此多高质量的医疗服务。更为重要的是，还有第三方保险机构代表客户与医疗机构进行质量和价格的博弈。这一特性使得健康保险在优化医疗健康的资源配置、提升和延长产业链价值方面具有独特优势，从而能够成为变革的杠杆力量。”

泰康的健康保险在快速发展的同时，也面临着和行业同样的挑战：

一是健康保险的发展面临着产品同质化程度较高、风险识别难、医保控费难等问题，且泰康进入健康保险领域的时间也要晚于中国平安、中国人寿、中国人保等主要同业，在市场上面临激烈竞争。

二是虽然头部险企都在加码健康管理服务赛道，使市场竞争的重点由产品向“产品+服务”转移，但总体而言，健康保险在大健康产业链的拓展上还处于初级阶段，议价能力较弱。

当前商业健康保险赔付额在居民医疗卫生筹资总额中占比很低，单个保险企业带来的医疗、药品支付额更低，单一保险企业的支付规模在整体医疗支出中几乎可以忽略不计。2020年上市保险公司死伤给付金额为786.9亿元，仅约占医保资金支付的3.9%。从数据也可以看出，国内健康保险尚不具备整合医疗产业链的能力。

在布局健康保险之外，泰康也在布局医疗，与其他大部分险企不同之处在于，它选择了实体医疗的重资产模式。

这样的路径选择，部分是基于保险和养老社区对接的成功实践，部分是基于对美国凯撒医疗集团经验的学习。在布局医疗的过程中，泰康最早将凯撒医疗作为对标对象。凯撒医疗集团诞生于1945年，是美国最大的健康维护组织之一。截至2017年，凯撒共有39家医院，680个医学中心。凯撒服务的核心是将保险支付和提供的医疗服务一体化，有效管控医疗费用。

2014 年，陈东升带着团队到美国考察走访了很多知名的医院和医学院。他发现，尽管美国的医院都是非营利性的，但是一家顶级医院一年的收入可以达到 100 亿美元左右，甚至能成为一个小城市的支柱产业，这说明医疗产业将有非常广阔的前景。

当时，陈东升带着团队走遍了美国波士顿、休斯敦和加州这三大代表性医学机构聚集地区，将医院经营所有的流程都考察了一遍，包括住院制度，医院的建设、预算、管理，护理学校的建设、招生等，收获颇丰。

“我至今还清晰记得第一次访问约翰·霍普金斯医学院时的经历，我见到了医学院院长和医院首席执行官，还拜访了他们的首席科学家。他们的董事会会议室中悬挂着历任院长画像，其中包括现代医学的开拓者和奠基人韦尔奇先生的画像，他参与了北京协和医院的筹建。他们告诉我，约翰·霍普金斯医学院在过去 138 年里出了 36 位诺贝尔生理学或医学奖获得者。这给我带来了很大的触动，这时我就萌生了建立‘东方约翰·霍普金斯’的想法。”陈东升说。

不久后，这一想法便落实在了行动上。泰康**收购了仙林鼓楼医院，迈出实体医疗第一步**。2015 年 9 月 29 日，泰康人寿与南京仙林大学城管委会就战略投资仙林鼓楼医院项目签署增资扩股协议。

南京仙林鼓楼医院是南京城东一家占地 600 亩的三级综合医院，泰康刚收购南京仙林鼓楼医院的时候，医院正处境尴尬：一流的硬件、国际化的定位，但科室不全、医生不够，沦落为当地一家“社区医院”。面临激烈的市场竞争，仙林鼓楼医院如何定位、如何吸引人才、如何扭亏成为最大的难题。

陈东升的想法是，探索保险与医疗的结合。“不追求短期回报，将仙林鼓楼医院作为泰康人寿医疗版图的出发地，在汇集医疗资源的同时，实现虚拟保险与医疗、养老的有机结合。”

为解决人才问题，泰康拿出了真金白银，聘请了两位美国专家担任院长，并以优厚待遇面向全球招聘人才，其中主任医师年薪可达 100 万元，并提供打造重点科室、实验室的机会；主治医师年薪 50 万元，提供到京沪顶级三甲医院进修和美国霍普金斯医学院培训机会；应届生年薪也高达 12 万—15 万元。

然而理想是丰满的，现实是骨感的。与初期养老社区的望京实践相似，泰康拿下仙林鼓楼医院后，其经营管理并不顺利，两位美国专家担任院长显得有些“水土不服”，后来请到了湖南湘雅医院的退休院长孙虹。湘雅医院在全国排名前十，向来有“北协和，南湘雅”的称号。孙虹来了后毫不讳言地说：“陈董，你这个医院就是一个县级人民医院的水平。”（引自《长期主义》）

医院管理水平的提升也任重道远。目前，泰康仙林鼓楼医院年收入已经达到6亿元，依然没有实现盈利。而经营状况好一些的民营医院，同样500个床位左右，营业收入达5亿元的水平就可以实现盈利。

在综合三甲医院的布局上，泰康同济（武汉）医院（以下简称“泰康同济”）堪称泰康作为险资企业创办医院的“代表作”。这是一家由泰康保险集团全资投资，与华中科技大学同济医学院附属同济医院合作管理，按照三级甲等标准建设的一家高品质非营利性综合医院。

2016年，泰康从国内“985”“211”重点医学院校选招了一批“泰康医师”，包括147名医生、护士进入武汉同济医院培养“孵化”。此外，还从海内外公开招募储备了一批临床科室主任、学科带头人等核心医疗骨干，建立高层次人才储备库。这一切，都是为自建泰康同济医院做准备。

泰康为这家医院投资近40亿元。在当初硬件配置的预算中，仅医疗设备预算投入这一项就近5亿元，达芬奇机器人、射波刀等高精尖医疗设备都列入了配置规划。

泰康同济医院原计划于2020年3月底的“世界大健康博览会”期间开业，但突如其来的疫情使得这家医院有了不一样的开始。

2020年1月23日，武汉因新冠肺炎疫情封城。2月2日，随着疫情形势愈发严峻，泰康保险集团向相关部门正式请战，申请将泰康同济医院作为收治新冠病人的定点医院。于是，原计划3月底开业的泰康同济医院提前两个月全面改造，一共拿出了1060张床位，其中重症及ICU床位达到780张。在作为定点医院期间，累计收治新冠病人2060人。

2020年5月1日，完成抗疫任务并全面修复的泰康同济医院正式开业。泰康同济医院定位于“医教研”一体化的泰康华中区域医疗中心，依托武汉同济医院的优质医疗技术和管理资源，与国外医学中心合作，引进国际诊疗服务，建立国际转诊通道，为患者提供优质、高效、便捷的医疗服务。

泰康同济医院，硬件设施一流，为武汉抗疫做出积极贡献。但从医院经营角度看，40亿元投资1100个床位，一个床位近400万元。而同在武汉的一个老牌的民营医院——武汉亚心医院，建一个床位只要 100 万元。

从泰康仙林鼓楼医院和泰康同济医院近年的经营管理实践看，险资布局综合医院还更多处于“交学费”阶段。其他险企也同样如此，例如，阳光保险集团 2016 年 5 月 8 日开业的阳光融合医院。

忠衣信裳团队跟踪大健康领域多年，在国内民营综合医院的经营管理上，不单是险资难以实现突破，即使是专业的大健康领域企业，在很长时间内也很难实现较好的回报。

除了布局综合医院，泰康还积极布局专科医院，主要包括**口腔医院**和**康复医院**。

在专科医院领域，行业有句俗话：金眼、银牙、铜骨，即眼科、口腔科、骨科都是非常好的赛道。近年来，国内涌现出了爱尔眼科、通策医疗、海吉亚医疗（肿瘤专科医院）等非常优秀的专科医院。泰康看上的是口腔医院。

泰康之所以聚焦到口腔这个专科领域，是受到跨国保险公司保柏（BUPA）在西班牙成功运营牙科连锁机构的启发。

实际上，陈东升于 2014 年左右就开始调研口腔医疗领域。他在国外考察时，感慨于当地发达的口腔商业保险，反观中国却仅有不足 5% 的老百姓主动获得口腔治疗。“大部分口腔治疗费用无法享受基本医保报销，加之口腔治疗多集中于种植等高端服务，个人自费比例相对较高”。口腔医疗不在社保报销范围内，天然是商业保险的市场，泰康希望打造口腔领域医疗 + 保险的闭环。

从国际上看，商业保险承担了主要口腔医疗保障。比如，美国 2015 年口腔总花费 1100 亿美元，占医疗支出的 4.5%；从支付体系看，基础医保占比 10%，商业保险占比 45%—50%。美国 60% 人口有齿科保险，齿科保险市场规模 465 亿美元，共有超过 360 家齿科保险公司。

2018 年 4 月，泰康保险集团出资 20.6 亿元投资拜博口腔集团（后更名为泰康拜博口腔）并取得了 51.56% 股权，成为拜博口腔的第一大股东。

收购之时，拜博口腔集团在中国 50 多个城市运营着 200 多家口腔医院和诊所，但因激进扩张已经连续 3 年亏损，累计超 20 亿元。

在拿下拜博口腔的控股权后，泰康全面掌握了拜博经营管理决策权。创始人黎昌仁让出了董事长位置，核心高管也进行了“换血”。时任泰康保险集团副总裁、泰康健投首席执行官的刘挺军担任拜博口腔的董事长，泰康健投副总裁、原医疗发展事业部总经理朱正宏出任拜博口腔首席执行官。

正如在医养领域一样，泰康在医疗服务和保险产品之间也在不断地摸索全新的商业模式，创造协同效应。例如，2019 年，泰康通过泰康拜博为企业客户推出了团体口腔保险计划，2020 年泰康拜博与保险销售联动的“爱牙大使”计划推出，齿科闭环初见雏形。

在经营期间，泰康也走过弯路，刚接手拜博时非常乐观，认为 70 万代理人立刻就能把客户带来，两三年就能扭亏为盈，于是大干快上，增加店面，导致租金大涨，3 年下来仍然亏损。2020 年泰康痛下决心，关闭了一些大店，留下效益好的小店，才实现了扭亏。

在专科医院布局上，泰康围绕养老还布局了康复医院。泰康养老社区配备了二级康复医院，康复医院为医保定点医院，可与泰康商业医疗保险产品实时结算。康复医院与养老社区的发展相得益彰，形成了较好的协同效应。

到 2019 年，泰康的实体医疗布局已经包括了 5 家综合医院、4 家康复医院、2 家一级医院、1 家诊所、1 家口腔连锁。

经过近年的摸索实践，泰康的健康闭环战略在逐步清晰：用保险资金整合大健康产业，其中自建、自营的养老社区和医疗机构是核心，但要向客户提供丰富的养老和健康服务，这远远不够。构建大健康生态体系，还需要通过股权投资和联接外部医疗网络的方式，实现全面的支付 + 服务。

陈东升在《长寿时代》里描述了未来泰康**大健康生态体系的布局**：在医疗实体的布局方面，我在美国考察时，给我留下很深印象的就是一定要有一家旗舰医院做支撑，通过这家医院辐射中等规模的十几家社区医院，在下面可能还会有 50—100 家诊所，典型的如美国西奈山医院就是这种模式。这些医疗机构网络构成了一个大健康体系，是一个完整的生态。

泰康的目标就是要形成这样一个大健康生态，其做法就是，在养老社区旁配建康复医院，同时通过自建、投资和合作等方式，打造多层次医疗服务网络，将业务扩展到**综合医院和专科医院，逐步形成“区域性医学中心 + 齿科、康复专科连锁 + 医院合作网络 + 大健康生态投资”**的多层次医疗战略布局。

在区域性医学中心上，泰康设计了五大医学中心的布局，即泰康仙林鼓楼医院、泰康同济（武汉）医院，以及另外 3 个正在筹建的泰康西南医学中心、泰康宁波医院和深圳前海泰康国际医院。

在康复专科连锁方面，主要载体是与养老社区配套的康复医院。与其他养老机构主要采取与周边医疗机构合作的方式不同，泰康早在布局养老社区的时候，就已经明确要配建康复医院。“一个社区，一家医院”已成为泰康养老社区的标配。

在泰康的布局中，医养融合并非“康复医院 + 养老社区”的简单叠加，而是以长期健康管理为目标，以老年医学为中枢，整合急症转诊、长期护理、预防保健及康复治疗的医养康护体系。

“加强康复的学科和品牌建设，探索自有体系和外部收购结合的连锁化、体系化布局，也将成为我们未来建设大健康生态体系的重点方向之一。”陈东升表示。

在整合自有网络联接外部合作方面，泰康通过“健保通”理赔服务形成了包括700 多家体检中心、2000 多家公立医院、30 多家私立医院和 10000 多名资深医生的合作网络；在自建的“泰生活”及“泰康医生”手机端 APP 上接入了一系列健康管理功能，可以随时进行医疗预约，便捷地获得体检、癌症筛查、疫苗服务、基因检测、口腔保健、医疗咨询等服务。

在大健康生态投资中，2015 年，泰康资产与天士力联合成立大健康产业基金，投资京都儿童医院、安琪儿妇产医院和奥泰医疗等医疗项目。

此外，泰康一方面通过战略股权投资部门，以股权投资作为抓手，助力集团布局医养生态链，包括收购和美医疗，增资入股四川和福医颐集团，增资入股汉喜普泰（北京）医院投资管理有限公司，与北星地产金融成立合资公司，持有逾 450 处美英医养资产，投资入股百汇医疗在华业务，投资知名神经专科连锁医疗集团三博脑科及冬雷脑科等；另一方面，生物医药团队也在不断夯实专业化能力的前提下，在创新药、医疗器械等领域做好补足投资。目前，泰康在大健康领域的投资已经占全部股权投资的 50% 以上。

在这些生态链投资项目里，泰康只会当第二或第三大股东，并不寻求控股权，而是积极与这些生态投资伙伴共同探寻“医院 + 保险”新型服务模式。

尽管有了逐渐清晰的健康闭环战略布局，但此商业模式能否最终走通，仍需较长时间的观察。我们也看到，泰康在不断试错、反思。

一是在对标对象上，从学习凯撒模式逐步到学习联合健康模式。泰康在实践中逐步意识到，实现凯撒医疗模式需要规模效应，而国内商业保险支付渗透率不高，保险公司也难以通过收购形成规模足够庞大的综合医疗网络。此外，凯撒医疗作为一家封闭性的健康维护组织，其在网络运营和市场竞争中缺少灵活性，很难进行规模扩张和模式复制。美国的凯撒医疗，尽管比美国同类医疗成本平均低 17%，但运营了 70 多年的凯撒，版图只铺到了美国的 8 个州。

陈东升在 2016 年的一次董事会上也讲到，“严格讲，今天中国走凯撒模式根本没到时候，凯撒医院是非营利的，相互保险公司也是非营利的，非营利不缴税，而我们起码要缴 35% 的税。”

随着联合健康的日益崛起，其健康保险 + 健康服务布局更得到泰康的青睐。

二是在医疗布局上，泰康似乎放慢了脚步。陈东升曾说：“医疗确实很复杂，不能急，但医养的方向不能变。我们就不急着当司机，先当乘客吧，你做得好我去投资，做二股东、三股东。”

这一点也体现在泰康对北大方正的收购上更为谨慎。2020 年 12 月，中国平安联合珠海华发与深圳特发，以 529 亿—725 亿元价格，胜过了泰康与武汉国资联合体，入主北大方正。北大方正的核心业务是北大医疗，有十余家医疗机构，其中名气最大的是北大国际医院。

据媒体报道，泰康第一轮报价直逼 800 亿元，几乎是稳拿，但在最后一轮，却出乎意料地下撤，报价低于平安，让出了北大医疗，背后也体现了泰康的谨慎和纠结。

通过观察泰康在保险 + 健康上的实践，并横向比较联合健康、中国平安等国内外的保险 + 健康实践，忠衣信裳有几点总结：

一是在健康保险经营管理上。虽然以泰康为代表的国内头部健康保险企业近年来都取得了快速发展，但整体而言，国内险企在健康保险核心的风险识别与定价、控费管理等环节，依然面临较大的困难与挑战。

二是在布局医疗产业链，提供更好的医疗服务上。无论是泰康重资产布局线下实体医院，并建立医院合作网络模式，还是中国平安通过平安好医生和平安医保科技从线上线下共同推动模式，都是非常有益的尝试，但目前都处于实践探索阶段。

在上述医疗服务和控费管理上，泰康和平安都看到了健康保险最大的痛点是与公立医疗资源谈判时的弱势地位，导致健康服务跟不上，控费流于形式，因此希望通过自身医疗布局为主，外部合作为辅予以解决，但目前看效果均未明显体现。

在学习了联合健康的商业模式并对比泰康和中国平安的实践后，忠衣信裳再次提出，国内商业保险公司如果希望深度参与健康管理，提供更好的医疗服务和进行控费管理，应该发挥行业的整体力量，模仿国外实践，从机制的变化入手，与政府共同探索中国版管理式医疗 HMO 试点，而非依靠自身力量撼动整个大健康价值链。

三是专科医院可能成为泰康大健康发展的突破口。无论是与养老社区密切结合的康复医院，还是专科口腔医院，都更有可能实现以点带面的突破。如康复医院密切结合老年人临床需求，逐步积累更为精准的数据，可以与各类型大健康企业更为紧密地合作，为老年人群体提供更为精准的医疗服务。

（四）稳中有进的财富闭环

投资是泰康在市场上的另一张名片。泰康希望将客户持有的年金、退休金、财富管理产品等通过机构长期、稳定投资，实现长寿时代下财富的保值增值。

作为泰康旗下投资（即资产管理）平台，2006 年成立的泰康资产实现了跨越式发展。截至 2021 年 6 月 30 日，泰康资产管理资产总规模超过 2.4 万亿元，体量相当于全国城市 GDP 排名第四的广州，其中受托管理的第三方资产总规模高达 1.4 万亿元。

在投资业绩方面，2006—2020 年，泰康资产受托管理的泰康人寿一般账户资产年均投资收益率超过 8%，远超行业平均水平，更是高于国内寿险行业普遍采用的 5% 左右的长期投资收益率假设。

2021 年，泰康资产在国际权威媒体 IPE 的“全球资管 500 强”排名中位列第 87 位。

泰康是如何在 15 年里成为保险资产管理行业甚至广义的资产管理领域的标杆呢？这吸引了所有投资领域人士的关注。

资产管理这个服务性行业，和其他服务性行业有相当大的不同。这个行业的用户在绝大多数时间里，不知道、无法判断产品的好坏。比如一辆车，用户可以很快判断这辆车是好，还是不好；去吃饭，吃完饭就会知道这个餐馆的饭菜怎么样，服务如何；住一个酒店，买一件衣服，判断产品好坏很大程度是通过客户的使用体验。

但绝大多数时候，资产管理行业的绝大部分用户其实没办法判断某个产品到底是好还是不好，也没有办法判断得到的服务是优质的还是劣质的。这个行业的从业者参差不齐、鱼目混珠、滥竽充数、行业标准混乱不清，到处充斥着似是而非的说法和误导用户的谬论（引自李录《文明、现代化、价值投资与中国》）。

作为查理·芒格在中国的代言人李录曾说，判断资产管理产品的好坏，即便给我5年、10年的业绩也没法判断，必须看他投资的东西是什么，而且在相当长的时间以后才能做出判断。

泰康资产可以保持长达15年稳定的投资业绩，必然有其过人之处。既然按照李录的观点，这个行业到处充斥着似是而非的说法，我们更多用泰康的投资实践而非理论予以介绍。忠衣信裳创始人在写作泰康文章过程中读完了冈田武彦的《王阳明大传》，王阳明的一句话非常适用于资产管理行业：**未有知而不行者，知而不行，只是未知，知而不行，便不真知**（《传习录·徐爱录》）。

资产管理这个行业，还有一个特点，这个行业的报酬几乎高于所有其他行业，行业的从业者大多来自名校、高学历的小众群体，充斥着各种高大上的专业术语。

基于上述资产管理行业的特点，忠衣信裳希望用通俗的语言，以及泰康资产的经典实践对泰康投资业务予以介绍。

泰康的投资业务主要是两手抓，一手抓资产配置，即钱投在哪里；一手抓负债，即资金来源，钱来自哪里。同时注重资产和负债的匹配。

钱投在哪里？泰康的钱主要投在债券、权益、项目、海外四大领域，还包括围绕主业的战略投资。

钱来自哪里？除了来自泰康自身的保险资金，还来自其他保险公司、企业年金、职业年金、社保基金、个人的公募基金等。

1. 起步于债券投资，业绩显著

早期保险资金的投资范围有限，股票不让投，主要还是投一些银行协议存款和债券，其中债券也仅限于国债，以及国家开发银行、中国进出口银行、中国农业发展银行发行的金融债券，以及国家发改委审批的企业债等。

债券投资是保险资金配置最为重要的组成部分，特别注重宏观分析、货币市场分析，形成对市场的基本看法。泰康很早就建立了债券市场分析模型，从基本面、政策面、资金面、估值面和市场面五大因素角度，全面系统地分析判断债券市场走势及收益率变化情况，并据此形成公司的投资决策。经过不断实践与打磨，债券投资体系已经相当完善。

2005年初，在**预期国内债券市场牛市的前提**下，泰康买入大量国开行的长期债券，5—6月又购买大量企业债券。当时企业债券稀缺，在企业债券发行的时候直接从发行人那里购买难度大，泰康就从存量市场购买。2005 年 7 月，段国圣曾亲自带队在上海跑了好几天，一个个地去其他投资人那拜码头，从他们那里买了不少。到了下半年，国内债券收益率下降，债券价格涨势良好。2005 年底，泰康卖出前期收购的债券，兑现了收益，成为泰康当年很大的业绩亮点。

更为经典的债券投资案例来自泰康基于对 10 年期国债利率走势的独立判断而进行的投资。2020 年新冠肺炎疫情暴发后，2 月利率处于历史相对低点水平，10 年国债利率创了 2.48% 新低。当时大部分投资机构预判国债利率将持续下行，便买入了大量的中长期利率债。从二级市场成交跟踪数据来看，以公募基金为代表的机构，在二级市场中长期利率债的买入量巨大，创了历史新高。

而泰康却反其道而行之，基于全周期的投资视角和深入及时的市场跟踪研究，判断利率波动已经处于历史低位，同时利率周期已经进入牛市最后阶段。基于这个判断，泰康资产在超长期品种配置上不仅没有买入，还在低位及时大幅卖出超长期品种债券，兑现了很好的收益。

泰康资产 CEO 段国圣在 2020 年一次公开课上也提及过此事，他回顾说，中国的债券市场，特别是国债这种无风险债券市场，主要买家中第一大是商业银行，是绝对的主力。根据商业银行的资金成本以及历史上 10 年期国债收益率和银行资金成本的利差经验，**他判断当时 10 年期国债收益率已经达到了底部！**

段国圣判断，一方面上市银行的负债成本，基本处于 2%—3%，平均吸储成本是 2.1%；另一方面，历史经验来看，10 年期的国债利率与银行的资金成本之间一般至少有 0.5% 的利差，用以覆盖银行的固定资产折旧、人员工资等各类运营成本支出。这样推算下来，10 年期的国债的底部利率应该在 2.5% 附近，而当时在疫情最严重的时候利率降到 2.48%，泰康给出了 2.5% 附近在未来的几年都是利率底部的判断，这一判断为泰康债券投资创造了巨额的回报。

除了对于宏观、货币市场的分析与判断，**债券投资也非常注重单个企业基本面的分析**，控制信用风险。泰康注重的不是培养投资"感觉"，而是**做功课，细致地做功课**。

这一点忠衣信裳创始人也有切身的体会与感受，2018 年以来，忠衣信裳创始人便与泰康资产在内的上百家债券投资人进行定期交流。每次交流过程中，泰康资产的信用评估团队都显示了极为专业的水准，交流直切关键，专业高效。对于每次路演的债券发行主体，泰康的信评主管对其公开信息已经非常了解，关心的大部分是公开市场找不到的信息。

近年来企业破产违约事件频发，非常考验债券投资人的信用风险控制能力，泰康是踩雷最少的债券投资人之一。这不是偶然的，2020 年，泰康资产信评负责人与忠衣信裳创始人谈及当时正在社会舆论热议的某大型企业违约事件时表示，这家企业我们在它出事前几年就有深入研究，内部做了上百页 PPT，当时结论就是主业不清，我们看不懂，因此决定不碰。而在当时，很多大型金融机构都参与到该企业的债务融资中，能够作出独立判断，成功避雷的为数不多。

泰康资产固定收益投资中心负责人苏振华曾提及，目前泰康资产针对中低等级发债主体，专门建立了单独的投资备选库，每个入库标的都需经过深度研究跟踪，且通过评审会决议。目前约有 300 个深度研究的中低等级标的主体，而同业比较深度研究的中低资质主体一般是 100—250 个。

除此之外，泰康资产的债券投资对于创新品种始终保持着市场领先、前瞻的学习和积累。2013 年国债期货推出伊始，泰康资产就进行了全面的学习研究，并同期进行了期货交易商招标及交易系统准备。在监管 2021 年正式批准保险资金参与国债期货交易前，泰康资产固定收益投资团队已经积累了很多的经验。

2. 权益投资能力突出，推高泰康资产的整体投资收益

据说在泰康内部有个说法，泰康投资做得好，主要是股票做得好。我们已经看到，泰康的债券投资做得非常好，但权益投资确实推高了泰康的整体投资收益。

所谓权益投资，从投资对象上可以分为上市公司股票投资和非上市公司股权投资，从投资形式上可以分为直接投资和通过基金的方式间接投资。

泰康资产的权益投资最早是通过间接投资的方式，即通过证券投资基金投资股票，此后发展为股票直接投资和非上市股权投资。

时间回到 2003 年，当时保险资金并不允许直接投资股票，泰康便大笔买入当时市场上的优质封闭基金。恰逢 SARS 疫情来袭，市场承压，SARS 基本结束后，市场迅速恢复，基金净值走高，泰康投资封闭式基金取得了很好的业绩。

2004 年 2 月 1 日，国务院《关于推进资本市场改革开放和稳定发展的若干意见》提出，鼓励合规资金入市，支持保险资金以多种方式直接投资资本市场。

在保险资金尚未被正式允许直接入市的情况下，泰康就建立了股票市场分析模型，通过对宏观经济、估值水平、资金供求、政策以及市场技术表现等五个方面的

分析，全方位评估股票市场风险收益特征变化情况，并据此制定股票资产投资的仓位策略。

2005 年 2 月 17 日，《关于保险资金股票投资有关问题的通知》正式发布，泰康开始加速构建自身的股票投资核心竞争力。3 月 8 日，泰康创始人、董事长陈东升在交易室的电脑上按下确认键完成泰康直接投资国内 A 股市场的第一单，包括中兴通讯、盐田港、长江电力等 4 只股票。

泰康在投资上的**第一桶金**，便来自 2006 年、2007 年中国资本市场的大牛市。

2006 年泰康资产成立时，保监会领导到访泰康。轮到段国圣发言时，他说："我们争取 3 年内把净资产干到 30 亿元。"与会领导也不客气："国圣这话有点大了吧？"

泰康资产约有 100 亿元先后入市，2007 年底，股票持仓市值达 400 多亿元。股票、债券综合投资收益率 48%，财务口径收益率 22%。2007 年兑现收益 155.18 亿元，并留有 200 多亿元浮盈，兑现收益中 40 亿—50 亿元转变成了公司的净资产。泰康总资产也从 2005 年的 555 亿元增长到 2007 年的 1372 亿元，一举跨入大中型保险公司之列，段国圣的目标提前实现了。

股票市场有一句戏言，买得好不如卖得好。这句话不一定准确，但至少在 2008 年开始的股市暴跌中，体现得淋漓尽致。

2008 年初，国际金融危机暴发，股票市场弥漫在恐慌的氛围之中，指数从 1 月 15 日开始下跌至 4 月 22 日，65 个交易日下跌 43%。

这还仅是 2008 年的第一轮下跌，4 月 25 日到 7 月 31 日，尽管国家放了大招，印花税税率下调，但股市不但没有起色，还在第二个周期中又下跌了 15%。

8 月 1 日到 9 月 14 日，次贷危机升级，A 股悲观情绪演绎到了极致，指数在一个半月内又下跌了 26%，到四万亿政策出台才有所回升。

在 2008 年的股市暴跌中，保险行业的整体平均投资收益率仅有 1.91%，可谓哀鸿遍野，而泰康精准判断了股市的整体走势。

这源自段国圣 2006 年上半年的一次出访。当时他随摩根大通的考察团到台湾，在当地交流活动中了解到，新兴经济体经济起飞时，币种升值，资产价格特别是股票市场会大暴涨，但暴涨后，第二年就会腰斩。台湾在 1987 年到 1989 年经历股市暴涨，到 1990 年却暴跌。

2008 年初，泰康资产的股票预警体系启动，台湾的出访经历也提醒了段国圣。

基于对当时资本市场的总体判断，泰康资产在2008年一季度就将手中能出的股票全部出手。到2008年底，泰康投资在财务口径不但没赔钱，还有超过8%的回报，成功保住了2006年、2007年牛市中的成果。

经过多年的资本市场历练，泰康培养出了卓越的股票市场投资能力。泰康资产坚守长期投资和价值投资理念，在风云变幻的资本市场，一方面通过多元化的投资风格组合，实现稳定的总体业绩；另一方面，通过科学的市场判断，做好权益仓位决策。

实践是检验真理的唯一标准，尤其是长时间的检验。泰康人寿旗下一款投资连结保险——泰康e理财B款终身寿险（投资连结型），下设了一个“进取型投资连结账户”，主要投资股票市场，该产品从2003年至2021年11月19日，单位价格已经增长到61.399元，18年增长超过60倍，可见泰康权益投资水平之高。

除了在二级市场的股票投资中屡创佳绩，泰康的权益投资也走到一级市场非上市股权投资，甚至创造了比私募股权投资基金还高的业绩。

股权投资被称为资本市场“皇冠上的明珠”，虽然面临的不确定因素或者潜在风险很大，但潜在投资回报巨大，对投资人的专业性要求极高，是顶尖投资人的聚集地，国外如红杉资本、KKR、凯雷、黑石，国内如高瓴资本等都是这个领域的佼佼者。

保险资金正式进入股权投资市场，要追溯到2010年9月，当时保监会发布了《保险资金投资股权暂行办法》，允许保险资金直接或间接投资未上市公司股权。

2011年9月，泰康资产自中国人寿之后，与中国平安同日获得私募股权投资牌照，自此进入股权投资市场。

在股权投资上，泰康继续践行“创新就是率先模仿”的方法论，选择与市场最优秀的PE基金合作，作为PE基金的LP（有限合伙人），要求PE基金拟投资项目信息要与泰康分享，并在间接参与股权项目投资过程中不断总结和积累经验。

段国圣曾回忆股权投资的实践之路：初期做得非常吃力，也赚过钱，如美国的乐信、无锡药明康德能赚许多倍，卖早了点，信达生物、华大基因都赚了些钱。但也走了不少弯路，也有很臭的东西，不好意思说。

最终，泰康股权投资的公开市场回报是27%，而私募股权投资平均只有16%、17%。

泰康资产股权投资的负责人郭悦表示，从2017年开始，泰康资产股权投资提出并贯彻了策略投资的思想，精选具有长期发展潜力的赛道，精耕细作，前瞻布局。

“过去20年，中国最好的投资机会围绕房地产和互联网两个平行领域。未来20年，消费升级、长寿时代、科技自主将驱动消费、大健康和科技产业的蓬勃发展。保险资金作为长期资金，要布局高质量发展下的产业投资机会”，段国圣在2021年7月9日召开的泰康资产15周年高峰论坛上作题为《新形势下，保险资管面临的挑战与新投资特点》的演讲时提到。

忠衣信裳团队非常重视围绕保险、科技、健康领域的一二级市场投资，因篇幅所限，此处不再展开。

3. 参与若干重大项目投资，获得长期稳定的回报

除了债券和权益投资外，投资规模大，投资期限长的项目投资与保险资金具有天然契合点，例如基础设施投资，亦是保险资金重要的配置方向。

段国圣曾说，“我花了好久才想明白，基础设施投资就应该是保险公司的菜，保险公司有长期的、大规模的资金，这类投资回报率不高，但非常稳定。”

基础设施上的重大投资，说起来简单，做起来则需要突破若干障碍，有来自政策上的，也有来自投资回报上的。

从京沪高铁这个典型的案例中，对重大项目特别是基础设施项目投资的艰难程度就可见一斑。

2006年2月，国务院批准京沪高铁项目立项。京沪高铁项目建设不仅在技术上和投资规模上有许多亟待解决的问题，同时还是铁道部首次在大型铁路项目上引入社会资本，从公司治理到机制创新都面临着重重考验。

2006年12月，铁道部与保监会签署了《关于保险资金间接投资铁路建设项目会谈纪要》，由几家头部的保险资产管理公司组成论证小组，由泰康资产CEO段国圣作为首席谈判代表，就保险资金投资京沪高铁问题开始与铁路部门进行商务谈判。据说，当时段国圣带队在京沪高铁项目组所在地一待就是3周。

除了项目端之外，在保险资金投资端也面临各种困难和障碍。当时保监会刚刚出台保险资金进行项目投资的试点管理办法，相关监管细则和执行办法尚未明确，保险资金通过保险资管产品的方式进行项目投资的法律框架、合同条款、交易模式都要经历从0到1的突破，泰康配合保监会，在一个个日日夜夜中不断讨论和完善。

“当时谈判很艰难，各种政策障碍，差一点谈不成。”段国圣回忆说。

最终，2007 年泰康资产成功发行设立 100 亿元泰康—开泰铁路债权计划，其中泰康领投 70 亿元，其他保险公司跟投 30 亿元，成为中国保险业项目投资的第一单。

而后 2008 年，泰康资产又作为共同发起人与多家保险机构共同发起“京沪高铁股权投资计划”，总共募集资金 160 亿元（泰康出资 30 亿元，占保险团队出资总额的 18.75%），入股京沪高速铁路股份有限公司，这是保险行业首单联合投资大型项目的股权投资计划。

据了解，当时拟参与京沪高铁项目的多家保险公司分成两大阵营。一方以泰康和中国平安为代表，看好京沪高铁项目，组成了保险投资团入股京沪高铁；而另一方则出于对京沪项目的投资前景、潜在风险等诸多因素的担忧，选择了退出。

段国圣在 2008 年的一次媒体采访中对京沪高铁项目表现信心十足：“大家可能会担心存在的一些问题，但我不太担心，毕竟它是全世界第一黄金通道。”

京沪高铁于 2008 年 4 月开工后，在 2011 年 6 月通车运营。然而，在最初运营的 3 年，京沪高铁出现亏损，2013 年市场上还出现了保险资金和社保基金意欲退股的声音。2014 年，京沪高铁随即实现扭亏为盈，并持续盈利至今，由此也打破了此前外界曾唱衰中国高铁 30 年内不能盈利的预判。

2019 年 10 月 22 日京沪高铁申报上市，2019 年 11 月 14 日过会，2020 年 1 月在上海证券交易所主板挂牌上市，“中国高铁第一股”成功登陆 A 股。

4. 海外投资早布局、广发展

对于泰康的海外投资，陈东升早有长远规划。他说，泰康要做一个国际化的公司，首先要理念国际化、人才国际化。泰康国际化，资产公司先行，而资产公司国际化，香港公司先行。计划以香港为平台，辐射新加坡、东京、纽约、伦敦等全球重要的金融中心，拓展全球性保险业务，做资产的全球化配置。

2007 年 11 月，泰康资产管理（香港）有限公司注册成立。2010 年 1 月，泰康在海外的第一只基金“泰康开泰中国稳健基金”成功完成募集，开始投资运作。

泰康资产（香港）的投资业绩表现优异，截至 2021 年 6 月末，其资产管理规模超过 700 亿港元，同比增长 37%，港股代表投资组合业绩市场排名前 5%，香港公募基金泰康开泰中国新机会基金过去一年业绩在同业基金中排名前 5%。

在海外投资中，收益最高的一笔投资当数对两大国际拍卖行之一的苏富比的投资。2015 年至 2016 年，苏富比股价低迷，陈东升基于对全球艺术品市场多年的经验判断，认为这是一个非常好的财务投资时机。

2016 年秋，泰康斥资 2 亿多美元，连续一个多月增持，以每股 29. 61—31. 99 美元的价格买入苏富比超过 790 万股，约 13. 5% 股权，成为苏富比拍卖行最大股东。

2019 年年中，苏富比被法国电信巨头帕特里克 · 德拉伊（Patrick Drahi）以总价 37 亿美元收购，交易收购价为 57 美元/股。按此价格，泰康的持股套现约 4. 5 亿美元，3 年回报接近翻倍。

忠衣信裳的研究团队发现，泰康集团创始人、CEO 陈东升与苏富比的结缘已久。早在 1993 年陈东升创办嘉德拍卖时，当时苏富比分管家具拍卖的梅森到访北京，陈东升还当面向其请教拍卖行的经营真谛。在一次后来的采访中，陈东升对于当时梅森的告诫“一定要公正”还记忆犹新。谁承想，时隔 23 年，当年的学生竟然成为了老师的第一大股东，并在 3 年之后又因此大赚了一笔。

5. 凭借优异的投资回报，泰康的资金来源也随着政策的放开而扩大

2007 年，保监会开始探索保险资管第三方业务，选择 3 家保险资管机构作为试点，泰康成为其中之一。由此，泰康迈出从管理自身资金到管理第三方资金的历史性一步。根据 2016 年的一个泰康新闻稿介绍，当时泰康资产与超过 100 家保险同业机构建立业务联系，开展实质业务合作的保险机构客户超过 60 家。

保险业务外的资产受托管理业务信息披露不多，《长期主义》一书中提到，“泰康资产第一单业外业务是海底捞，管 1 亿多元”。

泰康资产受托管理的资金，也是从集团内到集团外，从保险业内到保险业外，从机构到个人一步步走出来的。截至 2021 年 6 月末，泰康资产受托管理的第三方资产总规模高达 1. 4 万亿元，占总受托资产规模的比例接近 60% 。

在泰康资产的第三方业务中，应该说做得最具亮点的还属养老金业务，包括企业年金、职业年金和基本养老金的受托管理。

企业年金是一种补充性养老金制度，是指企业及其职工在依法参加基本养老保险的基础上，自主建立的补充养老保险制度。2004 年 5 月 1 日正式实施的《企业年金试行办法》和《企业年金基金管理试行办法》开启了国内的企业年金市场。截

至2021年6月末，全国共有超过11万家企业建立了企业年金，涉及职工超过2800万人，累积基金规模超过2.4万亿元。

企业年金由人力资源社会保障部负责监管，投资管理人基本上都是全国最优秀的基金公司、证券公司和保险资产管理机构来担任。泰康资产是2007年11月获得了企业年金基金投资管理人资格，经过11年的发展，2018年泰康资产实现历史性超越，企业年金管理规模领先同业。根据人社部发布的《全国企业年金基金业务数据摘要（2018年度）》，在23家投资管理人中，泰康资产的资产管理规模达到2189亿元，排名第一，当年各类组合投资收益率均高于行业平均水平。

泰康资产企业年金投资管理业务行业持续领先，公司已经为金融、电力、能源、铁路等行业的众多企业提供了企业年金基金投资管理服务。截至2021年上半年，资产管理规模进一步超过4000亿元，相比行业第二名高出1000亿元。

从投资回报看，2008年至2020年，泰康资产受托管理的企业年金年均投资收益率超8%，在投资管理机构中位居前列。

企业年金业务的卓越表现也带动了泰康资产职业年金投资管理业务的发展。所谓职业年金，是指机关事业单位及其工作人员在参加机关事业单位基本养老保险的基础上，建立的补充养老保险制度。简单来说，就是针对机关事业单位的“企业年金”。

2018年，职业年金启动投资管理人招标。2019年，多省市职业年金启动投资运营。截至2020年底，泰康资产在各省职业年金投资管理人招标中均以第一梯队入围，在已遴选的职业年金投资管理人项目中，泰康资产中标97个组合，组合数量居市场前列。

除了企业年金和职业年金之外，2016年12月，全国社会保障基金理事会组织的基本养老保险基金证券投资管理机构首次评审，共有21家公募基金、证券公司和保险资产管理机构入围，其中保险资产管理机构6家，泰康资产也在其中，获得了基本养老保险基金证券投资管理机构资格。

泰康资产自2017年1月受托管理基本养老保险基金至今，凭借稳健、优秀的投资业绩，受托规模与市场份额逐年增长，管理规模在多家保险系管理人中持续排名第一。目前，泰康资产管理多个基本养老组合，持续获得资金追加规模位居保险行业前列。

截至2021年6月底，泰康资产受托管理的各类养老金资产管理规模超过5800

亿元，居市场领先地位。

除了前述提及的机构客户外，2015 年泰康资产进入公募基金赛道，开始直接为个人客户提供公募基金资产管理服务。

2015 年 4 月 27 日，泰康资产获批开展公募业务，并成为首家以公募事业部的方式开展公募基金管理业务的保险资管公司。同年 6 月，泰康资产以首只货币基金——泰康薪意保货币基金开路，公募基金业务正式启航。

不同于一般意义上的公募基金，泰康公募基金业务秉持了泰康资产一贯的经营理念，不单纯追求资产管理规模最大化，而是更加关注为客户创造更大的投资收益。

泰康资产公募基金事业部负责人金志刚曾表示，泰康公募基金对于销售人员的考核，并非仅关注被服务客户的资产管理规模，而是更加强调为客户创造的投资收益。这番说明彰显了泰康公募基金的受托人责任意识。

秉承“以服务专业机构的投资能力服务广大个人投资者”的理念、“打造泰康面向个人客户卓越理财金字招牌”的目标，泰康公募基金业务经过 5 年稳健发展，从无到有，从小到大，逐渐步入中型基金公司行列。

截至 2021 年 6 月底，泰康资产共管理近 60 只公募基金产品，管理规模超 800 亿元，服务客户数量超 320 万家，全产品线布局日趋完善。

2021 年 9 月 1 日泰康基金管理有限公司（以下简称“泰康基金”）正式获批通过。至此，泰康资产成为第一家获批由公募事业部转型设立基金管理公司的保险资产管理公司，开启公募业务新篇章。

泰康的财富闭环能长年取得如此业绩与成就，远超同业，留下什么样的启示与借鉴呢？

段国圣在《资产管理实务、方法与理论》一书中，专门有两篇文章提到做好资产管理公司的思考，一篇是《夯实发展的基础》，另一篇是《在细节上下功夫》。忠衣信裳在此基础上做了整理：

一是做好资管管理，必须拥有良好的公司治理结构。

首先，良好的公司治理结构需要稳定的股东结构和股东的长远支持。股东对资产管理机构的发展战略和经营理念有直接影响，能够获得股东的稳定支持是资产管理机构持续发展的基础。资产管理机构的发展战略直接关系到公司发展方向、资源投入，成功的战略规划、恰当的战略定位，能够对推动公司的发展起到事半功倍的效果。泰康资产的股东是泰康集团，其创始人陈东升就曾表示，泰康资产的成功首先是战略得当，敢想大事，具有战略思维，把握长期趋势，占据主要风口。

从国内资产管理的经营实践看，规模和业绩领先者主要是金融背景的机构，一方面是资金支持，可以让资产管理机构获得规模经济，也有利于稳定资产管理机构的投研团队和投资能力建设，使其开展长期业务布局，制定长远发展大计有底气；另一方面是渠道支持，在国内的资产管理体系中，渠道依然是最重要的因素之一，对于投资者的购买决定具有很大的影响力。

其次，良好的公司治理结构需要股东和管理层的良性互动。股东对管理层的支持并非与生俱来，只能在多年磨合、反复沟通验证的基础上形成，其实质也是一个正反馈循环。股东对管理层的信任是一笔宝贵的资产，但这笔资产也是管理层通过尽职尽责争取来的。稳定的股东结构和管理层团队，可以让公司坚持既定的发展战略不动摇。正如创始人陈东升所说，泰康资产取得成功，实质是执行力强，认准的事情就以踏石留印、抓铁有痕的劲头来认真做，持之以恒，久久为功。

二是做好资产管理，必须拥有高素质的人才队伍。资产管理公司最有价值的就是人。资产管理公司的人才战略应奉行精英主义，挑选市场上最优秀的人，给予其最优厚的薪酬，获取最大的价值产出。“高素质、高薪酬、高产出”是资产管理机构人才战略的基本原则。

泰康资产对于人才队伍建设也是高度重视。段国圣对于人才的选聘更是有自己的独特标准，在2005年的一次专访中，段国圣曾提及他只挑两类人，一类是在市场上已经证明是非常优秀的，学历本身就不那么重要；另一类则是新手，名校毕业，求学经历的表现非常突出，最好是学霸，这些新手经过严格训练，即可快速上手，可塑性强。

据忠衣信裳了解，泰康资产在国内保险资产管理行业的薪酬待遇是领先的，为其招聘人才、培养人才、留住人才提供了物质保障。

三是做好资产管理，必须拥有积极向上的企业文化。

企业文化是企业战略的重要组成部分。段永平曾对企业文化做了经典的定义：企业文化是能够管到制度管不到的东西。企业文化决定了企业会吸引和使用什么样的人，决定了这些人会以什么样的标准和方式行事和相处。

高瓴资本张磊在《价值》一书中强调：在我看来，企业文化是重中之重，它的重要性不亚于企业家本身，既大于商业模式，又大于某一产品或服务，某种程度上也大于团队。流程可以完善，产品可以迭代，唯有企业文化必须在创业一开始时就建立起来，不能出问题，也无法推倒重来。好的企业文化，不应该是你好我好大家好，也不应该是时刻提心吊胆，视身边人为对手，更不应该推崇靠少数几个人包打天下。能够持续创造价值的企业，应该从所处的阶段、所在的行业、所服务的客户、所构建的产品、所搭建的团队中，提炼出相得益彰的文化。

段国圣非常重视企业文化的作用，他曾说，我绝对不会干涉团队成员在其权限范围内的投资决策，比如选择股票。如果我告诉一个投资经理要买哪只股票，即使赚钱了，这件事情对公司投资文化的影响也是不好的。

四是做好资产管理，必须拥有系统化的投研体系。

体系胜于个人判断，个人会受到感性和情绪的影响，而客观的投研体系有助于作出更为理性的判断。系统化的投研体系可以形成统一的投资语言，设定讨论对话的平台，使得讨论者在一套框架和逻辑中集中讨论问题，避免了大而空的泛泛争论。

泰康在构建投研体系时，强调以下原则：尽可能覆盖所有影响市场变化的因素，避免出现重大的遗漏，减少以偏概全、盲目决策的可能；投研体系层层细化，抽丝剥茧，追踪到最下层指标，实现在最下层的指标上展开讨论；投研体系的讨论建立在专业人员参与基础上，并在实践中不断完善和优化。

资产管理是个知不易、行更难的行业，是需要知行合一的行业，是事儿上磨的行业，泰康提供了很好的学习样本。

主要参考资料

陈东升，2022. 战略思维［M］. 2 版. 北京：中国财政经济出版社.

张磊，2020. 价值［M］. 杭州：浙江教育出版社.

静逸投资，2020. 投资至简［M］. 北京：机械工业出版社.

陈恳，2009. 迷失的盛宴［M］. 杭州：浙江大学出版社.

陈东升，2014. 一槌定音：我与嘉德二十年［M］. 上海：生活·读书·新知三联书店.

燕翔，战迪，2019. 追寻价值之路：2000 ~ 2017 年中国股市行情复盘［M］. 北京：经济科学出版社.

段国圣. 亲历改革：段国圣回忆录［EB/OL］. http：//finance. sina. com. cn/event/reform/，新浪财经，2018 - 11 - 9.

小桔. 曾隶属“石油工业部”的九大石油院校. 桔灯勘探，2016－10－25.

长江大学地球物理与石油资源学院办公室，2020. 长江大学地球物理与石油资源学院校友名录.

王禾生，2008. 大道平安［M］. 上海：上海人民出版社.

陈东升，2021. 长寿时代［M］. 北京：中信出版社.

王安，2021. 长期主义——泰康的25年［M］. 北京：中信出版社.

段国圣，2018. 资产管理实务、方法与理论：概论［M］. 北京：社会科学文献出版社.

李录，2020. 文明、现代化、价值投资与中国［M］. 北京：中信出版社.

大卫·F. 史文森，2010. 机构投资的创新之路［M］. 张磊，译. 北京：中国人民大学出版社.

人社部社会保险基金监管局. 全国企业年金基金业务数据摘要2018年度［EB/OL］. http：//www.mohrss.gov.cn/SYrlzyhshbzb/shehuibaozhang/gzdt/201904/t20190402_313705.html，中华人民共和国人力资源和社会保障部官网，2019－4－2.

基金监管局. 全国企业年金基金业务数据摘要2020年度［EB/OL］. http：//www.mohrss.gov.cn/shbxjjjds/SHBXJDSzhengcewenjian/202103/t20210322_411561.html，中华人民共和国人力资源和社会保障部官网，2021－3－22.

基金监管局. 全国企业年金基金业务数据摘要2021年度第二季度［EB/OL］. http：//www.mohrss.gov.cn/SYrlzyhshbzb/shehuibaozhang/gzdt/202109/t20210917_423383.html，中华人民共和国人力资源和社会保障部官网，2021－9－17.

段国圣，1989. 无界动态报酬折扣马氏决策规划的矩最优问题［D］. ［硕士学位论文］. 云南大学.

段国圣，1994. 多目标随机动态规划与有后效性动态规划研究［D］. ［博士学位论文］. 武汉水利电力大学.

段国圣，1990. 无界非时齐马氏决策规划的矩最优化问题［J］. 石油天然气学报.

段国圣，万小舫，1990. 石油勘探决策中的最小方差策略［J］. 江汉石油学院学报，4：99－104.

和讯网—证券市场周刊. 访泰康人寿资产管理中心CEO段国圣［EB/OL］. http://finance.sina.com.cn/stock/t/20050816/15561891538.shtml，新浪财经，2005－

08－16.

卢晓平. 段国圣：投资在于认知和坚持［EB/OL］. https：//paper. cnstock. com/html/2016－08/10/content_708103. htm，上海证券报，2016－08－10.

张志峰，2004. 段国圣：用团队纪律约束个性［J］. 中国金融家，8.

林海，孟杰，2016. 陈东升：泰康的重资产生态圈［J］. 英才，6.

陈东升. 战略决定一切. 嘉泰先生，2020－09－15.

陈东升. 领航者｜泰康董事长陈东升：要做就做最大最有前景的产业［EB/OL］. https：//www. taikang. com/news/interview/2018/10/10/2700. html，泰康官网，2018－10－03.

泰康保险集团股份有限公司，2019. 泰康：从深耕寿险到构建大健康产业生态体系［J］. 保险理论与实践，4：75－91.

武汉房掌柜. 泰康：我们为什么以重资产做养老 专注健康医养产业［EB/OL］. http：//wh. fzg360. com/news/view/id/77653. html，经济观察网，2016－6－29.

徐艳丽. 谋大局、抓执行、滚雪球，陈东升全面阐释泰康"战略三环"［EB/OL］. http：//www. hsmrt. com/article/8813，华商韬略，2020－9－19.

中商情报网. 泰康养老地产盈利模式是什么？险资企业泰康为何布局养老地产？［EB/OL］. https：//baijiahao. baidu. com/s?id = 1614381700587255547&wfr = spider&for = pc，2018－10－15.

中国养老周刊养老专栏. 深度透视：泰康集团"保险产品＋养老服务"的产品模型、运营模式与盈利机制［EB/OL］. https：//www. linkolder. com/article/15182425，链老网，2021－10－21.

慧保天下. 长期主义的保险演绎，泰康24年3次战略进阶，陈东升思想力初成. 2020－9－15.

吴诗雪. 深度研究 I 一文读懂「泰康模式」：保险＋资产＋运营的养老商业闭环. 2020－5－6.

薛源，屠炜颖，于钟海，等. 中国式健康管理：风来潮起互联网医疗生态圈成为破局利器［R］. 中金公司，2021－2－26.

王言. 凯撒模式在中国能否走的通：如何构造医疗网络. 道口保险观察，2018－8－9.

刘牧樵. 美国凯撒医疗模式核心价值分析［EB/OL］. https：//www. cn－healthcare. com/articlewm/20170302/content -1011757. html，健康界，2017 -3 -2.

王成林. 解读健康险模式与风险［EB/OL］. http：//xw. cbimc. cn/2015 -06/25/content_160118. htm，中国保险报 - 中保网，2015 -6 -25.

段国圣. 深度丨泰康资产段国圣：长期资金应更加重视权益类资产战略配置价值. 泰康资产公众号，2021 -7 -10.

段国圣. 后疫情时代如何“富足”？丨段国圣：后疫情时代的资产配置. 泰康资产公众号，2020 -10 -19.

段国圣. 大佬说丨段国圣：合理配置，稳健投资. 保险业风险观察公众号，2019 -8 -5.

段国圣. 段国圣：保险资管投研建设应下沉到具体产业、具体赛道. 泰康保险集团公众号，2021 -9 -17.

苏振华. 聚焦公司治理丨苏振华：新固收时代谋变之道. 泰康资产公众号，2021 -4 -20.

郭悦. 聚焦公司治理丨泰康资产郭悦：打造保险资管公司的股权投资品牌力. 泰康资产公众号，2021 -4 -29.

严志勇. 聚焦公司治理丨泰康资产严志勇：做好年金基金投资，助力养老“三支柱”建设. 泰康资产公众号，2021 -5 -17.

李振蓬. 聚焦公司治理丨泰康资产李振蓬：持续探索“产融结合”，服务国家战略和实体经济. 泰康资产公众号，2021 -5 -26.

金志刚. 聚焦公司治理丨泰康资产金志刚：守正出新，服务财富管理新时代. 泰康资产公众号，2021 -6 -7.

邢怡. 聚焦公司治理丨泰康资产邢怡：坚持做好长期投资，做正确的事，时间就是答案. 泰康资产公众号，2021 -9 -1.

陈奕伦. 聚焦公司治理丨泰康资产陈奕伦：打造过硬的产品力，才能维持企业的蓬勃生命力. 泰康资产公众号，2021 -9 -14.

段国圣. 深度丨段国圣：保险资金股权投资新机遇. 泰康资产公众号，2021 -5 -20.

段国圣. 深度丨段国圣：肩负长期资金使命担当 发挥保险资管业压舱石作用——浅谈“十四五”开局之年保险资管业的重大机遇. 泰康资产公众号，2021 -1 -20.

张敬国. 大佬说丨张敬国：协同集团战略布局，实现穿越周期的投资. 泰康资产公众号，2020 – 3 – 4.

黄华民，2004，保险资金运用进入新阶段［J］. 保险话题，6：32 – 33.

段国圣，等. 创新永续⑲丨投资国家重大基础设施项目、助力实体经济发展. 泰康保险集团公众号，2021 – 10 – 12.

泰康保险集团官网. 开泰 20 年丨从 500 亿到 9000 亿 大资管白马泰康资产是怎样炼成的［EB/OL］. https：//www. taikang. com/about/tk20y/20ynews/2016/08/11/1124. html，2016 – 8 – 11.

段国圣. 大佬说丨段国圣：发挥长期资金优势，大力发展项目投资. 泰康资产公众号，2019 – 5 – 9.

全国社会保障基金理事会网站. 基本养老保险基金证券投资管理机构评审结果公告［EB/OL］. http：//www. ssf. gov. cn/portal/yljjgl/webinfo/2016/12/1632636003301577. htm，2016 – 12 – 6.

王国良，2003. 论保险资金运用政策的调整［J］. 保险研究，5：2 – 4.

李亚敏，王浩，2008. 浅谈我国保险资金运用［J］. 上海保险，36 – 38.

俞燕，2008. 泰康人寿详析参股京沪高铁缘由［N］. 第一财经日报，01 – 09.

徐高林，2008. 京沪高铁股权取舍 国寿平安投资水平角斗场［N］. 证券市场周刊，01 – 21.

胡金华，2019. 京沪高铁冲刺 A 股上市险资社保守候 11 年的"豪门盛宴"［N］. 华夏时报，02 – 28.

泰康资产公众号. 泰康资产 15 周年丨创新永续，引领行业第一单. 2021 – 11 – 8.

泰康资产公众号. 泰康资产 15 周年丨穿越牛熊，秉承保险资金初心，为负债端保驾护航. 2021 – 10 – 29.

泰康资产公众号. 泰康资产 15 周年丨开辟新局，积极拓展第三方业务，打造养老金第一品牌. 2021 – 11 – 16.

泰康资产公众号. 泰康资产 15 周年丨泰康资产公募乘风破浪，开疆拓土. 2021 – 11 – 22.

三、众安的前世今生：一万八千字长文带你了解全球保险科技第一股！

2013年11月6日，上海复旦大学光华楼报告厅门口，聚集着黑压压的人群。由复旦大学知名校友、复星集团董事长郭广昌担任主持人，腾讯CEO马化腾、中国平安董事长马明哲、原阿里董事局主席马云等人共同出现在报告厅互联网金融论坛上，进行了一场精彩的圆桌对话。在此次论坛上，“三马”共同宣布，联手成立中国第一家保险科技公司——众安在线财产保险股份有限公司（以下简称“众安”）。

作为一出生便含着金汤匙的众安，很快得到了国内外高度关注。2015年12月15日，澳大利亚知名金融科技风投机构H2 Ventures联手KPMG（毕马威）发布《全球金融科技100强》报告，众安高居榜首。

2017年9月28日，成立不到4年时间的众安，在香港联交所上市，成为全球保险科技第一股。众安成为当年港交所最受关注的一次IPO，公开发售部分录得接近400倍超额认购，全球最大私募基金——软银愿景基金也成为其基石投资者，市值一度超过千亿港元。

带着“全球保险科技第一股”称号，众安股价一度走高。2017年10月9日，众安股价站上了上市以来的最高点97.8港元。

然而，好景不长，2018年3月20日，众安发布了在港上市后的首份“成绩单”，账面净亏损近10亿元；2019年3月25日，众安发布2018年业绩报告，账面净亏损17.96亿元。

伴随着业绩的持续走低，众安的股价从2017年10月的最高点97.8港元，跌至上市以来的第一次低点，即2019年9月的16.55港元，跌幅高达83%，众安的总市值也减少至不足300亿港元，与巅峰时的千亿港元市值相比大大缩水。曾经的全球保险科技第一股，广受诟病。

与此同时，2019 年 7 月 18 日，时任众安 CEO 陈劲宣布辞职，原联席 CEO 姜兴接任。

在外界对众安普遍不看好的情况下，众安很快打了一场翻身仗。2020 年的疫情让传统保险行业负债端遭受重创，但众安却以一份亮眼的财报，展现出难能可贵的“逆势增长”能力，全年实现 167 亿元保费收入，同比增长 14.2%，同时录得 5.5 亿元盈利。众安的股价在一年半时间内上涨 4 倍，在 2021 年 2 月 17 日重新回至 78.8 港元的高点，市值重回千亿港元。

然而，受到新冠疫情及宏观经济下行的影响，2022 年 H 股经历了 2008 年全球金融危机以来的最大幅度回撤，众安的股价也跟随大盘的下行，于 2022 年 10 月 31 日触达了自上市以来的股价最低点（每股 13.98 港元）。

随后，从 2022 年 11 月份开始，H 股出现了明显的反弹趋势，恒生指数 3 个月之内涨幅超过 50%。同样受到 H 股反弹的带动，众安股价也在同一时间段实现翻番，明显优于 H 股整体表现。截至 2023 年 3 月 28 日，众安在线的收盘价为 25.3 港元，总市值为 359.26 亿港元。

从成立时的万众瞩目，到期间经历的至暗时刻，作为全球保险科技第一股的众安，在 10 年的时间里究竟经历了什么？

忠衣信裳成立了 12 人众安研究团队和 8 人写作小组，收集了几乎所有众安的公开信息，深度整理了 130 份公司公告、券商研报、第三方报告、媒体报道，与保险、保险科技、投行、投资领域多位中高层人士进行深入交流，力争深度完整介绍全球保险科技第一股：众安。

（一）概述

2013 年 9 月 29 日，中国保监会批准众安成立，注册资本 10 亿元。众安将自己的使命确定为：科技驱动金融，做有温度的保险；将自己的愿景确定为：努力成为保险科技的第一品牌，为全球保险的数字化转型服务；将自己的价值观确定为：简单、快速、突破、共赢。

众安也明确了自身的战略，即“保险 + 科技”双引擎驱动，坚持将科技与保险进行全流程的深度融合，用科技赋能保险价值链，并以生态系统为导向，通过生态合作伙伴以及自有平台，从用户的互联网生活切入，满足用户多元化的保障需求，为用户创造价值。

同时，众安在保险业务的运营过程中验证并迭代自身科技能力，以保险科技输出为互联网保险行业赋能，协助行业的参与者实现数字化转型。

经过 10 年的发展进化，2022 年，众安实现总保费人民币 236.51 亿元，同比增长 16.1%，全年出具 91.32 亿张保单，服务超 5 亿保险用户；2022 年实现科技输出收入 5.92 亿元，累计服务各类机构客户超 700 家。

如何完整介绍众安这家保险科技企业，是忠衣信裳团队一直在思考的问题。我们将从影响众安的关键人物、生态系统、科技布局与输出、自有平台打造、融资与 IPO 五大方面予以详细介绍。我们尤其关注众安如何打造健康、数字生活两大生态系统（2022 年两者合计保费收入占比 75.4%），以及科技布局与输出。

（二）影响众安的关键人物

1. 欧亚平：董事长，引领众安前行的人

2013 年 11 月 14 日，随着中国保监会的一纸批复，欧亚平出任众安董事长。这位董事长极少走向台前，然而在众安发展的关键时刻，欧亚平从不缺席。

欧亚平第一次出现在大众视野中，是在众安 IPO 之时。2017 年 9 月 28 日，欧亚平衣着 T 恤、牛仔裤，挥锤敲响了全球保险科技第一股。

在欧亚平的心中，众安的金融科技创新之路代表着**梦想、创新与突破，**是用科技打造一个富于质感和充满想象力的公司，在创业的原野上将有高度、有难度的探索变成可能。他要求众安突破传统、勇于创新，用科技去赢得市场。在欧亚平的期待与勾画中，众安一步步探索着保险科技发展新模式。

欧亚平第二次出现在大众视野中，是在众安发展的至暗时刻。2019 年，众安业绩承压，股价大幅下跌，高级管理层频繁调整，市场上对众安的质疑四起，第一时间出来稳定军心的，是欧亚平。

2019 年 7 月 18 日，在陈劲宣布辞任众安 CEO 当天，据 21 世纪经济报道，欧亚平向众安全体员工发了一封内部信，指出“不避讳公司发展的问题，我们确实因为创新交学费，也会因为低级错误买单，我也不避讳人员流动”。欧亚平鼓励众安人，“我们看到一批又一批新的小伙伴正不断加入众安，这是众安长期发展的新动

力，也是众安的新财富"。

欧亚平借用了众安一位同事的话语："一年前，作为一个外人看众安，满是闪耀的光环；而如今外人看众安仿佛是遭遇至暗时刻。身在众安，此刻我看到的与外人恰恰相反，危险的时候已经过去，退去光环的众安更有力量，更有希望。从大的尺度看，众安有**三个优势：**生逢大时代、拥抱新科技、重仓年轻人。从我近一年做业务的经验看，众安也有**三把利器：**全国互联网牌照、业务和 IT 的高度融合、青春有活力的企业文化。这三样是中国甚至全世界任何一家保险公司都没有的，都羡慕不已的。踩坑是成长的必经之路，没有 bug 也就没有迭代，现在或许是外人眼中的至暗时刻，但却是我们内心的高光时刻，相信众安，相信众安的事业一定会更好。永远没有舒适区，永远都是从一个舒适区走向挑战区。"

在众安的筹建、发展及困难等关键时期，欧亚平都起到了至关重要的作用。

2. 陈劲：从传统金融到保险科技，众安成立以来任职时间最长的 CEO

陈劲，微信名为"钢铁侠陈劲"，英文名 Jeff，众安内部私底下都叫他"钢铁侠""大姐夫"。他思维活跃，为人温和，经常阅览各种书籍，富有浓郁的学者气息。

进入众安之前，陈劲已经是在金融机构工作多年的资深人士，在中信银行、招商银行、招商证券等公司均有任职。

而他与董事长欧亚平的交集则早在 20 多年前，1994 年至 2001 年陈劲担任招商银行董事会办公室副主任时，欧亚平已是招商银行董事。

2014 年夏季，辞任中信银行信用卡中心总裁职务后，这位年轻将帅选择加入众安，是因为陈劲内心一直坚信：一个开放的网络，最终一定会战胜一个封闭的网络。所以，未来的落脚，陈劲选择落在中国第一家互联网保险公司——众安。

在众安近 10 年的历史上，陈劲担任 CEO 的时间最长，对众安有着潜移默化的影响。他带领众安从传统保险公司不愿企及的高频、小额、碎片化的保险产品切入，立足于服务互联网生态，在各种互联网场景中发现新的需求并提供相应服务。不断拓展、持续创新，众安踏上了这条少有人走的路，用陈劲的话说，"没有对标公司，众安走入了无人区"。

但碎片化将永远是众安的形态吗？陈劲给出的答案是，在高频、小额、碎片化的背后，众安要做的，是对整个保险行业的一次重塑，这次重塑的核心，就是面向消费者和保民的个性化、定制化和智能化。最终要打造的是一个从场景保险开始，沉淀到平台保险，实现生态保险的商业模式。在陈劲的主导下，众安完成了从 0 到 1 的探索。

2019 年 7 月 18 日，陈劲宣布辞去众安总经理及联席首席执行官职务；2021 年 1 月 22 日，辞去众安执行董事及投资决策委员会主任职务。或许正如他自己所说，未来要走得更远，光有 1 是不够的，还必须重新回到 0，这个 0 就是真正的放下自己。

在陈劲离任后，欧亚平对陈劲的贡献给出如下评价："我深知在众安这家高速发展的公司担任总经理兼 CEO 的艰辛和勇气，在此，我特别代表董事会，由衷感谢陈劲过去五年带领众安从原点出发，进入百亿保费俱乐部，并快速协助完成融资及赴港上市。众安开启了多个业内首创，创新和速度成为了众安的烙印。"

3. 姜兴：从淘宝首席技术官，到众安现任 CEO

2019 年 7 月 18 日，从陈劲手中接过接力棒的，是年仅 42 岁的众安联席 CEO 姜兴。

姜兴是技术出身，1999 年 7 月毕业于湖南财经学院（后与湖南大学合并，组成现湖南大学）计算机及应用专业，浙江衢州人，江山中学知名校友，早年曾担任过淘宝的首席技术官。

2014 年 4 月，姜兴加入众安，担任众安 CTO，并向董事会立下军令状：半年之内搭建好众安的技术架构，做不到走人！当年，众安搭建在云端的核心业务系统"无界山"上线。

2019 年，姜兴担任众安 CEO 后，在"保险 + 科技"双引擎战略下，他带领众安继续深度挖掘科技能力，奔向下一个五年目标。这位花名"无忌"的新掌门人，是否能用"九阳神功"带领众安走出至暗时刻？又会给保险科技行业带来一抹怎样的色彩？

唯诚可以破天下之伪，唯实可以破天下之虚。姜兴是一个务实的人，有着理工男的专注与果断。在姜兴称之为"新保险""精时代"中，他表示，"以数字驱动来实现高质量增长，也必将是众安未来几年发展的基调"。

姜兴带领众安对产品线进行优化，聚焦承保利润指标，大力发展健康生态、数字生活等品质好且增长空间大的业务；收缩消费金融生态、医疗团险等风险较大、盈利性差的业务；对汽车生态保持审慎态度，温和增长。

2020 年是姜兴带领众安发展的完整第一年，众安通过"有质量的增长"，保费收入达到167亿元，同比增长14.2%，同时公司的综合成本率大幅改善至102.5%，归母净利润达人民币5.5亿元，实现上市后首次扭亏为盈，众安的市值也重回千亿港元。

在姜兴的带领下，2021－2022年众安保费收入实现了两位数以上的同比增长：2021年实现保费收入203.7亿元，同比增长21.9%；2022年实现保费收入236.51亿元，同比增长16.1%。更重要的是，众安于2021年首次实现承保盈利0.75亿元，2022年进一步扩大到3.29亿元。

承保扭亏为盈的背后，意义重大无须赘言。同时，众安所构建的协同生态与价值网络的效果开始显现。然而这是否意味着众安整个商业模式的彻底跑通？任何定论均需深思熟虑，但毋庸置疑的是，姜兴带领下的众安，进一步打通了众安的任督二脉，不断推动并践行众安的理想与承诺，也用实际行动为保险科技行业提供了一个借鉴与深思的范本。

4．王敏：众安常务副总经理兼董事会秘书

作为一家根植于保险业的科技公司，拥有保险行业资深背景的高级人才必不可少。王敏的加入，无疑为不断进化中的众安带来极大帮助。这位出身于保险业的博士，斯文儒雅，着细边黑框眼镜，在为数不多的采访中，表达了对保险科技的深度思考。

保险不是产品，而是工具。在王敏看来，将“保险”这个工具嵌入“渠道”上，并提供给“用户”，三个环节加在一起，才构成完整的产品。把保险作为工具，就打开了思路，让保险与各个商业生态实现无缝融合。概言之，众安是要通过把保险作为一种工具嵌入到渠道之中，形成一种服务能力，最终再输出给用户，从而实现从产品经济到体验经济的转变。

从场景化保险到生态保险。众安致力于打造的是一个综合金融服务，通过场景保险了解用户，再让用户了解众安，最后进入生态化和定制化的保险，包括将场景后端的其他生态连接在一起，形成一个更加闭环的服务。

保险的连接功能。王敏认为，在这个连接的时代，要么主动连接，处于价值链的上游；要么被动连接，处于价值链的下游。如果保险仅仅停留在产品创新或条款创新，则将长期处于产业链的下游。要想改变局面，就要让保险连接起生态，连接各种服务、产品，打造面向用户的闭环。当保险连接更多场景的时候，就可以打通数据孤岛。连接的背后，依靠的是科技能力，这正是众安的根本优势所在，也是支撑连接战略的支点。当保险真正做到连接一切的使命价值时，才是众安的追求。

（三）生态系统

根据兴业计算机研究团队报告，互联网保险大约可以分为三个层次：**网上销售**——互联网作为渠道，覆盖更多人群，接触长尾客户，优化客户体验；**技术升级**——互联网作为技术工具，改进现有保险产品，使其动态化、定制化；**生态创新**——互联网作为新的生态系统，呈现新的风险保障需求。

众安的发展依靠的是以健康、数字生活、消费金融和汽车四大生态风险为标的的保险产品，这是忠衣信裳研究团队首要关注点。从2020年开始，众安便在公司年报及业绩发布会材料上，以此顺序对四大生态展开介绍。我们认为，从顺序上可以看出每个生态在当前众安经营者心中的地位。

1. 健康生态

众安的健康生态依托于健康险产品，并逐步拓展至大健康领域。

2014年，众安获批经营短期健康及意外保险，其业务构成包括个险和团险业务。其中，个险业务包括尊享系列、步步保、滴滴车主保障计划等。

一直以来，尊享系列都是众安健康生态中最核心的保险产品。根据众安最近一次披露尊享系列产品保费收入占比情况，2019年该产品保费收入占健康生态总保费的比例高达89.7%。虽然在之后3年里，众安并未继续披露尊享系列产品的保费收入占比，但从年报中不难看出，尊享系列产品的核心地位并未发生实质性改变。

作为一款定位中端市场的医疗保险产品，尊享系列目前已经历了22次迭代（见图1）。经忠衣信裳研究团队整理，**其中具有里程碑意义的共计9次，**具体如下：

2015年10月，首款百万医疗保险——“尊享无忧”诞生，通过万元免赔额撬动百万医疗保额，性价比高，产品条款清晰易懂，互联网适销性强。

2016年8月，“尊享e生”在网络平台——i云保上线，掀起了朋友圈互联网保险推广的新模式，迅速形成病毒式传播，成为当年的爆款产品。

2017年7月，“智能核保”功能上线，为非标准健康人群提供个性化承保方案，扩大了被保险人群。

2018年1月，“质子重离子”版发布，开启了扩充高品质医疗服务保险保障的新方向。

图 1　尊享 e 生 8 年 22 次迭代示意图

资料来源：《中国百万医疗险行业发展白皮书》艾瑞咨询研究院、忠衣信裳团队整理。

2019 年 3 月，“100 种重疾医疗 0 免赔额”版的推出，无免赔保障的特定病种范围进一步扩充。

2020 年 7 月，“尊享 e 生门急诊版”上线，保障范围从“低频”的住院医疗扩充到“中高频”的门急诊医疗。

2020 年 12 月，“尊享 e 生 2021 版”上线，对高血压、糖尿病、甲状腺疾病等 6 类慢病人群提供差异化保障。

2021 年 12 月，“尊享 e 生 2022 版”上线，新增医管家特别权益包，涵盖 12 项癌症早筛（任选一）、宠物健康管理、7 慢病无忧－慢病原研药 8 折惠购等，以 9 大健康管理增值服务，开启百万医疗险“不生病也能用服务”的量体裁衣时代。

2022 年 12 月，“尊享 e 生 2023 版”上线，本次升级主打“慢病能买，门急诊能用”，即可保人群首次覆盖高血压、糖尿病、肾小球肾炎、甲状腺结节、乳腺结节、肺结节等六大慢病人群；可保责任首次将门急诊纳入核心保障责任，即因感冒发烧等小病小痛看门急诊，无需住院的情况也可涵盖。

纵观过往 8 年尊享系列产品的迭代，可概括为 3 个创新方向：营销模式不断创新、被保人群范围逐渐扩大、保险责任与增值服务更加丰富。

而站在客户触达与客户黏性的角度看，尊享 e 生系列产品正逐渐从“低频”服务向“高频”服务进行转变，这与众安自身在健康生态的能力建设密不可分。

2019 年，随着用户医疗服务需求的日益增长，健康生态的核心竞争力越发集中于服务的质量。众安第一次提出在发展健康险业务的同时，进一步构建健康生态的闭环，为用户提供一站式的疾病预防、健康管理、医疗服务、保险保障、快速理赔等服务。

2019 年 7 月，众安获批互联网医院牌照，2019 年 12 月，互联网医院正式上线。互联网医院通过与第三方医疗集团合作，合作医生超过 2000 名，为用户提供在线问诊、电子处方药开具、送药上门等医疗服务。

2019 年是众安孵化的暖哇科技完整运营的第一年，在获取用户充分授权的前提下，众安实现了医疗数据在线直连，进而通过数据整合挖掘，优化了健康险业务核保与核赔环节的风控能力，为用户提供快速理赔的便捷体验。

2020 年，众安继续推动健康生态的战略升级，通过健康险产品、互联网医院、暖哇科技等布局形成业务闭环，形成了以定制化、智能化、个性化的医疗健康险产品为核心，将科技能力运用于健康险的全流程，帮助用户更高效、便捷地管理自身健康。

2021—2022 年，众安持续深化推行“医 + 药 + 险”战略，链接健康产业上下游，构建一站式保障服务体系。截至 2022 年 12 月 31 日，众安的健康生态已累计服务超过 1.09 亿保险用户，全年新增保险用户数约 3800 万人（见图 2）。

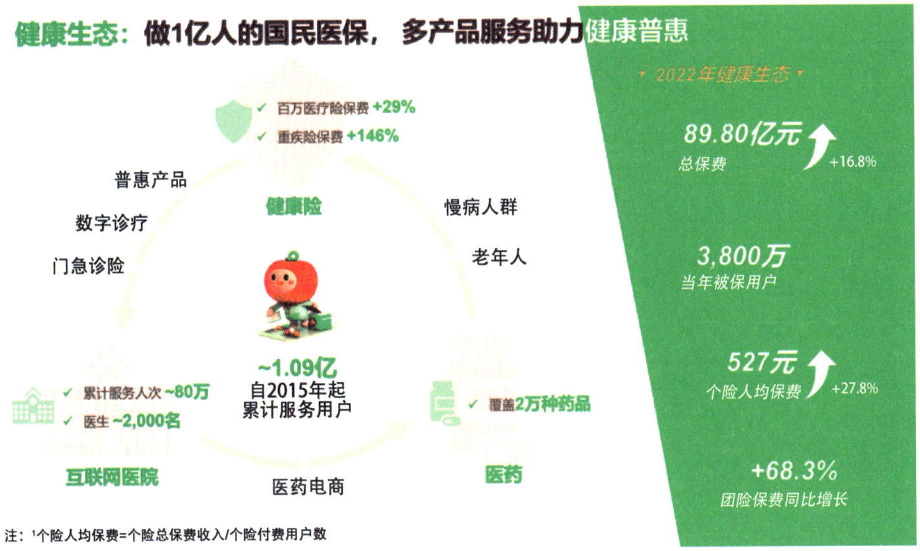

图 2　众安健康生态“医 + 药 + 险”战略闭环

资料来源：《2022 全年业绩演示》。

从健康生态经营结果看，2017 年至 2022 年，众安健康生态带来的保费收入分别为 12.4 亿元、28.7 亿元、48.1 亿元、66.0 亿元、76.86 亿元和 89.8 亿元，相对公司总保费收入的占比分别为 20.2%、25.5%、32.9%、39.5%、37.8% 和 37.9%（见图 3）。

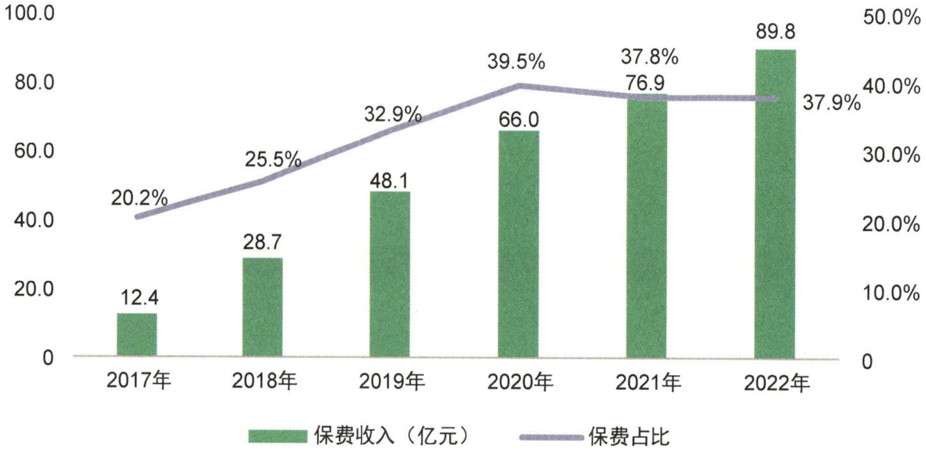

图 3　众安健康生态保费收入及占比

资料来源：众安年报，忠衣信裳团队整理。

从赔付率和渠道费用率看，2017 年至 2022 年，健康生态的赔付率分别为 57.7%、59.0%、53.0%、41.8%、51.3% 和 48.5%，渠道费用率分别为 24.4%、24.1%、20.8%、26.9%、28.8% 和 26.3%。在健康生态上，众安初步实现了较高质量的向好发展（见图 4）。

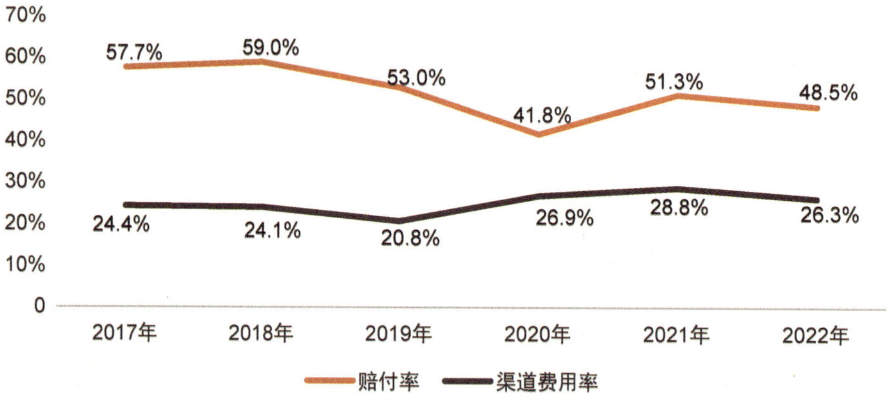

图 4　众安健康生态赔付率和渠道费用率

资料来源：众安年报，忠衣信裳团队整理。

健康生态是众安最为看重的生态，我们认为众安将继续深耕健康险、在线医疗和医药的服务闭环，推出更多创新产品服务更多人群，值得持续关注。

2. 数字生活生态

数字生活生态方面，众安在互联网场景中围绕消费者定制化开发保障服务，包括为电商平台提供的涵盖退货、产品质量、物流、售后服务、商家保证金等场景的风险保障，以及基于在线出行及旅行平台，就航空意外、航班延误、旅行意外、机票或酒店取消等旅途意外情况，为差旅人士提供出行风险保障。

传统保险产品往往追求“大而全”，基于互联网生态圈的保险则立足于“碎片化”的设计，将多种不同风险项目嵌入各个细小的场景，借助平台交易规模迅速走量。

2013 年 12 月，众安迅速推出公司首款产品——“众乐宝—保证金计划”，成为国内首款网络保证金保险。根据淘宝网商家入驻要求，为保障消费者利益，商家需要缴纳消费者保障服务保证金，而加入“众乐宝”的商家无须缴纳消保金即可获得消费者保障服务资格和消保标识，解决对商家保证金资金占用的痛点，在理赔上实行先行垫付、事后追赔。

紧随其后推出的退运险则是众安数字生活生态开始加速的起点，作为一款经典的互联网生态产品，这款依托于电商场景，以淘宝退货运费为保险标的的产品，不仅在每年的“双 11”大放光彩，也成了众安 2015 年至 2017 年保费收入的支柱。在电商交易场景下，退货运费险、保证金保险产品有着巨大需求，给众安带来了巨大的流量。

随着对垂直细分市场的深入，以及消费者保险需求更加多元化，众安凭借大数据等技术持续捕捉各种生活消费场景下的用户行为特征及风险需求，一方面开发多样化产品，另一方面向生活消费其他领域拓展，陆续开发出诸如参聚险、账户安全险、银行卡盗刷险、WiFi 安全险、法律费用补偿保险、司法拍卖交易保障保险、奶粉过敏包退险、快递延误险、电信诈骗险、物流责任保险、燃气无忧险、手机碎屏险，以及境内外旅行险等多款各具特色的产品，涵盖消费者衣食住行等方方面面。

航旅方面，航意险与航延险是众安两款深入场景的重要产品。众安打入商旅的 OTA 渠道，通过携程、飞猪、同程、去哪儿网等平台为客户提供航意险。航延险是众安曾经重点发力的一个产品，如果投保航班延误达到相应时间，不需要打印延误证明或寄送材料，只要在起飞前一日激活，飞机延误后对应赔付款项即会自动打入微信钱包。自动理赔降低了获客门槛，极大提升了客户体验。

2020 年，随着 5G 时代的到来，基于大数据风控能力和差异化定价，众安推出了创新拍照投保的**手机碎屏险**，覆盖了市面上主流手机厂商，收获超过百万用户。

此外，随着国内宠物市场规模不断扩大，众安推出**宠物医疗险**，并将“宠物鼻纹技术”首次应用于核保环节，只要通过扫描宠物的鼻纹就能“核验身份”，解决了宠物投保的身份识别问题。宠物保险覆盖全病种和意外伤害，门诊看病均可报销，不限病种且可以多次赔付，目前该产品已经合作全国 8000 多家宠物医院。

新冠疫情加速了消费者行为的变迁，电商场景从之前传统的“搜索式”电商逐步演变出了以直播带货为代表的社交电商、兴趣电商等新形态。2021 年，众安针对短视频、直播平台等新型电商平台用户提供了超过 12 亿保单。

此外，在创新业务端，众安通过技术赋能，进一步丰富各类生活服务相关的保险产品，并取得不错业绩。以宠物保险为例，截至 2021 年 12 月 31 日，众安已累积服务超过 100 万宠物主，年化保费突破 1 亿元，同比增速超 250%。

众安看到了近年来公域及私域流量的商业价值，进一步拓宽服务用户的数字生活场景：2022 年电商业务板块实现保费收入 52.61 亿元，同比增长约 25.7%；而航旅业务板块，由于受到出行需求下降影响，保费收入同比下降 1.6%，为 17.16 亿元；宠物险、碎屏险、多场景意外险、以及企业/家庭财产保险等数字生活创新业务板块，2022 年共实现保费收入 18.97 亿元，同比增长 39.1%（见图 5）。

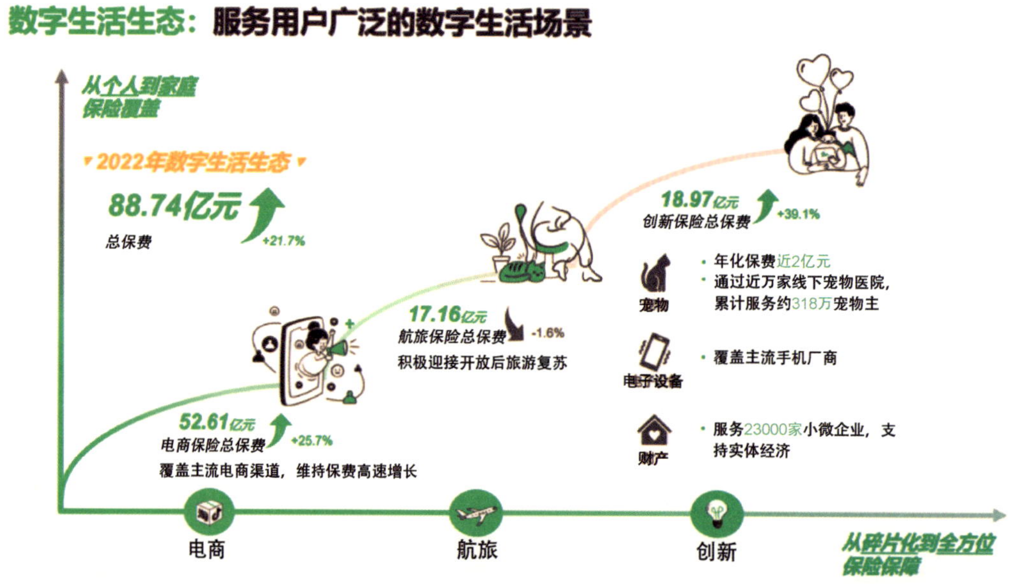

图 5　众安的数字生活

资料来源：《众安 2022 年全年业绩演示》。

从数字生活生态经营结果看，2017 年至 2022 年，众安数字生活生态带来的保费收入分别为 32.2 亿元、30.8 亿元、50.3 亿元、63.0 亿元、72.9 亿元和 88.7 亿元，对公司总保费收入的占比分别为 54.1%、27.3%、34.4%、37.7%、35.8% 和 37.5%（见图 6）。

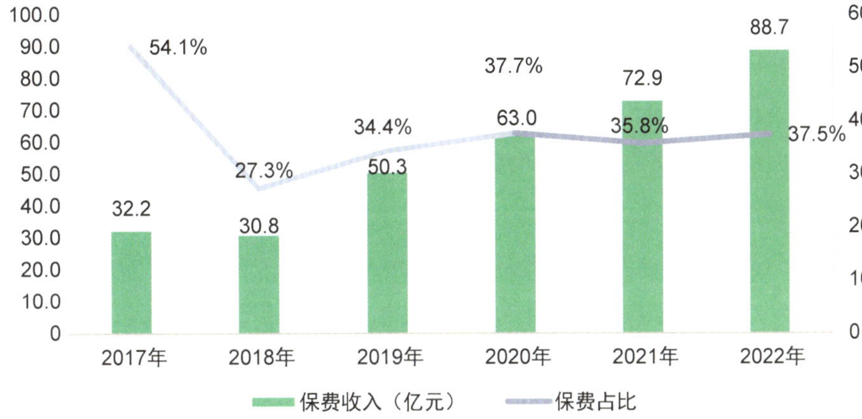

图 6　众安数字生活生态保费收入及占比

资料来源：众安年报，忠衣信裳团队整理。

从赔付率和渠道费用率看，2017 年至 2022 年，数字生活生态的赔付率分别为 49.4%、44.1%、58.0%、62.0%、67.6% 和 64.6%，渠道费用率分别为 48.2%、52.5%、35.8%、32.6%、32.1% 和 30.2%（见图 7）。

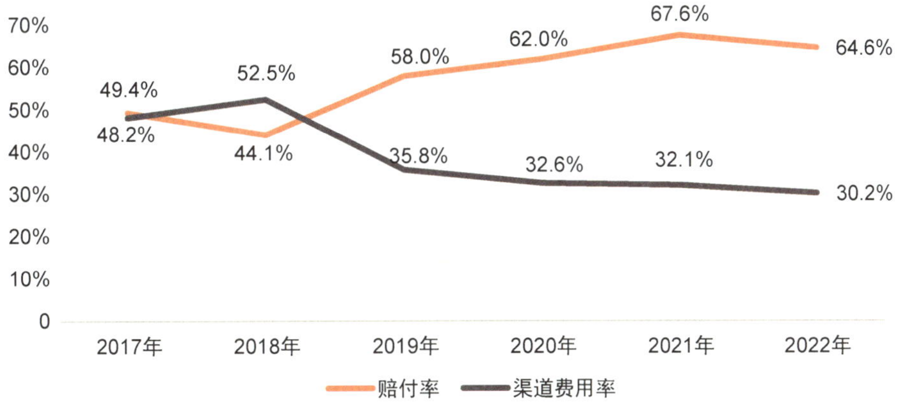

图 7　众安数字生活生态赔付率和渠道费用率

资料来源：众安年报，忠衣信裳团队整理。

数字生活生态对于众安的战略意义十分重大，通过数字生活生态布局，给众安带来海量用户的同时也带来了海量的数据，为众安业务模式和技术系统的锤炼奠定了坚实的基础。数字生活生态的用户数据还可以援引到其他生态，进而达成生态协同，众安亦可利用数字生活生态多元化、丰富的场景，对产品进行持续的迭代升级，覆盖用户更广泛的生活服务需求。

3. 消费金融生态

在消费金融生态，众安的目标客户主要是国内年轻的近优层级客户，年龄普遍在25—35岁之间，有良好的教育背景和消费需求。

2015年7月，众安通过与蘑菇街合作推出个人消费信用保险产品"买呗"，开始涉足消费金融领域。

2016年4月25日，众安和领美科技、微软中国、中国平安等举行战略合作发布会，众安首次对外发布消费金融的布局，将其作为继退运险、健康险、车险之后的一个重要发力点。5月17日，众安发布"保贝计划"，该计划是用保险增信和FinTech连接消费金融资产端与资金端，解决两端痛点，满足两端不同需求的一揽子解决方案。在"保贝计划"中，众安会对消费金融资产端的每一单用户进行风控排查，对合规合格用户的借款出具信用保证保险，进行"穿透到资产底层"的增信。

2017年10月，众安全资子公司众安科技与香港百仕达合资注册成立众安小贷，注册资本3亿元，众安科技持股70%，自此众安具备了自营放款业务资质。2019年6月，中国电信旗下天翼电子商务有限公司2.1亿入股众安小贷，和众安科技成为并列大股东。

众安消费金融生态产品主要为保证保险。通过与各类互联网场景平台的合作（如通信场景的翼支付、视频场景的爱奇艺等），同时协助互联网金融公司（如众安贷、马上消费金融等）管理信贷风险并协助其进行全方位的贷后管理。

众安聚焦于小额、分散、短期的互联网消费金融资产，保单期限都在一年或以下。众安根据底层资产的个体风险确定保费费率，并通过信用保证保险承担底层资产的风险。其风控穿透至底层资产，通过与合作平台、金融机构的系统对接，对每一个借款人的每一笔借款进行实时大数据风控，并进行实时的放款决策。截止2022年末，通过保证保险增信的在贷余额达到232亿元，2022年当年实现保费收入45.3亿元，同比增长1.9%（见图8）。

图8 众安的消费金融生态圈

资料来源：《众安2022年全年业绩演示》。

从消费金融生态经营结果看，2017年至2022年，众安消费金融生态保费收入分别为10.3亿元、35.2亿元、30.9亿元、21.6亿元、44.5亿元和45.3亿元，在公司总保费收入中的占比分别为17.4%、31.3%、21.1%、12.9%、21.8%和19.2%（见图9）。

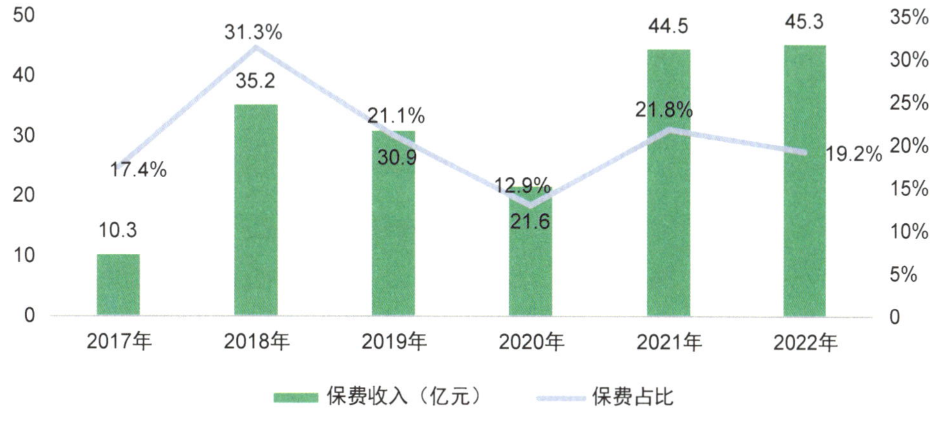

图9 众安消费金融生态保费收入及占比

资料来源：众安年报，忠衣信裳团队整理。

从赔付率和渠道费用率看，2017年至2022年消费金融赔付率分别为104.9%、72.3%、97.0%、63.3%、46.0%和48.0%；渠道费用率分别为12.0%、18.4%、

12.0%、10.4%、23.3%和20.9%（见图10）。

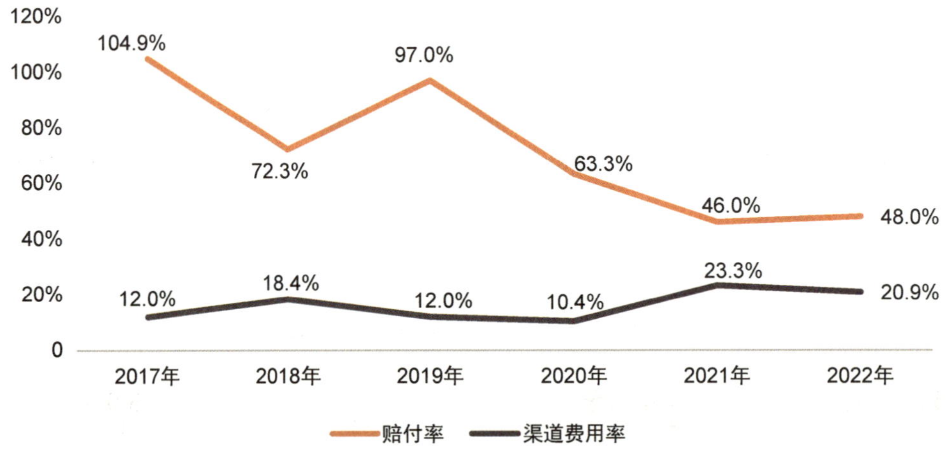

图10　众安消费金融生态赔付率和渠道费用率

资料来源：众安年报，忠衣信裳团队整理。

4. 汽车生态

2015年5月8日，经中国保监会批准，众安获得车险经营资质，国内首家互联网车险公司诞生。同年10月，众安获准在6个地区投放车险产品；2017年3月，众安车险业务拓展到12个地区；2017年9月，众安开始在全国范围内开展车险业务。

众安主要通过"众安平安联合车险"（原名"保骉车险"）为客户提供车险产品、解决方案及增值服务。"众安平安联合"采用与平安产险合作的共保模式，众安利用自身技术优势对接互联网平台及汽车后市场服务渠道进行获客，平安产险则利用其线下资源提供理赔服务。众安与平安先期按照3∶7的比例分摊保费、赔付及其他成本，2018年1月后，该比例调整为5∶5。

众安采用以车险作为连接器，连接汽车生态中的各个环节和场景，力图形成一个共融可循环的开放式汽车生态。设立大数据实验室，建立大数据联盟，积累用户出行标签数据，并通过利用其自建的"数据魔方"实现内外大数据信息共享、机器学习与模型迭代。

众安年报中指出，其技术优势在于依托云架构及SaaS平台，实现快速响应和敏捷迭代。新产品1—2天即可完成渠道上线，汽车生态业务平均每周更新上线迭代超过 40 个需求。众安车险实现了线上 100% 自动化承保，通过智能客服和人工协作，仅 4 人的团队支撑了车险业务的报价和承保环节。在无接触式理赔环节，众安车险“马上赔 2.0”通过聚合视讯、OCR 图像识别、AI 定损等技术，可实现远程视频理赔。通过一个视频通话即可走完从报案、查勘、定损、交单、理算到核赔、结案的整个传统车险理赔流程，万元以下理赔平均结案仅需 11 分钟。

截至目前，众安汽车生态伙伴主要包括互联网平台以及汽车后市场服务渠道。在互联网平台上，与汽车新零售、汽车金融等各类平台合作，打通汽车生态链条，积累用户洞察及运营能力；在汽车后市场服务渠道上，通过 SaaS 平台及 API 接口对接线下汽车后市场等长尾渠道，如汽车美容店、汽车维修店等，使产品触达更多用户（见图 11）。

图 11　众安的汽车生态

资料来源：《众安 2022 年全年业绩演示》。

从汽车生态经营结果看，2017 年至 2022 年，众安汽车生态保费收入分别为 0.8 亿元、11.5 亿元、12.6 亿元、13.3 亿元、9.46 亿元和 12.67 亿元，在公司总保费收入中的占比分别为 1.3%、10.2%、8.6%、7.9%、4.6% 和 5.4%（见图 12）。

从赔付率和渠道费用率看，2017 年至 2022 年，汽车生态的赔付率分别为 145.5%、58.9%、54.7%、55.7%、68.0% 和 55.8%；渠道费用率分别为 39.1%、33.2%、25.7%、22.6%、13.0% 和 12.4%（见图 13）。

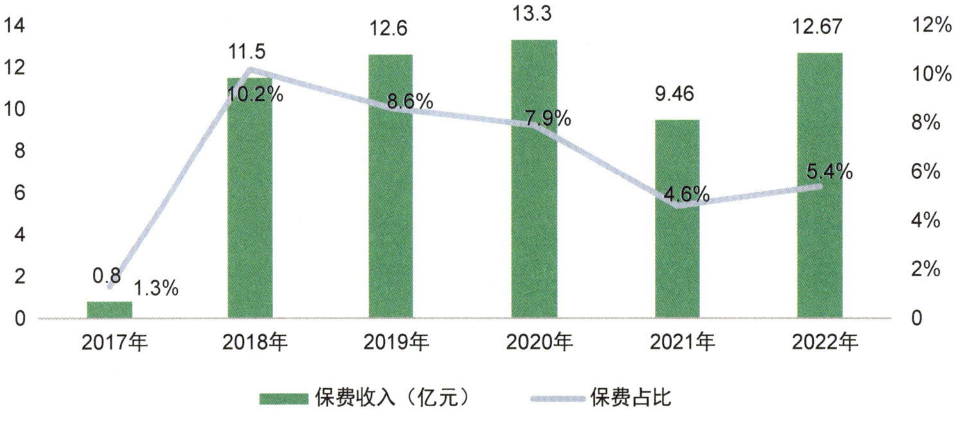

图 12　众安汽车生态保费收入及占比

资料来源：众安年报，忠衣信裳团队整理。

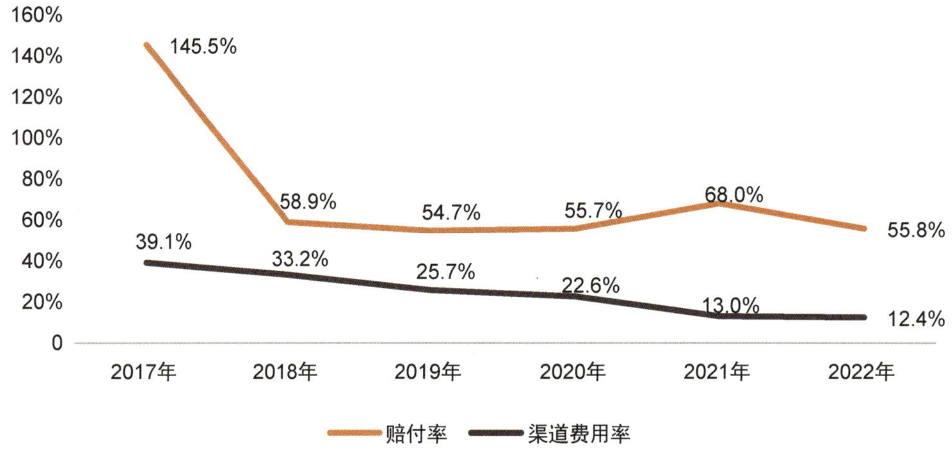

图 13　众安汽车生态赔付率和渠道费用率

资料来源：众安年报，忠衣信裳团队整理。

（四）科技布局与输出

科技是未来保险的压舱石，保险新基建、数字新生态的背后离不开科技力量的支撑。众安持续在人工智能、区块链、云计算、大数据和生命科学等前沿技术板块进行布局，通过科技重塑保险价值链，最大化释放生态协同价值。

1. 保险主业的科技布局

自 2013 年成立以来，众安持续加大研发投入和布局。2022 年，众安研发投入达到13.45亿元，占保费收入的5.6%；截止2022年末，众安拥有工程师和技术人员1958人，占企业人员总数的49.3%；截至2022年末，众安申请专利量599件，包括海外专利申请174件，其中，PCT（专利合作协议）专利申请量累积达36件，覆盖11个国家和地区。

众安在成立之初就确定了要做开放平台的目标。在2014年，众安原CTO、现总经理兼CEO姜兴带领技术团队率先在云端搭建保险核心系统——**“无界山1.0”**。“无界”意指没有边界的互联网世界，“山”则指稳如磐石的系统。众安的“无界山1.0”采用“瘦核心+胖前置”的架构，“瘦核心”负责从数据库存取数据进行留存，“胖前置”则为每个事业部延展出一条业务逻辑线，使得每条业务线可以快速落地。

在云架构的基础设施推动下，“无界山1.0”不仅可以处理复杂的金融交易、动态定价及风险管理，还能同时处理海量的交易数据。2017年的“双11”，众安保单量当日突破3亿张，“无界山1.0”保障了“双11”当天的保单处理能力，峰值速度可达每秒3.2万张保单。

除“无界山1.0”外，众安还布局人工智能技术，如机器学习、深度学习及自然语言处理（NLP），以快速优化产品特性，提高客户接受度。众安全面整合远程身份识别、图像识别，并通过机器自我学习不断提升预测客户行为的准确度，不断地深度学习强化了系统风险管理能力，利用先进的图像识别技术优化创新型产品（如手机碎屏险）的承销和索赔结算流程。

2019年，众安对无界山系统进行全面升级，**“无界山2.0”**正式上线。“无界山2.0”相当于**业务中台+技术中台+数据中台**。业务中台将通用的业务基础能力进行沉淀，能够快速、高效且低成本地支持前台开展业务和后台运营，同时也满足监管合规的要求。技术中台是研发管理一体化平台，从中间件、运维、安全、效能等多个维度提供技术支撑。数据中台以数据汇聚为基础，利用机器学习、知识图谱等工具，挖掘数据资产的价值并服务于业务。

“无界山2.0”带来基础设施的全面升级，主要体现在：规划设计保险业务中台，为业务前台打造可复用且快速响应的各项功能，加速业务前台的创新；升级系统架构，实现支持千亿级的保费收入，具有更高的容量和性能；改造技术架构，完成全部中台微服务化设计和容器化管理。“无界山2.0”实现了从保单承保、业务批改到理赔等流程的数字化，降本增效的同时提升了用户体验，例如将保单查询时间从1秒缩减至0.3秒。基于"无界山2.0"，2022年众安承保保单量超过91亿，承保自动化率和健康险理赔线上化率分别达到99%和96%。

2. 保险科技的输出

2016年7月7日，众安成立全资子公司众安科技。众安科技在自身保险科技实践基础上，结合保险行业数字化转型中的痛点，形成了比较完整的保险科技产品，并且逐步对国内外的保险行业参与者进行科技输出。

经过多年的发展，众安科技的输出逐渐形成了三大系列，包括：**业务生产系列、业务增长系列、业务基建系列。**

业务生产系列主要包含基于云端的分布式保险核心系统、经代系统等。基于众安在自身保险业务四大生态积累的技术和市场经验，研发出的业务系统，一方面，能够应对大数据、高流量、高并发的互联网业务场景，帮助客户迅速开展互联网保险业务；另一方面，支持保险业务完整生命周期运营，助力保险公司、保险经代公司等产业价值链参与方顺利完成数字化转型，更有效地服务用户以及流畅完成在线化出单、理赔等业务流程。

业务生产系列最具亮点的有两个系统：针对保险公司的数字化保险核心系统**Graphene**和针对互联网平台的数字化保险平台系统**Fusion**。

Graphene系统源于众安搭建云上保险核心系统"无界山"时的技术积累。保险行业正在经历数字化转型，许多公司面临IT核心系统架构改造风险大、成本高等问题，而Graphene提供端对端的系统解决方案，通过基于微服务和分布式架构的下一代保险核心系统，从根源上解决传统保险核心系统在应对数字化保险业务中所遇到的痛点。

Fusion取名"融合"，意为聚合生态各方力量，主要是为互联网平台打造整体保险金融的解决方案。2019年4月，Fusion第一次在海外上线。短短8个月时间，Fusion累计出具保单超过500万张。

业务增长系列包括智能营销平台X-Man、广告运营平台X-Magent，主要为客户打造基于数字化、线上化、智能化、场景化的智能营销全流程闭环，一站式实现用户与收入的快速增长。

业务基建系列包括智能运维和信息安全2个模组，可提供安全稳定运行并支持高并发、弹性计算的底层基础架构方案，包括区块链、信息安全和DevOps研发效能体系，帮助应对互联网场景下的高频流量，在快速开展业务时获得稳定、安全的保障。

2018 年，依托自身产品化的科技解决方案，众安科技签约 25 家保险行业客户，60% 的保险系统产品存续客户在 2018 年进一步叠加保险系统模块或者对原有模块进行升级。

2019 年，系统产品服务 36 家保险行业客户，73% 的保险系统产品存续客户选择在当年进行业务合作续约和升级。

2020 年，全球保险业对于数字化转型的诉求进一步被激发，众安系统产品服务至 75 家保险行业客户，其中，国内市场的客户群进一步拓展到行业领先公司，包括太平集团、太保集团、友邦中国、中宏保险、汇丰人寿等。

2021 年，伴随着国内政策进一步鼓励保险科技发展，众安系统产品服务的保险行业客户进一步增加到 109 家。特别是 2021 年众安推出了等保合规一体化安全产品，累计服务 41 家客户，还推出了经代中台核心，累计服务 25 家客户。2022 年，中国银保监会《关于银行业保险业数字化转型的指导意见》和中保协《保险科技“十四五”发展规划》等政策文件相继发布，国内保险行业数字化转型进一步明确，众安的科技输出业务不仅在保险行业进一步深耕，2022 年新签保险行业客户数量达到 112 个，同时还进行了跨行业的科技输出，签约了 18 家来自银行业和证券业的客户，比如泰隆银行和湘财证券等。

除了深耕国内市场，众安的科技输出很早就开启了**国际化路线**。

2017 年 12 月，众安科技与百仕达在香港合资成立众安国际。作为众安科技的境外附属公司，众安国际承担国际发展平台的角色，主要负责发展海外金融科技和保险科技业务，众安由此启动了科技出海之路。

2018 年 8 月，众安官方发布信息，软银愿景基金将出资 1 亿美元，推动众安在海外市场的科技解决方案输出业务。并在 2018 年当年，众安实现科技海外输出的第一步：与日本前三大财产险公司 SOMPO 签订协议，为 SOMPO 提供基于云的下一代保险端对端系统，帮助其实现数字化转型。

2019 年 1 月，众安与东南亚 O2O 平台 Grab 合作共同成立合资公司 GrabInsure，由此打入东南亚互联网保险分销市场。Grab 是东南亚最大的打车租车服务供应商，同时持有 6 个东南亚国家的数字支付牌照。在与 Grab 的合作中，众安科技负责搭建数字化保险销售平台，并提供后台技术支持。

2019年4月，GrabInsure与新加坡最大的综合保险公司之一NTUC Income达成战略合作。众安科技输出数字化保险核心系统，帮助NTUC Income降本增效，提升业务灵活性。

2019年7月，众安科技与Grab合作定制的马来西亚首款按日付费互联网商业车险，在8小时内积累了1万个司机用户，出具2万张保单，截至2019年底，保单出单量超过300万张。

2019年8月，众安科技与Grab在新加坡联合推出东南亚首个小额保险计划“Pay Per Trip”（这是一款为Grab平台司机定制的按需型重疾险产品），销售近400万张线上保单。

2020年，众安和Grab的合作进一步拓展到印度尼西亚，在印度尼西亚的Grab Express上推出了保障货物运输时发生损毁风险的按需型财产保障产品。Grab生态在众安科技能力的支持下，已累计产生超过7000万张保单。同年，众安科技与亚太地区独立上市的友邦保险集团成为区域科技合作伙伴，协助友邦加速数字化进程，让友邦触达新客户群。

2021年，众安正式开启与友邦保险的区域科技合作，初期在马来西亚实施Graphene系统，协助友邦保险更迅速地开发并承保基于数字场景的保险产品。与此同时，众安将Graphene和智能营销平台X-man结合，打造友邦保险下一阶段数字化转型的集团推荐标准，并以新加坡为本地服务中心，在东南亚上线第一个跨国家的轻量级SaaS保险核心系统Nano。

2022年，众安继续加大在亚太区域的科技输出力度。众安科技深化与友邦的区域科技合作，市场渗透至香港、印度尼西亚以及越南等地；众安科技成为印度尼西亚伊斯兰教数码银行PT Bank Aladin Syariah Tbk的最新投资者，在财务投资的同时，为其科技赋能；众安科技与中国人寿保险（印尼）有限公司（简称，中人寿印尼公司）建立战略合作伙伴关系，并通过众安旗下的保险经纪公司与中人寿印尼签订销售合作协议，向印尼市场推出印尼盾储蓄型保险产品；众安科技还与东南亚最大的二手车买卖平台Carro达成战略协作，并签署了成立合资公司的协议，旨在优化Carro线上保险业务的流程和客户体验。

从经营结果看，2022年众安科技输出实现收入5.92亿元，2017年至2022年年度复合增长率高达39.6%，这是资本市场关注众安的重要原因之一（见图14）。

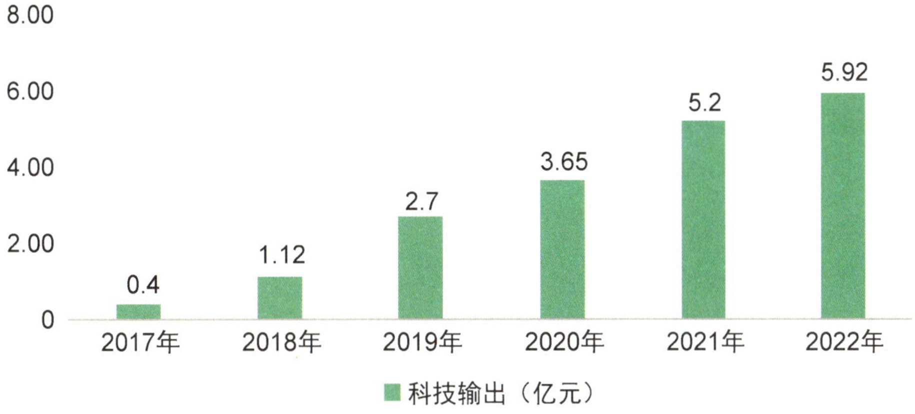

图 14　众安科技输出收入

资料来源：众安年报，忠衣信裳团队整理。

3. 暖哇科技的孵化与输出

在重点布局健康生态的过程中，众安于 2018 年 10 月孵化出暖哇科技。暖哇科技致力于深度融合健康保险与医疗生态，依托专业的健康保险能力和丰富的医疗数据资源，为保险公司及互联网平台打造数字化和科技化的健康险服务闭环，提供产品定制服务、公域/私域流量转化服务、风控服务、理赔服务、健康管理解决方案、客户数字化经营等全栈式解决方案，助力健康险行业数字化转型、升级和降本增效。

暖哇科技缘起于健康险发展的科技需求和行业赋能需要。一般保险产品作为金融工具，较少与客户互动，一旦达成销售，险种盈利基本确定。而健康险属于强服务、全产业链经营的险种，从产品销售、到核保理赔，再到医疗、药械支付、健康管理，都需要服务、管控并与客户互动。经营难度大、技术要求高、链条长，决定了健康险对科技存在强依赖，保险科技在健康险领域是核心竞争力之一。

暖哇科技根植于众安特有的企业文化。自从 2018 年 10 月暖哇科技从众安医疗健康事业部分拆成立，众安鼓励创业的文化在暖哇科技发展历程中得到充分体现：一是支持团队大比例持股。众安目前持股 44%，而暖哇科技创业团队负责人杨楠和卢旻穿透持股达到 55%；二是鼓励外部融资。2018 年 11 月，暖哇科技完成红杉资本、宽平资本领投的天使轮融资；2020 年 2 月，暖哇科技完成龙湖资本领投的 A 轮融资。2021 年 8 月，暖哇完成了 A + 轮融资，由韩国 KTB 金融集团旗下的 KTB

资本领投，跟投机构除了联想创投、德同资本、Z1 跟投，红杉中国也再度增持。

资本之所以看好暖哇科技，正如红杉资本所说的“众安在健康险互联网运营方面一直处于行业领先地位；暖哇科技作为独立运营的公司，承载了众安在健康险运营和技术能力上的多年积淀；在理赔和风控领域，更看到团队的专业能力和技术实力”。

虽然健康险科技的发展被一致看好，但打破“医、药、险”领域的信息孤岛，实现健康信息的高效整合、配置和应用，还有很长的路要走。忠衣信裳也关注到，2021 年以来，众安年报中少有提及暖哇科技的最新业务发展方向，相关公开信息也鲜有报道，忠衣信裳将对此持续关注。

4. 众安银行（ZA Bank）与众安寿险（ZA Insure）

在加速产品创新、精耕生态场景的基础上，众安不断开拓业务边界，拓宽发展新路径。

2019 年 3 月，众安获得香港首家虚拟银行牌照——**ZA Bank**，并在同期获批的 8 家虚拟银行中，于同年 12 月率先试营业，2020 年 3 月正式对外营业。

ZA Bank 起步于零售业务，为客户提供 7×24 小时全天候在线服务，客户可通过一站式手机 APP 实现开户、存款、转账、贷款、扣账卡等服务。与此相对应，不设线下分支机构，把前中后台的部分流程智能化，以最低的边际成本处理传统银行最消耗人力和时间的流程，提高效率。

ZA Bank 还与 Visa 开展合作，推出香港第一张自定卡号码的 Visa 卡 ZA Card。ZA Card 以“客户共创”为理念，以扣账卡的方式为客户提供个性化的移动支付体验。

此外，ZA Bank 也积极拓展投资理财、保险产品代理和外汇兑换等业务，并不断完善服务内容。

除了零售业务外，ZA Bank 还从 2021 年 3 月开始正式面向香港中小企业推出企业银行，打造灵活有弹性的中小企业贷款产品和服务。

截至 2022 年底，ZA Bank 存款余额约 91.72 亿港元，贷款余额约 48.81 亿港元。

继虚拟银行后，众安进一步在香港拓展普惠金融业务。**ZA Insure**，于 2020 年 5 月在香港正式开业。

ZA Insure 延续众安国际旗下品牌“ZA”的理念，重新定义大众对保险产品的认知。正如其名字“from Z to A”，ZA Insure 致力于打破时间、财富等因素对保险产品的掣肘，让保险回归用户需求，协助用户以最相宜的成本获取最合适的保障。

ZA Insure 不设线下代理人及实体店铺，专注透过涵盖报价、核保和索偿等服务的 7×24 小时网上平台，打造简单快捷服务体验。目前 ZA Insure 已结合用户需求推出 4 款保障型保险产品，分别提供定期寿险、癌症、心血管疾病、医疗及意外保障。

2021 年，众安银行获得 ZA Insure 保险销售牌照，为 ZA Insure 提供线上销售渠道，打造数字化体验。

根据公司年报，2022 年 ZA Insure 与 ZA Bank 深化银保合作，通过 ZA Bank APP 推出“ZA 储蓄保”系列，全年 ZA Insure 实现总保费 4.14 亿港元，同比增长约 2.16 倍。

（五）从背靠股东及第三方平台到大力发展自有平台

成立初期，作为一家保险科技企业，众安没有线下团队，初期业务的快速发展和品牌的建立主要依靠外部平台导流，通过股东平台和第三方平台进行销售。

借助股东平台的资源，众安快速完成在数字生活生态上的布局，成为淘宝和天猫等中国主流电商平台产品质量、物流、售后服务、商家保证金等保险产品的提供商，并迅速成为生活消费保障市场的领导者。凭借优渥的股东背景，众安成长初期就在令人羡慕的渠道平台发展，在流量高地上先声夺人。

随着业务不断发展，众安拓展了更多的第三方平台。2017 年，众安与 199 个中国互联网经济体企业建立了合作关系，包括蘑菇街、携程、滴滴出行、小米、天翼等。到 2018 年底，众安第三方平台合作伙伴拓展至 330 个。

众安业务的快速增长得益于股东和第三方平台，但对其依赖度较高，缺乏控制力，难以建立稳定的客户关系，导致众安自身品牌隐居幕后，无法形成品牌影响力。众安深谙打造自有平台才是王道。为此，众安积极加强自有平台建设，利用原创的传播内容在短视频、直播等公域流量新场景中获取用户，并通过私域流量转化沉淀用户。

从 2019 年开始，众安战略性地加大对自有平台业务的建设和投入。打造了

APP、小程序、微信公众号、抖音号、快手号、企业微信号等多载体的自有平台矩阵；建立集功能、内容于一体的服务体系，并实现交叉引导；依托于算法和数据分析，将用户分层，定制不同产品及服务，唤醒用户以触达更大价值。

在自有平台上，众安不仅为用户提供保险保障，还鼓励用户在平台上获取保险知识、健康管理、汽车后服务等一站式服务，以提升用户体验，增强黏性。在前期获客引流后，公司基于用户画像及算法实施精准化营销策略，对自有平台用户进行特征分类，创建了超过 2000 个标签，并通过用户年龄、性别、家庭、已购产品等信息进行算法引导。

在广告投放上，众安自 2019 年下半年起也持续加大投入。据 APP Growing 统计，众安投放主要分布在巨量引擎（字节跳动旗下，占比 69.5%）、网易易效（占比 12.6%）、腾讯广告（占比 6.3%）、百度信息流（占比 5.3%）、快手（占比 4.2%）、WiFi 万能钥匙、芒果 TV、Unity Ads、微博粉丝通等 9 个平台。

众安对自有平台的建设带来了回报。2019 年，众安自有平台付费用户达到 150 万，实现保费收入 11.1 亿元，对公司总保费收入贡献从 2018 年的 2.0% 提升至 7.6%，业务规模达到 2018 年的 5 倍。并且在 2019 年尊享系列的总保费中，有约 24% 来源于自有平台，而 2018 年这一比例只有约 8%。

2020 年，众安再次发力，广告投放在 2 月和 3 月达到高点，投放金额分别为 4862 万元和 2698 万元，且投放广告数在保险类 APP 中居于首位。

2020 年 4 月，首位品牌代言人张国立上线助阵，提升众安的品牌认知度。众安用“国民化 + 年轻化 + 公益化”的品牌营销升级策略，实现从产品运营到用户运营的蜕变。

针对近年来短视频、直播等流量场景新红利，众安始终处于保险行业领先地位，在抖音、快手等主流短视频平台的粉丝数连续三年在同业企业号中排名第一，截至 2022 年末，全渠道粉丝数超 2000 万人。

在公域流量领域，众安通过领先的数据和算法，以实时广告 RTA（RealTime API）模式做差异化投放；同时，众安也搭建了私域流量客户池，承接公域流量的转化，通过 AI 客服和企微客服实现高效交叉服务和个性化定制产品推荐。

经过持续的发力与铺设，2022 年众安品牌 APP 平均月活跃用户数为 423 万人，众安自有平台的保费收入达到 58.13 亿元，同比增长 64.2%，对公司总保费收入贡献从 2019 年的 7.6% 提升至 24.6%。

（六）融资与 IPO

2013 年 10 月 9 日，由腾讯、平安、蚂蚁、携程等 9 家公司共同发起设立的众安注册成立，注册资本金 10 亿元。

众安股东互联网背景突出，为公司前期渗透电子商务市场，发展退运险、航意险业务提供了强大助力。

2015 年 6 月 7 日，众安完成 A 轮融资。摩根士丹利、中金、鼎晖投资、凯斯博（Keywise）和赛富（SAIF）作为本轮融资的财务投资人，以每股 24 元的价格认购合计 240625000 股外资股，总融资金额为 57.75 亿人民币。本次融资完成后，公司注册资本由 10 亿元增至 12.4 亿元，估值近 500 亿元。

2017 年 9 月 18 日，众安开始全球招股，发售约 1.99 亿股股份，其中 95% 国际配售、5% 公开配售。9 月 28 日，众安登陆港交所，定价 59.7 港元，募资近 119 亿港元。软银愿景基金成为众安 IPO 的基石投资者，认购 7190.98 万股，占总发售股份的 36.08%，彰显了资本市场对众安未来发展前景的看好。

2020 年 7 月，众安启动境外发债，半年期间合计发行 10 亿美元债券，创下全球保险科技行业最高融资记录。

（七）结语

以上，我们完整介绍了众安的使命、愿景、价值观、战略，总结了影响众安发展的关键人物，并从生态系统、科技布局与输出、自有平台打造、融资与 IPO 四大方面详述了众安的发展历程。

要给众安下一个结语是非常具有挑战性的，传统保险业的从业者、保险科技领域的从业者、移动互联网领域的观察者以及投资者，会从不同视角看待众安，得出不同的结论，难以形成统一共识。当然，这也正是我们研究一系列头部保险科技企业、健康科技企业的初衷：力争客观深度介绍一系列头部企业，给每一位关心保险企业转型的朋友、给每一位保险科技、健康科技创业或从业的朋友，给每一位关注这些领域投资与合作的朋友以启示。

众安过去 10 年的创新与实践，为传统保险公司转型提供了重要思路，为保险科技创业者提供了有益借鉴，为关注保险科技领域的投资人提供了对标参考。

众安的故事还远远没有结束，忠衣信裳团队将持续关注。

主要参考资料

众安保险（ZhongAn Insurance），招股说明书、2017 至 2022 年年度报告.

众安保险（ZhongAn Insurance），2017 至 2022 年全年业绩演示.

刘晓，王言. 一文读懂众安的大健康布局. 道口保险观察，2018 -9 -20.

樊鑫. 健康险科技公司暖哇科技获 A 轮亿元融资，龙湖资本领投，红杉中国继续增持. 动脉网，2020 -2 -8.

赵辉. 众安保险：从横向扩张到纵向提升. 中国保险家，2019 -11 -26.

陈孝先. “尊享 e 生”第 16 次迭代！众安大健康生态再添一张“王牌”？[EB/OL]. https://baijiahao.baidu.com/s?id=1672920344861923792&wfr=spider&for=pc，新浪财经，2020 -7 -22.

精算师 Alex. 众安「尊享 e 生」背后让人细思恐极的真相. 精算视觉，2016 -9 -11.

王敏. 科技+信保带来中国普惠金融的新变量 [EB/OL]. http://insurance.hexun.com/2021 -01 -11/202798436.html，和讯网，2021 -1 -11.

姜兴. 数以致“用”，合以致远 [EB/OL]. http://insurance.hexun.com/2021 -01 -07/202778603.html，和讯网，2021 -1 -7.

中国保险家. 众安 CEO 陈劲：传统银行家到金融科技公司 CEO. 2018 -3 -12.

丁锋. 众安保险 CEO 陈劲：做对标未来的保险. 金融混业观察，2016 -11 -22.

王敏. 众安保险王敏：保险是支付工具，与渠道、服务共生形成产品. 慧保天下，2016 -12 -20.

慧保天下. 众安保险王敏：新时代新需求，勾画“新保险”三大核心逻辑. 2018 -1 -16.

36 氪. 众安保险 CEO 陈劲：重塑保险行业的核心是定制化、智能化. WISE·2016 独角兽峰会，2016 -12 -6.

赵辉，康民. 众安保险的核武器是什么？超乎我们的意料!. 中国保险家，

2016－12－1.

搜狐网. 拐点时刻 众安在线和 CEO 陈劲的“三转”人生［EB/OL］. https：//www. sohu. com/a/214335212_115376，2018－1－3.

王舫朝，朱丁宁. 高成长的互联网保险领军者——众安在线（6060. HK）深度报告［R］. 信达证券，2021－6－20.

崔晓雁. 快速成长的国内首家互联网保险公司［R］. 华金证券，2021－4－12.

夏昌盛. 众安在线（6060. HK）首次覆盖：时势造新锐，创新赢未来［R］. 2021－1－24.

艾瑞咨询. 2020 年中国百万医疗险行业发展白皮书，2021－1－7.

雪球网. 聊聊众安在线（三）：渠道篇［EB/OL］. https：//xueqiu. com/3024901468/166459490，2020－12－23.

张忆东. 众安在线：保险科技公司，用技术重新定义保险［R］. 兴业证券，2017－9－25.

董禹含，2015. 众安保险首轮增资扩股方案获批 市值 496 亿元［N］. 北京日报.

苗艺伟. 众安在线完成首次发行 5 年期 6 亿美元高级无抵押票据的定价［EB/OL］. https：//www. jiemian. com/article/4653637. html，界面新闻网，2020－7－10.

和讯网. 暖哇科技联席 CEO 蔡建卫：以科技驱动，构建健康险服务闭环［EB/OL］. http：//insurance. hexun. com/2021－01－07/202778832. html?from = rss，2021－1－7.

兴业计算机团队. 关于众安保险股东与估值的争议. 阿尔法工场研究院，2017－9－11.

和讯网. 众安保险 CTO 康德胜：新基建 新聚力 新动能［EB/OL］. http：//insurance. hexun. com/2021－01－07/202778714. html，2021－1－7.

郑州 21. 智能运维，众安打造研发管理一体化平台［EB/OL］. https：//news. zol. com. cn/768/7683265. html，中关村在线网，2021－5－13.

和讯网. 众安科技国际首席执行官宋玄璧：一带一路 连接众安与世界［EB/OL］. https：//insurance. hexun. com/2019－12－19/199733221. html，2019－12－19.

天下金融网. 众安保险姜兴：保险可以参与到所有的商业场景中［EB/OL］. https：//www. 21jrr. com/news/capital/2016/0325/128550. html，2016－3－25.

四、百年友邦是如何实现基业长青的？

从国内寿险业发展的历史来看，友邦作为第一家进入中国市场的外资寿险公司，在某种意义上可以称为中国寿险行业的老师，一直以来都是国内寿险公司学习模仿的对象。

从资本市场的角度看，纵观 A 股和 H 股的保险股走势，友邦无疑是上市保险公司中最为耀眼的一支，几乎摆脱了保险股的周期性，独树一帜。

2022 年《财富》世界 500 强榜单，友邦位列第 288 位。《福布斯》排行榜上，以营业额、利润额、总资产与市值论，友邦则位列全球第 73 位。此外，友邦还多次进入《福布斯》全球最佳雇主榜单并名列前茅。

友邦究竟是一家什么样的保险企业？它是如何实现百年基业长青的？忠衣信裳成立了研究团队，收集整理了几乎所有友邦公开信息，包括但不限于招股说明书、历年年报、券商研报、重要新闻报道等，阅读了包括《友邦背后的金融帝国——AIG》《帝国的兴衰——AIG 的故事》《走进友邦》《解密友邦》等有关书籍，请教多位业内资深前辈，经过深入研究讨论，终成此文，以飨读者。

本文将详细介绍影响友邦历史与未来的四位关键人物，提炼友邦百年基业长青的密码，回答行业对于友邦商业模式的关切，并思考友邦的未来。

（一）关键人物

1994 年，美国管理学家吉姆 · 柯林斯创作了《基业长青》一书，该书一经出版便引起了全球知名企业 CEO 的追捧，一时洛阳纸贵，奠定了其作为全世界管理学经典著作的地位。该书选取《财富》世界 500 强中 18 家卓越非凡、长盛不衰的企业，研究这些企业是如何在急剧变化乃至动荡不安的世界（两次世界大战、大萧条、科技革命等）中保持基业长青的。

友邦经过百年发展，很大程度上已经符合了《基业长青》一书的标准。

英国前首相丘吉尔曾说，**你能看到多远的过去，就能看到多远的未来**。忠衣信裳团队将友邦和影响它的关键人物联系起来，以便读者更深入地去全面理解这家保险业罕见的长青企业。

友邦的历史上，可谓人才辈出，由于篇幅所限，我们只选取其中的四位关键人物，他们分别是史带、格林伯格、谢仕荣和李源祥。

需要指出的是，友邦的公开信息虽然很多，但各种信息前后多有矛盾，由于缺少权威可信的信息源，个别信息可能无法确保完全准确，但我们将竭尽所能为各位读者还原友邦相关历史的本来面目。

同时，一些我们希望了解的关键信息却付之阙如，无法支撑我们深度介绍友邦的需要，这也是一大遗憾。

此外，我们非常感谢泰康集团董事长陈东升、中国太平洋人寿前董事长徐敬惠提供的帮助，他们主动提出引荐了解友邦的资深人士相识，但遗憾的是由于疫情等原因，我们无法飞赴香港进行深度交流。

写作过程中的疏漏恐怕在所难免，我们后期将进一步补充完善以为读者提供更丰富的信息。

1. “友邦之父”史带及其友邦时代

友邦创立于民国时期的上海，创始人是一位对中国有着深厚感情的美国犹太人：史带（Cornelius Vander Starr）。

1892 年 10 月 15 日，史带出生在加利福尼亚州北部一座名叫布拉格堡的海边小镇上。他的父亲是一位来自荷兰的铁路工程师，不幸的是，父亲在他两岁的时候就去世了。他的母亲靠自己经营一家很小的寄宿旅馆来维持生计，抚养三个孩子。

除了偶尔会谈到自己出身贫苦之外，史带几乎不与任何人谈论他的家庭生活，他不懈奋斗的一生似乎并非来自母亲的早期教育，也没有受到他两位事业平平的哥哥影响。

作为犹太人，史带一定深受一本犹太人至死研读的书籍影响：《塔木德》。《塔木德》是犹太教（Judaism）口传律法的汇编，仅次于《圣经》的典籍。美国商业巨子、华尔街之王 J. P. 摩根曾说，“我的棺木中不要黄金、支票和任何股票，它们都是不牢靠的，我只要一部犹太圣典《塔木德》”。世界石油大王约翰·洛克菲勒曾说，“从根本上说，我觉得《塔木德》改变了我对财富的观点。我觉得它改变了我的一生，直到今天，我还每天读上一篇，以重温郝里姆的教诲”。

史带没有接受过完整的高等教育，他 18 岁时曾在加州大学伯克利分校读过一年书，后来由于家庭困难交不出学费而退学了。

史带从少年时代起就充满了创业的热忱。1911 年，19 岁的他回到了家乡，开办了全镇上第一家冰淇淋店，两年后将店铺转售，净赚 1000 美元，这在当年已经是一笔不菲的回报。

史带后来在尼尔森物业公司工作，当时的物业公司经常从事保险业务，史带也自此与保险结缘，像着了魔一样疯狂地学习保险行业相关知识，与朋友聊天也是三句话不离保险，他感觉到保险是非常有潜力的行业。

22 岁时，他以第一名的成绩通过了加州律师资格考试，并取得了律师执照。他曾经进入太平洋海岸事故公司销售过汽车保险，并创建了一家保险中介公司希恩迪西。

1917 年底，时逢第一次世界大战后期，史带关掉保险中介公司，应征入伍，成为一名战士。进入军队的史带仍然在不失时机地发挥他的商业头脑。

在军队里，他发现士兵的制服成批地送往附近的洗衣店，而洗衣店往往收很高的费用，于是他就去城外与较远的洗衣店联系，然后租了一部货车，将制服定期送去洗，这笔生意让他每个月都有 400 多美元的收入，作为一个普通士兵，他比少校还富有。

史带之所以报名参军，是想借随军出征的机会，去世界其他地区寻找机会。放眼世界，欧洲保险远超美国，非洲又远未开发，这使得东方成为史带的唯一目的地。

史带入伍后，渴望能够被派到海外作战，但很快他得知，只有晋升到士官军衔才能被派出，这让酷爱闯荡的史带十分沮丧，于是他很快就退伍了。

退伍后的史带来到太平洋邮轮公司，并为自己争取到了担任驻外书记员的机会。就这样，他来到了日本的横滨，到达了他一直期待的东方世界。

横滨在当时已经是日本三大都市圈之一的东京都市圈的重要城市，但史带在这里工作得并不开心，管理他的日本经理经常对他呼来唤去，这让已习惯独立经商的史带难以忍受，很快选择了辞职。

1919 年，史带从横滨来到上海。当时的上海开埠多年，是远东的商业中心，也是世界上最大的城市之一，上海的租界总面积相当于曼哈顿的一半。在上海，已有一批犹太人经商成功，史带在这里迎来了人生的最大转折点，此时他年仅 27 岁。

史带得到了同样来自加州的犹太老乡、当时上海金融界大佬雷文的支持，创立了一家只有两间房子和两个职员的小型保险代理公司，命名为美亚保险公司，代理美国保险公司在中国的业务。

正当史带想大展宏图时，一场突如其来的大火打乱了他的计划。1920 年夏天，上海虹口区公共租界北苏州街著名的豫康公记突发大火，大火过后六个小时，美亚计算出初步损失为 1000 万元，这对于美亚代理的保险公司是一笔巨大损失。

当时在上海做保险代理的企业有上百家，遇到此类巨额赔付采取的方法都是一走了之，史带完全可以仿效，但**他的选择是：赔付豫康公记的火灾损失**。

事后证明，这次选择是正确的。**但事后看起来正确的选择，在当时却是极为困难的**。史带做出这一选择后，他代理的所有美国保险公司都与其断绝合作。万般无奈之下，史带不得不回到美国，去保险公会负荆请罪，却吃了一连串的闭门羹，整个美国保险业似乎都关闭了与他合作的大门。

走投无路，几近绝望的情况下，一家名为联邦保险的美国企业却看中了史带身上的诚信品质，将公司东亚业务代理权交给他。

史带再次回到上海，在报纸上刊登广告，美亚再次营业。广告一经发出，传遍了整个上海滩，从第二天下午开始，美亚办公地外排起了长龙，很多已经在其他公司投保火险的商户，甚至放弃保单转而选择美亚。

正是在这样的背景下，史带于 1921 年创办了一家寿险公司。友邦在成立之初便和其他公司不同，它已经具有巨大的商誉：诚信，这对于无信不立的保险业至关重要。

友邦究竟是哪年创建的？友邦官方网站是按照史带创建美亚的 1919 年来确定的，而友邦 2010 年招股说明书第 163 页介绍友邦历史时是按照 1931 年注册的实体 INTASCO 来确定的。**忠衣信裳认为，从实质重于形式的原则出发，友邦成立的时间应该是 1921 年，史带设立的寿险公司即为友邦的前身**。

成立友邦的原因，是史带认为中高阶层中国人的寿命会越来越长，死亡率也将大幅下降，他看好中国的寿险市场。友邦成为第一家向中国人推广人寿保险的外资公司。

在友邦的成立仪式上，一位记者问企业名称的由来，是不是向中国人示好？史带回答，友邦是一家中国公司，友邦的意思是**国民之友、共建家邦**的意思，而不是外国来了一个友邦。

史带的许多思想和做法至今仍深刻影响着友邦，也为百年友邦奠定了根基。他是如何打造国民之友，实现共建家邦的呢？忠衣信裳认为下面这几点至关重要：

第一，**诚信为先**。友邦成立之初和其他公司最大的不同，就是带着“诚信”去做业务，史带出人意料地坚持赔付豫康公记的做法就是个典型案例。

第二，**建立卓越的董事会**。马士奇是当时上海工商界重要人物，在银行业拥有很深的根基，史带反复恳求才邀请到他加入董事会。上海绅士潘学安在保险界地位举足轻重，史带亲自登门拜访邀请其加入董事会。

第三，**本土化并吸引顶尖人才**。在写作友邦文章过程中，忠衣信裳创始人看到刘润的一段视频，谈及他早年在微软工作期间，他的老板说过这样一句话：什么是全球化？全球化就是在每个国家本土化。我们发现，友邦做得最成功的就是本土化。友邦在中国大陆、中国香港、泰国、新加坡，友邦的母公司在日本、中国台湾等地都成功实现了本土化。

在吸引顶尖人才上，邀请弗里曼加盟是一个典型案例。弗里曼是清华学校（清华大学前身）的老师，教授英文和哲学。清华学校的学生正是在他的指导下完成暑期保单销售的。史带意识到弗里曼是个难得的人才，便赴北京邀请其加盟。弗里曼说，1925 年前，中国经营寿险的公司一共有 20 家，但恕我直言，到现在我还没看到一家真正有前途的保险公司，我还是愿意继续在学校教书。

史带便提出，能否为北京分公司筹备帮些忙，弗里曼同意了。一年之后，友邦北京分公司发展越来越好，弗里曼也就顺理成章地加入了友邦。在将近 40 年的职场生涯中，弗里曼在公司迁往纽约前走遍了整个中国。

第四，**建立精英代理人体制**。友邦经过几年发展，在上海租界站稳了脚跟，开始向外扩张。当时的中国广播尚未普及，报纸也仅限于大城市，没有一家媒体可以覆盖中国，中国人的保险意识非常薄弱，甚至不知保险为何物。

史带很早就发现，中产阶级才是保险的最爱，应该通过精英人士去触达和营销。他是这么做的，1925 年，友邦在北京刊登一则广告：为帮助学生学业，友邦特设立广告兼职助学金和奖学金，助学金发给兼职为友邦推销广告的学生，奖学金发给推销成绩卓越的学生。

1925 年的中国，一份普通工作的月薪大概是 20 元左右，公务人员略多，也不过三四十元。友邦明确表示，愿意在清华学校以数百元作为奖学金，奖励推销广告和延揽客户的暑期兼职学生。这对当时的大学生很有吸引力。

当时读书需要殷实的家底支撑，能够读大学的孩子，即便不是出身富豪，至少也是地主、乡绅、书香门第，北京的大学生基本都来自全国的富裕家庭。只要把家族这层关系利用好，就能获得不错的收益。这年暑假后，清华的学生们迎来了史带，当大家看到史带打开皮箱掏出巨款后，认可了友邦这家公司的诚信。史带这一效仿商鞅“立木为信”的做法为友邦成功地打开了北京市场。

1935 年 1 月，美国《财富》杂志刊登了一篇题为《上海男人》的长文，介绍了六位旅居沪上，并名动上海滩的外国人，史带位居榜首。

1936 年，友邦前身成立 15 年后，史带交出了一份令人称道的答卷，公司已经成长为一家拥有全职员工 3000 余人、兼职代理人 20000 余人的大企业，其中 99% 都是华人，90% 的保单来自中国人投保，友邦成了一家植根于中国的保险企业。史带喊出了他的下一步口号：**代表中国将业务拓展至全亚洲**。

早在 1931 年，史带就与英国商人施美士在上海又创立了四海保险公司（INTASCO），并在中国香港和新加坡成立分公司。1938 年 INTASCO 进驻泰国，随后史带的分公司和代理处遍布中国、越南、菲律宾、马来西亚等地，史带的亚太保险帝国已经初现雏形。

1939 年，由于第二次世界大战爆发，中国及东亚地区的局势不稳，为了躲避日本人，史带不得不将友邦总部从上海迁往纽约。

1945 年 8 月 15 日，日本无条件投降。9 月，史带便派人奔赴上海，筹划回归事宜，但并不顺利。

1947 年，史带决定关闭在中国大陆的大部分业务，将四海保险公司（INTASCO）总部从上海迁往香港，**正式更名为友邦保险有限公司（AIA）**。

从上海撤离时，史带并没有解散本地员工，而是把一部分员工转移到了香港，把另一部分愿意继续跟随他的员工带到了美国。很多中国人因为语言障碍不能在美国继续销售保险，史带就安排他们做纽约总部行政餐厅的中餐厨师或者侍者，工资待遇如前，并根据美国的收入水平相应调整，据说，主厨的薪酬待遇与公司的高级行政管理人员相当。

除了友邦，史带还在美国、欧洲、拉丁美洲等地建立起来一个庞大的保险帝国，后来成为友邦的母公司，即美国国际集团（AIG）。此后美国国际集团成为全球首屈一指的保险企业。熟悉足球的读者应该都知道，巅峰时期的英超足球俱乐部曼联球衣的赞助商 logo 便是 AIG。

在史带的引领下，友邦完成了在亚太区的全面布局，但因战争等原因，友邦不得不离开中国回到美国，这是他一生的遗憾。据说，晚年的史带经常坐在办公室里，一个人盯着中国地图发呆。史带在上海的日子，是他人生中最难忘的 20 年。

他对上海的感情已经深入骨髓——“友邦的根在上海”。

1968 年，史带因为心脏衰竭而去世，终年 76 岁，去世前一年，他将格林伯格钦定为自己的接班人，因膝下无子，史带将个人的全部财产捐赠给史带基金会。

2. “友邦教父”格林伯格及其友邦时代

如果说史带是友邦之父，那么格林伯格则是友邦及其母公司 AIG 的教父，从 1967 年接手到 2005 年卸任的 38 年里，格林伯格一手将 AIG 打造成全球第一大保险企业。2005 年，AIG 位列《财富》世界 500 强第九位，位列《福布斯》全球 2000 强第三位。

1925 年 5 月 4 日，格林伯格出生于纽约的一个犹太人家庭。他的父亲在曼哈顿东区拥有一家糖果店，但在格林伯格七岁时就去世了，他的母亲后来又嫁给了一位农场主。

1942 年，17 岁的格林伯格通过虚报年龄加入了陆军。在军队服役期间，他作战英勇，并参加了著名的诺曼底登陆。1945 年，他所在的第五纵队解放了达豪集中营，格林伯格因此获得铜星奖。

第二次世界大战结束后，格林伯格考上了位于佛罗里达州的迈阿密大学，随后他又进入了纽约法学院。1950 年，格林伯格拿到了法学学位，随后被征召入伍参加朝鲜战争，并在战争中被授予上尉军衔。

1952 年，格林伯格退役回国，时年 27 岁。从军的十年里，格林伯格非常崇拜他在军队的老长官巴顿将军。巴顿严厉、坚韧的管理和行事风格潜移默化地影响了格林伯格。格林伯格在此后的人生中展现出了常人无法比拟的行动力，要求下属做到的事情，他首先要求自己一丝不苟地做到。

退役后的格林伯格开始寻找工作，以养活妻子和刚出生不久的儿子杰弗瑞。那时候，他做梦也想不到自己有朝一日会建立起一个庞大的保险帝国。

1953 年，格林伯格走在纽约曼哈顿中心的威廉姆大街上，这条大街是纽约的保险行业中心。他敲开了当时美国最大的保险公司之一大陆灾害保险公司的大门。

大陆灾害保险公司的人事经理似乎对他不感兴趣，让格林伯格不禁勃然大怒，他冲进公司副总裁鲍勃·弗尔赖德的办公室，说那个人事经理真不是个东西。格林伯格的坦率，似乎给弗尔赖德留下了深刻的印象，二人聊了很长时间，最后弗尔赖德给格林伯格提供了一份见习初级核保员的工作，周薪 75 美元。格林伯格在 28 岁开始了自己的保险生涯。

格林伯格在大陆灾害保险公司工作后，凭借出色的沟通能力很快成为特殊风险部经理，后来他和美国东部地区副总裁乔·诺顿一起，负责处理公司与当地政府事务关系。诺顿注意到，格林伯格对保险业务运营很感兴趣，于是公司将格林伯格调到位于芝加哥的全球总部，晋升他为总裁助理，负责广告部以及意外险和健康险业务。

大陆灾害保险公司在美国保险业以创新者美誉著称，格林伯格在这里如鱼得水，与公司总精算师推出一系列宣传活动，成功地将意外险和健康险推广到老年群体中，而当时市场同行普遍认为老年市场规模很小因而不屑一顾。他还将小儿麻痹症和其他所谓“可怕疾病”纳入医疗保险覆盖范围，创造了新的市场。

凭借创新能力和出色的业绩，格林伯格很快赢得了公司总裁米尔本·史密斯的信任。1959 年，格林伯格在大陆灾害保险公司工作仅 6 年后，就被晋升为公司副总裁，成为大陆灾害保险公司历史上最年轻的副总裁。

1960 年，总裁史密斯和董事长闹翻而从大陆灾害保险公司辞职。史密斯在中国香港和史带进行了一次深谈，当时史带非常羡慕大陆灾害保险公司险种的多元化，尤其是意外和健康保险业务线。得知史带正在寻找一位熟悉意外和健康保险的负责人，史密斯遂推荐了他的得力助手格林伯格。

史带派一位助理前往芝加哥，邀请 35 岁的格林伯格加盟担任史带公司副总裁，格林伯格表示不感兴趣。史带并不气馁，他亲自出马，并对格林伯格说，一个犹太人很少能够做到一家头部保险公司的一把手，而他本人也是犹太人，到他的公司更有机会，这一点打动了格林伯格。

期间还有一个重要插曲。史带安排公司二把手扬曼拜访格林伯格，敲定加盟的细节。扬曼和格林伯格的谈话非常不愉快，格林伯格再次拒绝加盟。后来史带再次出面，格林伯格才最终选择加入。1960 年 12 月，格林伯格离开了大陆灾害保险公司总部芝加哥，回到了自己保险职业生涯的起点——纽约。

格林伯格加入公司不久，史带邀请他参加董事会，将这位“明日之星”介绍给其他董事会成员。史带曾经钦定的接班人扬曼显然还记得当时那次不愉快的谈话，给格林伯格来了一个下马威，他在会上说：“他来这里干什么？他并不属于这儿，这是我们公司的董事会，不是介绍新员工的社交宴会。”这次会议给格林伯格和扬曼造成了永久的嫌隙。

格林伯格在AIG的职业生涯，可以分为两个阶段，第一个阶段是凭借出色的业绩取得史带的信任，逆转成为AIG的接班人；第二个阶段是通过出色的领导力，将AIG带上巅峰——《财富》世界500强前十，《福布斯》全球2000强第三。这也深刻影响着AIG的亚太区子公司友邦。

35岁的格林伯格，用了八年时间，在43岁时成为了史带的接班人、AIG的新舵手，期间他的经历堪称传奇：

上任伊始，他就烧了三把火，第一把火是在日本。当时日本的保险公司大多经营财产和意外险，很少从事意外健康险的经营，这主要和日本人对意外和健康风险意识淡薄有关。在公司还没什么根基的格林伯格亲自跑到日本，考察期间他注意到几乎所有中小学生过马路都戴黄色的帽子，这样在人流中就会十分显眼，从而有利于防止意外发生。格林伯格了解到黄帽子就在附近一个工厂生产，他提出一项建议，与这家工厂合资成立一家企业，在同一个品牌下运营，共同生产小黄帽，随同保单一同销售，帽子上印着AIG的标志。这家厂商爽快地答应了，于是，成千上万的日本学生开始无意中为AIG大做广告，把新的意外险和健康险理念灌输给日本人，极大地促进了保单的销售。

第二把火是在日本和中国香港。在推广意外险和健康险过程中，格林伯格推崇交叉销售，但面临的掣肘主要来自公司内部，推动业务过程中，内部不愿意配合。他是这么做的，在日本，他花了两个月另外招聘一个团队，培训员工，既教营销方法，也教承保技术，推出一系列创新产品。在中国香港，他和那里的负责人休斯沟通，继续推广交叉销售。休斯担心要求代理人销售意外健康险，可能影响他十分看重的传统寿险，不愿意配合。格林伯格设法让人传话，把自己在日本市场已经取得的成功透露给休斯，打消了他的顾虑，于是中国香港的市场慢慢也打开了。

第三把火是在欧洲。考虑到公司全球发展计划，格林伯格把意外健康险业务推广到了欧洲。欧洲的保险业更加成熟，竞争也更加激烈。格林伯格及欧洲团队不得不寻找创造性的解决方案，最后定位在销售渠道创新上。在法国，他们通过大莱卡俱乐部的信用卡服务推销健康险；在比利时，他们到加油站销售意外险；在德国，他们为驻德美军调整保险方案，将承保范围增加了意外健康险。

格林伯格用了接近三年时间，烧完了三把火，在AIG站稳了脚跟。

1963年，格林伯格38岁。这一年，AIG高层为一件事争执不下，即他们第一批收购的险企美安持续亏损，应该如何应对。

当时 AIG 的主要业务还是以保险代理为主，保险业务为辅，有些高层认为应该果断放弃亏损的保险业务，专心发展保险代理，而格林伯格力主向保险业务转型，他说：我倒可以想办法拯救这家公司。

扬曼发现这是一个可以让格林伯格出丑的好机会，“既然你觉得自己这么聪明，那我现在就任命你为美安的总裁。我希望下个月的今天，这家公司不会再像现在这样亏损严重”。扬曼的如意算盘是，如果格林伯格搞不好，他将在 AIG 失去光环和地位。

格林伯格提出了一个条件：他要求得到独立自主的授权，能够按照自己认为合适的方式解决美安的问题。在得到授权后他出任美安保险总裁。

美安当时面临的主要问题是管理费用过高，保费却增长乏力，因此持续亏损。格林伯格发现当时美安执行的保险费率是由行业协会等相关参与者协商确定的，经过分析，他将美安从行业协会撤出，根据公司对风险的独立判断制定保险费率和其他承保条件。

这种做法不仅在业内招来诸多非议，而且 AIG 高层也颇有微词，尤其是视其为潜在敌人的扬曼及 AIG 另一重要子公司美亚董事长曼顿，他们都认为格林伯格破坏了市场秩序。关键时刻，格林伯格得到了史带的力挺，才渡过了难关。

当时美安的费用率高达 42%—45%，高于同行业的 38%—40%，格林伯格要求将费用率控制在 30%。

为实现上述目标，格林伯格认为美安应当逐渐摆脱对代理的依赖，转而由自身逐步可控的经纪渠道开展业务。

说起来容易，做起来难。正确的事都是难的事，需要时间积累的事。史带给了格林伯格时间，格林伯格迎难而上，用两年时间让美安摆脱了亏损。

在格林伯格执掌五年后，美安逐渐发展成为美国保险业的一个大企业。在此期间，格林伯格的战略也逐渐清晰起来，专注直接承保业务而非原来 AIG 代理为主的业务。

史带钦定已久的继承人是格林伯格的对手扬曼，二人此前一直关系不睦。在生命的最后时刻，史带力排众议，将 43 岁的格林伯格定位为自己最终的接班人。

1968 年初冬的一个周末，格林伯格在早上 6 点接到电话，驱车来到史带的“摩法尔”庄园。史带和格林伯格说：“我快死了，我想让你知道，我很放心，我用不着为公司的未来担心了。现在我知道，一切你都管理得很好。”格林伯格含泪点头，正是眼前这个男人，八年前把他招致麾下，给他提供了绝佳的发展机会。

格林伯格打造了 AIG 无与伦比的组织、队伍与文化。在他领导下的 AIG，以专业精神、追求卓越为核心价值观，吸引来了具备极强竞争力的一流人才，他们不断追求卓越、要做就做最好。AIG 文化孕育了一批批勇于创新、敢于尝试、具备积极进取精神的优秀人才。经过 AIG 历练后的很多人都担任了其他主要保险公司一把手，AIG 俨然成了美国保险业高管的“西点军校”。

格林伯格说：“我们建设了一个伟大的组织，一支伟大的团队。这是一个团队，一个由很多很多伟大的人组成的团队，这样一个团队才能建立一个伟大的文化。”

高瓴资本张磊在《价值》一书中对企业文化的重要性是这样描述的：“在我看来，企业文化是重中之重，它的重要性不亚于企业家本身，既大于商业模式，大于某一产品或服务，某种程度上也大于团队。”

在 AIG 的企业文化中，注重效益是排在首位的。格林伯格建立“利润中心”的经营模式以及以承保业务为首要目标的经营原则，这要求积极控制费用和评估承保风险，在当时的保险业是一个历史性的变革。

13 年前，忠衣信裳创始人加入中国人保财险总部工作，公司的对标对象之一就是 AIG。至今印象深刻的是，三个 15% 目标，即保费收入增长 15%，利润增长 15%，净资产收益率增长 15%，其中两个指标都明确指向了效益。

值得一提的是，国内很多保险企业虽然也经常提效益第一，但受制于公司治理与企业文化，并未做到言行合一，依然是规模导向为主。

王阳明曾说，**未有知而不行者，知而不行，只是未知**。真正践行效益第一的理念绝非易事，相信国内险企高层都有此感受。

在 AIG 的企业文化中，还特别体现了对“第一”的不懈追求，敢为天下先，这要求 AIG 不断创新。率先开发新产品，率先开辟新市场，率先强调盈利增长。在格林伯格执掌期间，AIG 拓展到全球 130 多个市场，很多市场都做到了当地第一。

军人出身的格林伯格几乎将工作作为了生活的全部，用其“巴顿将军”式强有力的管理作风掌控着庞大的 AIG 集团，错综复杂的国际业务他都能应付自如、驾轻就熟。

他精力充沛、不知疲倦，每周至少工作 80—90 小时，无论人在何方，他的下属们几乎每个小时都会接到他的来电。他要求严格、以身作则、事事亲力亲为、行动迅速且高效，如果智利的公司需要高层帮助，他会立马飞赴解决而不仅仅是将负责拉丁美洲的执行副总裁派去了事。

“老板往往是最后一个知道坏消息的人”，对身居高位的老板来说，坏消息通常要“过五关，斩六将”才能传到自己的耳朵里，对于某些好大喜功的老板来说，坏消息便可能永远都传不进他的办公室。

而在格林伯格这里，这是绝对不可能发生的事情，面对各种信息，尤其是坏消息，格林伯格总是竖耳倾听，对于不汇报坏消息的，用格林伯格的话说就是：“他们没有第二次这样做的机会，我不是在威胁，只是想说明你身边的人肯定知道你对待坏消息的方式。”

在38年时间里，格林伯格始终没有停下奋进的脚步，不断励精图治、锐意进取，在他的带领下，AIG变成了全球最大的保险公司，AIG股票总市值从20世纪60年代末的几亿美元飙升至1800亿美元，上升近19000%，而同期的标普500的升幅仅为700%。

友邦的发展自然也离不开格林伯格这位强有力的AIG第二任掌门人的巨大贡献。这主要体现在两点，一是友邦重回中国，二是选择谢仕荣成为友邦的带头人。

自1975年起，格林伯格便踏上了历时17年的友邦重返中国路。这样做不仅因为真的看好中国市场的前景，还是为了达成他的伯乐史带未竟的遗愿。促成友邦的回归成为格林伯格这一时期的重要工作目标，他每年不知疲倦地往返于中美之间。

1990年格林伯格成为上海国际企业家咨询会议首任主席，他不断为中国经济发展献计献策、尽己所能。在中国谋求加入关贸总协定（WTO前身）的过程中，他更是动用自己在美国的人脉与影响力积极斡旋，为中国顺利入世提供了不少助力。

格林伯格以实际行动表现了足够的诚意，重视礼尚往来的国人自不会无视他进入中国保险市场的渴望。只是还有一个障碍需要破除，当时国内一些人士担心的外资保险公司进入可能导致“资金外流”，成为阻挡友邦回归中国市场的绊脚石。对此，格林伯格多次表态，获得经营许可后，AIG会把聚集起来的资金投入到当地的长期项目，“至少在10年内，不拿走一分钱的分红”。

经过格林伯格孜孜不倦的努力，在1991年11月举办的国际企业家咨询会议上，中国表态同意为其发放保险牌照，并作为试点在上海本地进行经营。

1992年9月25日，友邦正式获得营业执照，“AIG returns to roots!”AIG年报用醒目的黄色标题，骄傲地宣示他终于回归中国市场，取得中国颁发的第一张外商独资经营牌照。

外商独资的寿险牌照来之不易，以至于其他外资保险公司纷纷抱怨友邦的超国民待遇。面对这一质疑，格林伯格回答道，"17 年来，每年我都来中国，积极促进中美关系，培养保险人才，为中国的发展做出了很大的努力，在我做这些的时候，你们又做了什么呢?"

2005 年，格林伯格荣获马可波罗奖（这是中美双方共同设立的奖项，旨在表彰那些通过不同途径积极捐助支持中国的国际人才交流事业的企业和个人），以表彰他对于改善中美关系做出的杰出贡献。格林伯格也被评为上海市荣誉市民，成为获此荣誉的少数美国人之一。

取得中国大陆经营的牌照后，格林伯格对友邦的第二个重要贡献便是选定谢仕荣作为友邦的带头人，而谢仕荣将用他在友邦 26 年的执掌生涯向格林伯格证明：他做了对友邦最为正确的选择。

一直以来，格林伯格极为重视保险行业的专业人才，"专业精神和追求卓越就是 AIG 的标准"，AIG 的企业文化彰显着这家公司对于专业精神、专业能力的看重。格林伯格尤其对精算人才高度重视，曾提出应将经营的权利更多地分配给精算师、统计学家，"公司必须重视这些技术人才在整体经营中的作用"。

精算出身的谢仕荣，1961 年便已加入友邦，在任职期间取得了优异的业绩。在格林伯格频繁造访中国大陆为保险牌照奔走的过程中，谢仕荣作为其华人助手就常伴其左右。1983 年，在格林伯格的肯定与认可下，谢仕荣升任友邦行政总裁，成为友邦历史上的第一位华人总裁，并在此后荣升友邦董事长。

格林伯格执掌 AIG 的 38 年期间，将其打造成为全球保险界最为著名的企业。令人遗憾的是，2005 年，格林伯格因为斯皮瑟事件黯然下台。他离开后的三年里，AIG 便发生了成立以来的最大变故，在国际金融危机中濒临破产，这场变故使 AIG 这颗巨星迅速陨落，最终由美国政府接手，曾经风光无限的 AIG 集团如今早已面目全非。AIG 内部也无比怀念在这位严厉、强势的带头人缔造下的 AIG 黄金时代：**"如果格林伯格还在任的话，AIG 一定不会走到现在这一步。"**

3. "友邦之魂"谢仕荣及其友邦时代

在全球保险行业，有一份授予突出个人的重要荣誉，即全球保险名人堂。史带于 1975 年入选，格林伯格于 1989 年入选，而谢仕荣于 2003 年入选，成为迄今为止全球唯一入选的华人。

忠衣信裳团队安排专人花了一个多月去搜集、整理谢仕荣的有关基础资料，获得了很多中文网络中没有的信息，但仍无法达到理想程度，我们力求在不够完整和准确的信息中，拼凑出其全貌。

谢仕荣祖籍广东省台山市。台山素有“全国第一侨乡”的美誉，涌现出如加拿大第 26 任总督伍冰枝、美国历史上首位华人州长和驻华大使骆家辉等一批著名人士。

谢仕荣三代都在中国香港扎根，他生在美国，但很小的时候就跟随父母回了中国香港。他少年时期就读于中国香港著名的基督教中文学校——香港培正小学、培正中学。这家创办于 1889 年的百年老校，培养了一批各行各业的优秀人才，如两位诺贝尔奖获得者崔琦、高锟；数学界最高荣誉菲尔兹奖得主丘成桐；香港科技大学创校校长吴家玮；哈佛大学数学系系主任萧荫堂等。

在香港培正学校求学时，谢仕荣经常参加不同的课外活动，受这所基督教背景的学校影响，从小培养了“施比受更有福”的信念。这个信念与保险的宗旨有异曲同工之处，冥冥之中影响了谢仕荣在友邦保险的一生。

1957 年，谢仕荣考入香港大学，主修数学。在大学期间，凭借出色的逻辑思维，谢仕荣精通“桥牌”这项脑力运动，曾代表中国香港参加区域和世界锦标赛。

同样热衷于打牌的查理·芒格曾说：“打牌锻炼了我的经商技巧。你必须学会在形势不利的情况下，及早认输。而如果有大牌在手，就要下重注，因为你不常拿到大牌。机会出现，但不是经常的事，所以一旦它降临，就要紧紧抓住。”

谢仕荣大学毕业后，好牌随即出现，他得到了数学系教授的推荐，于 1961 年加入友邦，第一份工作岗位是见习精算师，就此打开了他在友邦的辉煌事业之门。获得事业上的成功后，谢仕荣秉着“施比受更有福”的信念回馈学校，协助香港大学成立数学研究所，并且担任统计学系精算学名誉教席。

刚加入香港友邦的九年时间里，并未有任何公开信息披露谢仕荣做了什么，直到 1970 年，友邦的母公司 AIG 收购了中国台湾的南山人寿，谢仕荣申请派驻，负责拓展当地的保险市场。五年后，业绩出色的谢仕荣被任命为南山人寿常务董事兼总经理，这一年他 37 岁。

1983 年，在中国台湾工作已达 13 年的谢仕荣从南山人寿重返香港友邦，升任行政总裁，成为友邦历史上第一位华人总裁，年仅 45 岁。在此期间，每次 AIG 的 CEO 格林伯格访问中国大陆，都由谢仕荣陪同。

1990 年，上海国际企业家咨询会议成立，格林伯格当选首任主席。第一次会议的主题是“怎么把金融开放带到中国大陆来，帮助中国大陆金融业改革转型”，谢仕荣作为格林伯格的智囊团成员参加了这次会议，他在日后的专访中回忆到，当时我们搜集了很多资料，第一次会议非常成功。

格林伯格在 AIG 内部不断强调利润中心的经营模式，应将经营的权力更多地分配给精算师等专业人才。精算出身的谢仕荣也在友邦及其母公司 AIG 体系内不断晋升，1990 年，他出任南山人寿董事长，1991 年晋升成为 AIG 的执行副总裁。

1992 年上半年，在格林伯格和谢仕荣的推动下，友邦进入重返中国内地的冲刺阶段，期间还发生了一个小插曲。中国高层领导人在欧洲访问，格林伯格通过多方联系希望能够在此期间进行拜访，由于行程安排紧凑，领导最终挤出 15 分钟时间给他，安排在伦敦见面。

为了能第一时间赶到伦敦，原本已经安排与大股东召开的重要会议被格林伯格取消，他放下手里一切事情与谢仕荣坐专机八个小时赶往伦敦。领导没有预料到格林伯格一行人能够来得这么快，会谈进行得很愉快，原本预计的 15 分钟最后延长到一个多小时。这次面谈后，中国最终接受了友邦进入大陆的提议，友邦获得了外资保险机构在国内的第一张寿险牌照。

1992 年 10 月 8 日，在上海分公司开业典礼上，谢仕荣右手拿着国内第一张外资保险机构的寿险牌照，左手拿着一张纸，上面用喜气洋洋的红色字体写着三个字——回老家。

此后，他找到友邦创始人史带当年的办公场所，即外滩 17 号大楼（1927 年，史带将友邦迁入上海的外滩 17 号），经过多次磋商与努力，友邦以租借方式重归外滩 17 号，租期 30 年。

友邦回归中国大陆后，谢仕荣主要做了几件事：

一是选聘、培养人才，打造友邦大陆团队。谢仕荣认为，不管做什么行业，成功最关键的要素都是人才。例如，友邦在大陆成立第一家分公司——上海分公司时，谢仕荣就安排他在中国台湾南山人寿时的左膀右臂徐正广出任总经理，与徐正广一同来到上海分公司的，还有许多南山人寿的高级管理人才，他们为上海分公司的发展立下了汗马功劳，也培养了国内第一批寿险核保师、精算师。

在人寿保险行业，精算师至关重要。为了培养和招募人才，谢仕荣与上海复旦大学合作，1994 年，友邦复旦精算中心成立，并在此后友邦又与中山大学、南京大学、中国科学技术大学、北京大学合作成立了四个精算中心。

现任友邦中国CEO张晓宇就是友邦复旦精算中心培养出来的优秀精算师，他从2000年毕业就加入友邦，先后担任过友邦中国多个不同的管理职务，包括首席市场官、首席业务官及首席业务执行官，并领导友邦中国“卓越营销员”策略的推进，2017年6月1日被正式任命为友邦中国的CEO。

蔡强是谢仕荣选出的另一位影响友邦中国的关键人物。2009年，谢仕荣力邀法国安盛保险香港CEO蔡强加盟友邦，担任友邦中国区CEO，蔡强在友邦制定并推行了两个五年计划，推动了友邦中国营销员体系的改革和区域寿险价值业务的快速发展。凭借在友邦中国期间的出色表现，蔡强被中国太平洋人寿保险公司看中，于2021年3月担任总经理一职。

二是将代理人制度引入大陆。1992年，国内寿险行业才刚刚起步，哪怕是在上海，也仅有三家保险公司，而且主要经营财产险。真正意义上的个人寿险，是友邦带到上海市场的。友邦凭借代理人制度，仅用三年就实现了盈利，引起国内其他保险公司纷纷效仿学习。后文将对友邦代理人制度进行详细介绍。

三是开设分支机构。谢仕荣为友邦中国制定了“南下北上”开设分公司的战略。1992—2006年，友邦中国先后在上海、广东、深圳、北京、江苏设立了五家分公司，并且在广东分公司下设13家中心支公司，江苏分公司下设11家中心支公司，这已经是外资公司在大陆开设机构的最快速度。

在谢仕荣的统筹布局下，友邦逐渐发展成为大陆外资保险公司的领头羊。伴随着友邦的发展，谢仕荣在AIG内部也不断晋升，1996年他升任AIG董事会成员，1997年又被任命为副董事长，主管集团的全球人寿保险业务。

2000年，谢仕荣升任友邦集团董事长兼CEO。2001年，谢仕荣被香港特区政府授予金紫荆星章，这是香港特别行政区政府颁授给对社会有重大贡献人士的至高荣誉。

谢仕荣在2003年获得全球保险业界的最高荣誉，进入全球保险名人堂，成为迄今为止唯一获此殊荣的华人。

从2004年起，谢仕荣成为忠衣信裳创始人老东家——中国人民财产保险股份有限公司的非执行董事，并且连续担任了10年。

从公开信息来看，从进入友邦到2008年国际金融危机爆发，谢仕荣的职场生涯一直顺风顺水，但随着格林伯格在2005年被迫辞职以及2008年AIG濒临破产，友邦和谢仕荣也无法独善其身，迎来了最大的挫折。

2009 年 5 月 13 日，谢仕荣在 AIG 年度股东大会上正式退休，仅担任友邦的荣誉主席。

公开信息的表述无法还原这一期间的复杂形势，忠衣信裳团队特地搜集了大量相关资料，经研究分析，认为这一期间谢仕荣的退休并非正常到龄退休，而是源于 AIG 高层发生的一系列变动。

自 2005 年格林伯格退任后，AIG 的董事长的更迭便如走马灯一般。马丁·沙利文接任格林伯格，但在任三年后就因 AIG 陷入次贷危机被火速罢免。

2008 年 6 月，维伦斯坦德走马上任，他四处奔走，以 AIG 79.9% 的股份换取了美联储 850 亿美元的资金后，竟被美国政府发出下课令，只待了短短三个月。

2008 年 9 月，爱德华·利迪接任，此时，先前 850 亿美元的注资在不到一个月时间就被悉数用尽。10 月，美联储不得不再次注资 378 亿美元，最后总共提供了超过 1800 亿美元的救助资金。为了缓解债务压力，正是这位好事达保险公司前 CEO 想到了出售 AIG 在世界各地的非保险业务，以及部分地区寿险业务股权的办法。

2009 年 1 月底，友邦作为其优质资产赫然出现在出售列表中。

友邦的股权出售吸引了包括英国保诚、德国安联、新加坡淡马锡控股以及中国工商银行在内的 30 余家机构，但由于价格一直未能谈拢，AIG 随即转而寻求将友邦独立上市。

2009 年 2 月 28 日，AIG 完成友邦的法律重组，将旗下亚太地区众多保险企业合并在一起成立了“友邦保险集团”，为友邦上市迈出第一步。此时的友邦，资产规模约 600 亿美元，业务覆盖 13 个国家和地区，拥有 25 万名业务代表和 2 万名员工。2009 年 5 月，AIG 宣布即将启动友邦上市。

此时的 AIG 可谓是焦头烂额，董事长爱德华·利迪不胜烦恼，终于在 2009 年 5 月宣布辞职。恰与此同时，执掌友邦长达 38 年的谢仕荣也悄然退任，仅仅保留名誉主席一职。

爱德华·利迪离任前表示要将董事长和 CEO 两个职位分设，他可能也没想到，正是这个分设，又将把 AIG 推入新一轮的高层混战。

2009 年 8 月，哈维·葛洛柏和罗伯特·本默切分别被任命为 AIG 非执行主席和 CEO。随后两人在友邦的处置上产生重大分歧，哈维·葛洛柏力推友邦独立上市，而罗伯特·本默切则主张将友邦出售。

2010 年 3 月，英国最大的保险公司——保诚集团伸出橄榄枝，拟以 355 亿美元全资收购友邦保险，远超原上市计划最高 200 亿美元的筹资额。355 亿美元对此时的 AIG 来说无疑是个极具诱惑力的数字，更不用说出售较之 IPO 能更快地回笼资金。

本默切力争促成保诚收购，然而此时保诚内部却又出现了不和谐的声音，迫于新任高层的压力，保诚将收购价降至 304 亿美元。AIG 董事长哈维·葛洛柏及其他董事否决了降价出售友邦的可能。6 月 2 日，保诚宣布退出并购友邦的交易，这桩超过 300 亿美元，彼时保险史上最大的并购案最后以失败告终。

2010 年 7 月 19 日，本来力挺保诚收购的罗伯特·本默切毅然决然地对友邦的命运作出了与三个多月前截然相反的安排：不卖了，IPO 去！

友邦重回上市轨道，此刻的 AIG 也深深意识到，要团结带领友邦上下突破一切阻碍，快速成功实现 IPO 还是离不开**“友邦之魂”谢仕荣这枚定海神针**。2010 年 9 月 27 日，谢仕荣再次以非执行董事身份回归友邦董事会。同月，友邦正式向香港联交所递交了上市申请，重启 IPO 程序。

友邦 IPO 的股份均来自 AIG 所持有的旧股，10% 为公开发售，90% 为国际配售，募集资金全部用于偿还美联储及美国政府提供的救助资金。

2010 年 12 月 29 日友邦正式在港交所挂牌上市，共募集资金总额达 1590.8 亿港元（约 205.1 亿美元），友邦市值达到了 2776.14 亿港元（约 357.9 亿美元），成为当时全球第三大、香港资本市场第一大 IPO。

当时全球前两大 IPO 分别是以 A + H 形式上市的中国工商银行和中国农业银行，但从单一市场 IPO 规模来看，友邦则为全球第一。

友邦 IPO 共引入五大基石投资人，投资金额共约 19 亿美元。

2011 年 1 月 1 日，谢仕荣重任友邦董事会主席，并一直任职至今。

上市成为友邦新生的起点，友邦第一次以独立的姿态开启了下一段发展征程。此后，谢仕荣始终以舵手的身份引领着友邦的每一次重大决策，帮助友邦搭建起更为完善的股权架构、治理结构和营运体系，制定并实施最优秀代理人战略，更加注重价值成长，回归保障本质，始终秉持高品质、专业化的经营理念，稳健笃行。这一切，使友邦成为长期主义的践行者。

上市以来，谢仕荣带领友邦一路披荆斩棘，在业务规模、价值创造、资产积累上屡创佳绩。2010—2022 年，友邦业务拓展到 18 个国家和地区。从业务数据上看，资产规模从 2010 年的 1078.65 亿美元增长到 2022 年的 3030.48 亿美元，12 年间增长了 1.81 倍；新业务价值从 6.67 亿美元增长到 30.92 亿美元，增长了 3.64 倍。这对于一家资产千亿美元级的公司来说实属不易。

需要说明的是，受新冠疫情和全球经济持续低迷，资本市场大幅波动的影响，友邦 2022 年总资产、新业务价值等关键财务和业务指标，较 2021 年有一定程度的下降（友邦总资产从 2021 年末的 3398.74 亿美元下降到 2022 年末的 3030.48 亿美元，同比减少 12.15%；新业务价值从 2021 年的 33.66 亿美元下降到 2022 年的 30.92 亿美元，同比减少 8.86%）。

此外，在资本回报方面，投资人也分享到了友邦发展的红利。不考虑汇率这一影响因素，友邦的总市值从 2010 年的 338.13 亿美元增长到 2022 年的 1311.55 亿美元，12 年间累计实现分红 152.51 亿美元。这就意味着如果在 2010 年末投资人选择投资友邦 10 万美元，并持有到 2022 年末卖出，那么可以累计实现收益 43.30 万美元，其中包含每年收到的股息累计为 4.51 万美元，12 年平均投资回报率为 27.75%（见图 1）。

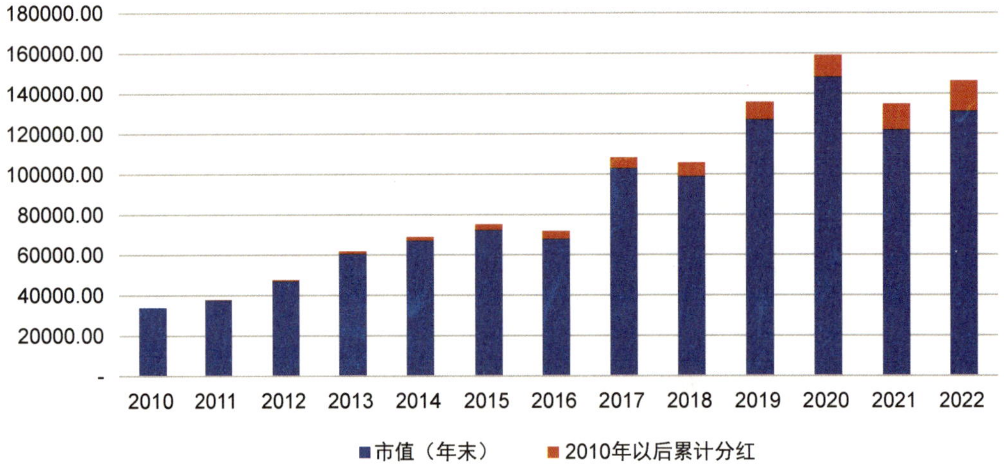

图 1　友邦保险市值及累计股息（单位：百万美元）

资料来源：公司年报，忠衣信裳整理。

谢仕荣自 23 岁加入友邦，迄今已逾 60 年，他几乎将他的一生都献给了友邦，既是友邦百年历史的见证者也是推动者。对于这家已成为亚太地区最大的独立上市寿险集团来说，谢仕荣塑造着友邦的灵魂与基因，也将继续引领和见证友邦的未来。

4. 现任 CEO 李源祥及友邦的未来

正如前文所述，忠衣信裳认为友邦成立的时间是 1921 年，带领友邦踏入第二个百年征程的是现任 CEO——李源祥。

1965 年，一个面积只有 724 平方公里的岛国被迫独立，当时大概很少有人能想到，新加坡这个弹丸小国日后将成为“亚洲四小龙”之一，跻身发达国家行列。

这一年 10 月，李源祥出生在新加坡一个极为普通的家庭，“小时候为了补贴家用，家里将两室一厅房子租了一个房间出去，一家六口人只能挤在一间房里”。

李源祥从小就是“别人家的孩子”，尽管家境困难，无力支付他的读书费用，但他硬是靠着优异的成绩，进入两所世界级名校读书。

高中毕业后，李源祥成功申请到新加坡金融管理局的奖学金，赴伦敦政治经济学院求学。伦敦政治经济学院在社会科学领域连续六年位居欧洲第一，历史上培养出 18 位诺贝尔奖获得者。在这里，李源祥获得理科学士学位，并成为优秀毕业生。

本科毕业后，李源祥又继续申请了英国剑桥大学的奖学金，攻读财政金融硕士，并成为北美精算学会会员及北美特许金融分析师。

研究生期间，李源祥还做了一件事，1988 年，他第一次来到了中国，一个人，一个包，花了十个星期，坐着绿皮火车游览了中国的大江南北。

就在这一年，一家名叫平安保险的公司在深圳蛇口工业区成立。那时的李源祥肯定想不到，16 年后他的命运会与这家企业紧密联系在一起。他更加想不到的是，日后他会获得这个国家颁发给外国专家的最高荣誉——中国政府友谊奖。

李源祥 24 岁学成回国，于 1989 年 9 月入职新加坡金融管理局（新加坡的中央银行），开启了职业生涯的第一页。在此期间，李源祥参与设计了新加坡第一个责任准备金生命表。

参加工作三年后，李源祥响应国家号召，选择走出去，并于 28 岁加入了全球著名保险企业——英国保诚。李源祥回忆说，“选择做保险和我学的专业——精算有关，另外我觉得保险一方面可以让企业赚到钱，另一方面可以在别人最需要的时候雪中送炭。一旦发生意外，受害人和家人急需资助，这时候银行、证券都不会给你钱，只有保险可以帮助人们渡过难关”。

1994 年 6 月，在李源祥的主动要求下，入职不到一年的他被保诚调去中国香港的亚洲总部，负责推动中国代理处的工作。

年近而立之年的李源祥迎来了职场的第一次挑战——为英国保诚的中国合资公司信诚人寿申请中国“准生证”（内地牌照）。

当时对中国国情并不了解的李源祥开始了五年的奋斗历程，跑遍东北、华北、华东、华南，和监管部门沟通、广交朋友……

“当时我总在中国到处跑，为保诚在北京、上海、天津等地的代表处申请保险从业牌照。那时候就像是一个人在黑漆漆的山洞里走路，看不到尽头，你只能继续地走，拼命地往前走，好在五年后我走了出来。”在回忆当年这段经历时，李源祥至今感慨万分。

申请牌照期间，李源祥还搞起了培训，“当时外资公司要来中国做生意，是要为中国做贡献的。我们公司选择了给中国的保险从业者提供培训，提升行业的专业水平。那几年我为中国培训了很多金融保险人才，有人行的，也有平安等大大小小的保险公司，我帮助中国同行了解国外在保险产品创新方面的一些经验，也安排他们去新加坡保诚交流学习”。

李源祥说，等牌照的漫长时间看似很“痛苦”，但实际让他以后的职业生涯受益匪浅：通过培训、交流，他更加了解中国市场，学会了如何更有效地和中国同行沟通，也笃定在中国发展的信心。

此后，李源祥先后担任了英国保诚中国香港分公司财务总监和英国保诚中国台湾分公司资深副总裁。在保诚中国台湾分公司时，李源祥遇到了人生的贵人——“亚洲保险教父”，时任英国保诚大中华区执行总裁梁家驹，并得到了他的赏识。

2000 年 10 月 13 日，英国保诚集团和中信集团共同发起设立了中国第一家中英合资人寿保险公司——信诚人寿。为信诚人寿牌照立下汗马功劳的李源祥被委以重任——信诚人寿总经理，这一年他 35 岁。

执掌信诚人寿后，李源祥先后拿下广州、北京两家保费重镇的分公司牌照，建立了快速发展且稳健的业务平台，并为中国市场引进通俗化保险条款做出了贡献。在广州，信诚人寿保费收入占据 14% 的外资寿险市场份额，业务紧逼友邦，跻身外资寿险第一梯队。

2004 年 2 月，38 岁的李源祥迎来了职业生涯的重要转折。这一年，他追随梁家驹一起空降平安人寿，梁家驹任董事长，李源祥任董事长特别助理。从此开始了其在平安的 16 年职业生涯。这个选择看似偶然，实为顺理成章。

当时，中国平安创始人马明哲多次在“非典”期间赶赴香港，“三顾茅庐”请来被誉为“亚洲保险教父”的梁家驹，而李源祥正是梁家驹在保诚的爱将。

“梁先生给了我很多机会和帮助。他来平安的时候问我要不要过来帮忙，我当时也动心了”。

李源祥说，除了恩师力邀，他自己也判断，中国平安是一个更好的事业平台。“既然选择了在中国发展，外资公司的平台还是相对小，而中国平安是全国性的。那时 20 万的中国平安保险代理人已经是一支精锐部队，在学历、销售能力、管理能力方面都很强。所以中国平安是大有可为的地方”。

梁家驹和李源祥加盟时的中国平安，以外脑（海外人才）、外资（海外投资者）、外体（海外公司的体制机制）为支撑的发展架构初成，平安人寿主要由以黄宜庚为代表的中国台湾保险人操盘。

李源祥加盟的背景，是平安刚刚经历了历史上著名的“投连险风波”。1999 年，中国平安设计了大陆第一款新型寿险产品：平安世纪理财投资连结保险（以下简称“投连险”）。2000 年，借助投连险，平安步步紧逼，攻城拔寨，而主要竞争对手连连败退。

但是，投连险是一把“双刃剑”，从 2001 年下半年起，资本市场低迷，保险资金投资收益下降，误导销售终于导致投连险的退保风波。到 2002 年，投连险风波引发了国内惊心动魄的第一次保险产品公共危机，对平安销售队伍、公司品牌、甚至整个保险行业都带来了巨大负面影响。

经历了投连险风波的平安人寿，人员队伍和公司品牌都受到重创。销售队伍从 35 万锐减至 2003 年末的 20 万。

“投连险风波”让平安很多分支机构失去了方向感，在增员和展业间徘徊不决。营销队伍人心涣散，由于推荐客户购买投连险导致亏损，很多营销员感觉对不起客户，即便是售后服务也不好意思登门拜访，更别说有效开展业务了。

面对这样的局面，梁家驹、李源祥推出了“健康人海”战略。

人海没有不好的。不健康的人海才是坏事。什么叫健康？我们规定几个指标，继续率、脱落率、达成率，只要这些指标能维持在安全线上，机构就可放心增员。“健康人海”战略让各地机构找到了方向。

经过调整，相比 2003 年末，平安人寿在 2004 年业务和队伍都大有起色，至 2009 年初，平安人寿的代理人队伍已较 2003 年末增加了一倍。

这一期间，李源祥的贵人梁家驹升任中国平安集团常务副总经理兼首席保险业务执行官，而李源祥也在加入一年后升任平安人寿总经理，第三年又升任平安人寿董事长。

2010 年 6 月 1 日，梁家驹辞任，由本土少帅任汇川接任。李源祥这次没有追随梁家驹的脚步，而是于当年 11 月接任中国平安集团首席保险业务执行官一职，并在这个职位上一干就是 10 年。

2018 年，中国平安宣布将对集团组织架构进行重大调整，增设三个联席 CEO 岗位，由个人、公司、科技三大业务线负责人李源祥、谢永林、陈心颖分别担任。

忠衣信裳花了大量时间，并请教业内资深前辈以及中国平安内部人士，经研究讨论，总结归纳了李源祥在中国平安 16 年期间的主要贡献：

一是坚决推进价值转型。2004 年的中国保险业，规模第一的经营思想极具市场，甚至在当下，这种思维的惯性仍然十分显著。中国平安是最早推进价值转型的国内保险企业，这在很大程度上是梁家驹和李源祥的贡献。尤其是李源祥，将价值第一的理念贯穿于 16 年经营管理的始终。

一方面，他将个险发展作为重中之重，在平安内部持续推行"健康人海"战略，细化出六大铁律（增员率、13 月留存率、有效活动率、三连钻人力占比、人均首年度佣金、人均长险件数），设计的人力发展指标专业、结果关联性强，极大地促进了代理人队伍的壮大和效能提升。

另一方面，主动压缩银保业务。银保业务在世纪之初经历了快速发展，随之而来的是激烈竞争及盈利困局。梁家驹、李源祥提出银保业务该收缩就收缩，保留基本的银保网点和队伍，建立四个销售通道（银行柜台、理财顾问、电话营销、对公业务），探索将银保从价值消耗型渠道变成积极型销售渠道。

推出价值转型的前两年，梁家驹和李源祥面临了极大的挑战，内部对这一战略方向的质疑，战术执行中的阻力，个中滋味只有改革者才能体会。改革惟其艰难，才更显勇毅。

经过渠道、产品、营销的全方位调整，平安人寿价值转型初见成效，2005 年内含价值同比增长 29.8%，市场份额在中心城市（北京、上海）已追平甚至超过中国人寿。

二是持续推动交叉销售。尤其是凭借优秀的寿险代理人队伍，为平安的产险、银行等业务深度赋能。

所谓交叉销售，即业务协同，注重从横向角度开发产品市场，在某次销售的基础上，通过对同一客户的深入挖掘，开拓并满足其更多的需要。

2005 年，平安即在集团层面设立了综合开拓部推动交叉销售，建立后援支持平台，理顺制度设计。

2007 年 3 月，保监会同意平安四家子公司寿险、产险、养老险、健康险之间开展相互代理业务。

从经营数据看，平安人寿通过代理人队伍为平安产险发展的业务，从 2007 年的 28.34 亿元（占产险业务的 13.1%）增长到 2019 年的 454.27 亿元（占产险业务的 16.8%）。

三是主导实施了寿险“超人计划”。2008 年，李源祥启动“超人计划”，即寿险主要业务指标超越中国人寿。他将计划分解为个险新单保费、个险规模保费、总保费分别超越三部曲。忠衣信裳了解到，当时平安的业务奖励计划高达亿元级别。

2010 年 5 月，平安的个险首年规模保费首次超过中国人寿。

到了 2014 年，在经济发达城市，平安人寿的个险新单规模保费市场份额已近 50%，保持绝对领先优势；在其他大中城市，这一指标也保持第一。

在此基础上，平安人寿进一步提出了五年内成为“中国最大、最好寿险公司”的战略规划。“最大”即总保费规模的市场份额第一，“最好”则要求经营效益最优，反映在经营指标上，即净利润、净资产收益率等明显优于同业。

李源祥任职平安 16 年间，其领导下的平安保险业务，以最核心的内含价值指标衡量，在 2004 年 372 亿元的基础上年化复合增长率 26.1%，2019 年达到了 1.2 万亿元，实现了跨越式发展。

李源祥最崇拜的企业家是维珍航空公司的创始人理查德·布朗森。

理查德·布朗森是英国最具有传奇色彩的亿万富翁，是个极具强烈个人风格和魅力的商业奇才。他 17 岁辍学创业，以 4 英镑起家，创造了价值百亿英镑，业务横跨航空、铁路、金融、通信、娱乐、太空旅行等诸多领域的维珍集团，与特斯拉创始人马斯克、亚马逊创始人贝佐斯被称为“角逐太空”的三位成功企业家。他把人生看作一场大冒险，始终不断寻找下一个挑战目标。

可能冥冥中自有定数，命运之神也给了李源祥挑战自我的新机会。2019 年 10 月中国平安宣布谢永林出任集团总经理，这在某种程度上意味着李源祥可能已与中国平安接班人失之交臂。

2019 年 11 月，李源祥离开中国平安，也像他的偶像一样，选择继续挑战自我，担任了友邦保险集团 CEO。李源祥说，去到哪一个地方都要有挑战，没有挑战就没有意义了。

担任友邦 CEO 的李源祥 2020 年度目标总薪酬为 702.53 万美元，约合 5000 万元人民币。除此之外，为了补偿李源祥离开平安而失效的长期奖金等，友邦还将分6年补偿其2815.11万美元，约合人民币近2亿元。而在中国平安，李源祥2019年的年薪为1607万元人民币。

李源祥执掌友邦后，将会给友邦带来哪些变化，我们将在后文予以详细介绍。

（二）基业长青的密码

不管对于哪个行业的企业而言，百年都是一段很长的时间。建立一个伟大并且长盛不衰的企业是每个真正的企业家都无法拒绝的诱惑，友邦做到了。

友邦为何最终成为一家历经百年而煊赫更胜往昔的保险企业的？《基业长青》一书指出，如果说成为一个经久不衰的伟大企业有什么秘密的话，那就应该是要有掌控连贯性和变化性的能力，即使是那些已经有远大目光的企业，这个原则也需要有意识地不断运用。

忠衣信裳认为，决定友邦持续成功的最重要因素是其历史上不断涌现出的优秀企业家，逐步建立起来的使命、愿景、价值观以及全球最佳公司治理机制，并在此基础上形成的高素质个人代理人队伍和国际化布局两大核心竞争力。

友邦历史上最为重要的优秀企业家已经在前文予以详细介绍，他们为友邦定下了使命、愿景，塑造了友邦的价值观。

一个企业想要长期存在，必须有一个明确的使命。使命缺失的企业，员工就无法形成长久的凝聚力，很难穿越历史的惊涛骇浪而长盛不衰。友邦将自己的使命定为：**以专业、诚信与爱，帮助家庭和企业抵御风险，守护健康，积累财富，实现梦想**。

愿景是企业对未来的设想和展望，体现企业的发展方向和目标追求，回答将成为什么企业的问题。友邦将愿景明确为：**成为最受信赖的保险公司**。

价值观，是企业与员工共同认可和崇尚的价值追求，是共同遵守的思维模式和职业道德。友邦认为自身最大的价值追求是"信赖"二字，这在对诚信经营有着最高标准的保险业至关重要。

在此基础上，友邦明确了自身的经营哲学与理念：用合适的人，以正确的方式，做正确的事。

在使命、愿景、价值观的指引下，在持续优秀企业家的引领下，友邦形成了基业长青最为重要的基因：**极佳的公司治理机制**。

1. 友邦的公司治理

现代管理学之父彼得·德鲁克在《公司的概念》一书中提出，**公司是为了实现一定社会目的的组织手段**。由此而知，公司之间竞争的本质就是其组织方式的竞争，亦即公司治理机制的竞争。

公司治理机制的核心在于分权与制衡的有机结合，其核心是股东大会、董事会和经营管理层的三位一体。股东大会是最高的权力机构，董事会是战略决策机构，经营管理层是战略决策的执行机构。公司治理一定要建立在阳光透明原则的基础上。

友邦在百年中的大部分时间都是由AIG控股，AIG控股下的友邦治理机制是适合友邦发展的。只是在格林伯格被迫下野后，AIG深陷全球金融危机时，受到了一定影响。此后，谢仕荣带领下的友邦浴火重生，建立起了更为完善的公司治理结构。

从股东结构看，自2012年AIG出售所有友邦股权后，友邦成为独立的上市公司，不再有控股股东，其主要股东基本都是成熟稳定的机构投资者，且上市以来一直相对稳定、变动不大，其中包括摩根大通（JP Morgan Chase）、纽约梅隆银行（The Bank of New York Mellon Corporation）、美国资本集团（The Capital Group Companies）、贝莱德（BlackRock）等一众全球著名投资机构（见表1）。

表1　友邦保险持股5%以上股东（截至2022年12月31日）

股东名称	持股比例
纽约银行梅隆公司（The Bank of New York Mellon Corporation）	10.18%
摩根大通（JPMorgan Chase & Co.）	8.73%
美国资本集团（The Capital Group Companies, Inc.）	7.17%
贝莱德（BlackRock, Inc.）	5.99%
花旗集团（Citigroup Inc.）	5.63%
布朗兄弟哈里曼公司（Brown Brothers Harriman & Co）	5.13%
合计	42.8%

资料来源：2022年公司年报。

股权分散、无控股股东、机构股东数量占比大、股东权益相对平衡，以长线财务投资为主的友邦股东更倾向于支持公司的长期发展战略，不干预公司具体的经营管理，依赖分红作为投资回报。股东向董事会授权，在不受股东方掣肘的情况下，友邦避免了由于股东过度干预而导致经营目标短期化的问题。

从董事会层面看，友邦更是形成了长期以独立非执行董事为主，充分保障董事会独立决策能力的机制。

自2012年AIG出售友邦股权以来，友邦所有股东均未再派驻董事，友邦董事会结构长期以独立非执行董事为主。截至目前，友邦董事会由十名董事组成，包括一名执行董事及九名独立非执行董事，独立非执行董事占比高达90%，远高于港交所要求的1/3的比例。

独立非执行董事实质上有权力影响董事会成员的构成和决定管理层的选聘及业绩考核，从而充分保障了董事会及各专业委员会的独立性，并能够相对客观地对管理层的工作以及公司的运营进行监督和评价。

麦肯锡、科恩—费瑞公司在对良好公司治理因素的调查中显示，“董事会大多数是独立董事”成为重要考量因素。美国《财富》杂志调查显示，在美国公司1000强中，董事会平均规模为11人，其中独立董事平均高达九人，所占比例为81.8%。作为港股上市公司的友邦，充分对标了国际公司治理最佳实践，大大提升其董事会的独立性，并由此获得了资本市场对其治理模式的充分认可与肯定。

从董事会主席和CEO职责看，友邦董事会主席交由德高望重且在公司具有深远影响力的独立董事——谢仕荣担任，而对CEO另有任命，这一机制设计既符合国际公司治理的发展趋势，也非常有利于友邦的长远发展。

2002年，美国标准普尔指数500家作为成分股的上市公司中，每四家中就有三家董事长和CEO由同一人担任，导致上市公司中内部人控制问题十分严重。而到2016年，由一人身兼两职的企业已下降到一半。

公司治理的最佳实践明确建议将两个职位分开，《G20/OECD公司治理原则(2015)》提出：“公司应当明确披露CEO和/或董事会主席的不同的职能与义务，当某人兼任这两个职位时，应披露这种兼任安排的原因。”

以谢仕荣为首的友邦董事会着力聚焦于企业的长远发展战略，企业文化的守护，以及对CEO的选拔与考核，通过设置审慎的任用标准和全面、有效的考核指标，谨慎地选择和评价CEO的整体表现。如在对李源祥的任用上，2019年底友邦便宣布委任其为候选CEO，经过六个月的观察和评估后，在2020年6月方正式任命。

这让忠衣信裳创始人想到了曾经读过的一本书：《深度思考》。作者莫琳·希凯介绍自己是如何被香奈儿选为 CEO 的。香奈儿用了长达一年半的时间对候选人进行面试，确保其是香奈儿想要的人。成为 CEO 的第一年，香奈儿要求莫琳·希凯不要做出任何决策，而是深刻理解并充分尊重该品牌的历史遗产，多听多看，此后，莫琳·希凯才开始正式行使香奈儿的 CEO 职权。

忠衣信裳创始人相信，这种对候选掌舵人的长期观察与审慎选择，才使得香奈儿成为一家百年企业，友邦亦如是。

从董事会和经营层的关系看，因循英美法系的治理模式，友邦更多呈现出“董事会中心”的治理特征，在“董事会中心”的治理模式下，董事会职权通常不是“能做什么”，而是“除什么之外都能做”，友邦董事会在公司重大治理决策中发挥着核心作用。

在董事会与管理层之间，友邦则建立起一整套内部审批与授权程序，其在年报中表示：“董事会倚仗 CEO 对经营决策的高效推进，但对于董事会未向 CEO 授权的任何职责，仍然由董事会进行集体决策，确保董事会能继续监控全局。”

值得一提的是，友邦建立了一套极具市场竞争力的薪酬激励体系，高度绑定管理层与公司、股东的长期利益。

如前所述，2020 年，李源祥从平安转战友邦，友邦为他开出的薪酬高达人民币 5000 万元，超过其在平安薪酬的三倍。此外，友邦还为李源祥因离开上任工作而失效的未归属长期奖励金及延期支付款做出了补偿。为了聘请李源祥，友邦用近乎 2 亿元人民币表达着诚意。其薪酬待遇之丰厚，一时间引起市场上一片哗然。

但纵观友邦上市以来给予 CEO 的薪酬，向来是极为慷慨大方的。2020—2022 年担任 CEO 的李源祥，其 2022 年度目标薪酬总额达 789 万美元。2017—2019 年担任 CEO 的黄经辉，其 2019 年度目标薪酬总额为 702 万美元，2011—2017 年担任 CEO 的杜嘉琪（后成为汇丰 CEO），其 2016 年度目标薪酬总额更是高达 1043 万美元（见表 2）。

表 2　　友邦上市以来历任 CEO 薪酬

年份	CEO	金额（美元）				占比		
		基本薪金	目标短期奖励	目标长期奖励	年度目标薪酬总额	基本薪金	目标短期奖励	目标长期奖励
2011	杜嘉琪	1257800	1886700	5031200	8175700	15.4%	23.1%	61.5%
2012	杜嘉琪	1308100	1962150	5232400	8502650	15.4%	23.1%	61.5%

续表

年份	CEO	金额（美元）				占比		
		基本薪金	目标短期奖励	目标长期奖励	年度目标薪酬总额	基本薪金	目标短期奖励	目标长期奖励
2013	杜嘉琪	1347300	2021000	5389400	8757700	15.4%	23.1%	61.5%
2014	杜嘉琪	1414800	2122200	6012900	9549900	14.8%	22.2%	63.0%
2015	杜嘉琪	1471500	2207300	6253900	9932700	14.8%	22.2%	63.0%
2016	杜嘉琪	1545300	2318000	6567500	10430800	14.8%	22.2%	63.0%
2017	杜嘉琪	1608000	2412000	6834000	10854000	14.8%	22.2%	63.0%
	黄经辉	992841	1500000	3000000	5492841	18.1%	27.3%	54.6%
2018	黄经辉	1030000	1800000	3600000	6430000	16.0%	28.0%	56.0%
2019	黄经辉	1080000	1980000	3960000	7020000	15.4%	28.2%	56.4%
2020	李源祥	1092000	1980000	3960000	7025341	15.5%	28.2%	56.3%
2021	李源祥	1111000	2200000	3960000	7271000	15.3%	30.3%	54.5%
2022	李源祥	1114000	2350000	4400000	7890000	14.1%	29.8%	55.8%

资料来源：公司年报，忠衣信裳整理。

极具竞争力的薪酬为友邦吸引了行业顶尖人才。同时，友邦在薪酬结构上主要通过长短期激励机制相结合的方式高度绑定管理层与公司、股东的长期利益。主要管理人员薪酬由基本薪金、短期奖励、长期奖励、福利和雇员购股计划五大部分构成，其中长期奖励在管理层薪资中占比最大（高达50%以上），长期奖励+短期奖励占总薪酬的比重约为85%。

友邦的公司治理结构决定了公司极为注重长期可持续发展，这从给CEO下达的长期价值指标就可以一窥究竟（见表3）。

表3　长期激励与公司长远战略目标一致

指标（2010—2022年）	权重
新业务价值	1/3
内含价值权益	1/3
相对股东总回报	1/3

资料来源：公司年报。

资本市场上企业的估值取决于众多因素，但良好的公司治理是其中重要的加分项。友邦良好的公司治理机制，也得到了资本市场的高度认可，尤其体现在2012年AIG出售友邦全部股权后。

麦肯锡“公司治理的挑战”投资者意向调查中，80%受访者认为在其他因素相同的情况下，投资者往往愿意为治理状况优良的企业支付溢价。而溢价水平在不同资本市场差异较大，其中，美国为14%，日本为21%，中国约为25%，亚洲公司治理溢价水平总体较高，平均约为22%。

2022年，友邦继续荣获Sustainalytics评选为保险行业及区内环境、社会及管治最高评级企业之一，并在MSCI环境、社会及管治评级取得AA级（最高为AAA级）。

针对一般的金融机构而言，资本市场通常用PB倍数，即市净率作为衡量其估值水平的重要参考指标，而由于人寿保险公司业务经营的特殊性，因此往往采用PEV倍数，即每股股价除以每股内含价值，来衡量保险公司的价值水平。一般意义而言，PEV倍数可以视为针对寿险行业的一个与一般企业PB倍数相对应的指标，其背后的估值逻辑基本相同。

从2012年初至2022年末，11年间，友邦的PEV倍数绝大部分时间都保持在1.5—2倍的区间，在估值高点的时候甚至达到2.3倍以上，低点时下探到1.2倍；而从国内的保险公司在H股的PEV倍数来看，在这11年中整体呈下降趋势，维持在0.1—1.6倍之间（见图2）。

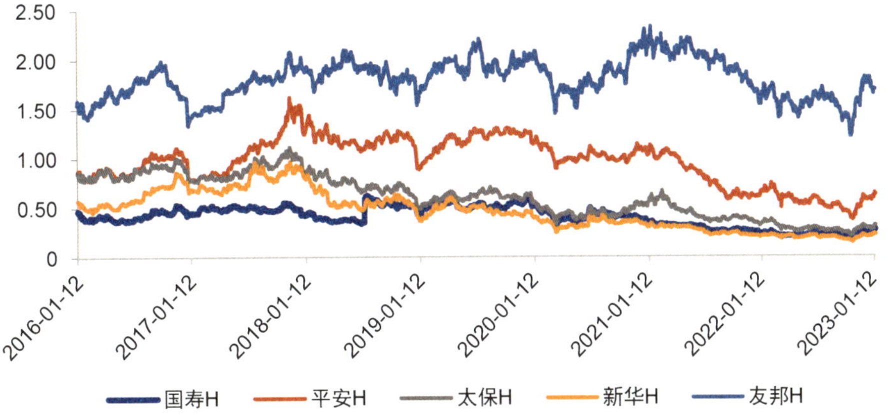

图2　H股动态PEV估值走势

资料来源：公司年报，忠衣信裳整理。

最后，需要指出的是，公司治理永远是动态的，若要在一个不断变化的世界中保持竞争力，必须对公司治理实践进行创新和调整，使其能够满足新需求，把握新机遇，支撑企业理想的实现，这需要极强的洞察力与判断力。俱往矣，如何在新的百年中延续其良好治理机制，将是友邦需要持续思考的问题，也值得每个企业深思。

2. 友邦的代理人队伍

友邦最大的核心竞争力来自其全球最优秀的代理人队伍。国内保险业圈子里有一个普遍的共识，就是友邦有着最优秀的个人代理人团队，但似乎是“曲高和寡”，一旦谈起如何学友邦经验，很多人又都纷纷摇头说“友邦先发优势太明显，学不了，成本太高”。

友邦代理人团队成功的秘诀究竟是什么？“护城河”到底有多深？忠衣信裳团队对友邦代理人发展的历史进行了梳理，将其与其他险企的代理人进行了比较分析，并结合友邦整体商业模式和企业文化进行了研究，认为**友邦最优代理人机制的成功，是其商业模式和价值观的具象化表现**，对于其他险企而言，虽然无法全盘复制，但其中许多经验值得学习与借鉴。

现代管理学之父彼得·德鲁克说过，“企业存在的唯一目的是创造客户”。商业模式首先要回答的问题就是目标客户——做谁的生意。而聚焦于不同的目标客户，商业价值是有很大不同的。

友邦在一百年前创立时就明确了其客户定位，做中国最富裕阶层的生意。哪怕是在动荡的旧中国，友邦还是敏锐地发现并且成功地经营了最富裕阶层这个细分市场，而这个客户定位也决定了其代理人的定位。

20 世纪 20 年代，友邦创始人史带就将清华学校（清华大学前身）的学生发展为代理人，并邀请他们的老师弗里曼加盟友邦，建立并负责北京分公司。弗里曼凭借其从教经验，走遍了整个中国，为友邦培训出一支优秀的代理人队伍。当年的大学生，是当之无愧的天之骄子，一方面思维最为活跃、开放，代表着新思想、新知识、新文化的方向，另一方面又多为官宦之后或出自富裕之家，与友邦的客户定位完美契合。想想这样一群代理人，挖掘其同学、同事、同乡、同宗、同族关系网所能带来的“生产力”，就不难理解友邦如何实现旧中国寿险市场的领先地位。

把时间快进到 20 世纪 90 年代，友邦重返中国大陆市场后，当时的中国保险行业依然以国有保险公司为主，员工靠死工资吃饭，产品和服务的质量都相当低。面对 10 亿人的蓝海市场，友邦继续采取代理人模式，通过提高佣金、统一培训、人海战术的方式抢占市场份额，取得了巨大成功，一举奠定了其在中国保险市场的地位。这个阶段友邦的代理人制度相对于国内市场而言是个绝对创新，属于降维打击，成功自是当然。

到了21世纪初，代理人鱼龙混杂、泥沙俱下，保险行业的声誉一落千丈，行业进入低谷期后，友邦又敏锐地察觉到时势的变化，及时调整推出了“最优秀代理”策略，提高门槛、加强培训，代理人的招募、管理、培训均坚持贯彻“精英”路线，回归了其高端定位，并一直延续至今。

在行业粗放发展的阶段，精英对于险企的意义不在于专业能力，而在于其背后优质的客户资源。以友邦为例，实行最优代理人计划是其经营高端市场的重要策略，首先就在于优质招聘。据披露，友邦上海2020年新招募的5000余名代理人中，本科学历占比54%、硕士占比10%，67%的人此前有管理经验。且友邦对于营销员专业背景有严格要求，倾向于财、税、法、医领域或名校毕业生（2020年友邦上海增员中有434位十大名校毕业生、264位海归），核心诉求即是借助这些群体背后高层次的私域客流，低成本打开高端市场，同时基于“虹吸效应”实现以优增优，尽可能地吸纳精英人才。

友邦高端客户市场定位与其高端代理人队伍的关系是相伴相生的，正是由于高端客户这一群体对于服务敏感而对于价格不敏感的这一特性，使得友邦的产品相较于同业利润更为丰厚，代理人从中能够分润的佣金也就更加可观，反过来激励代理人更好地为客户服务，形成了一种正向循环。友邦的考核更多聚焦新业务价值这一个指标，背后的原因正在于此。

从效果看，友邦队伍质量也远高于同业。从中国大陆看，2013—2022年友邦中国MDRT人数增长15倍，以单一市场子公司身份位列MDRT注册会员人数全球第一。

即使受疫情影响，友邦中国MDRT注册人数维持高增长，2020年2687人，2021年3282人，2022年4255人。

MDRT，即百万圆桌会The Million Dollar Round Table的简称，是全球寿险精英的最高盛会，保险代理人的最高荣誉。MDRT成立于1927年，当时32名销售业绩在百万美元以上的寿险营销员希望组成一个论坛，致力于扶植高标准的寿险销售概念，树立寿险营销人员的形象。

2022年，友邦保险集团MDRT人数15745人，连续第8年蝉联全球拥有最多MDRT会员的公司，自2010年上市以来，其MDRT会员人数已增长了7.68倍。

保险的性质决定其满足的需求及其产品本身并无本质的差别，因此，企业竞争的关键就会聚焦于服务，而服务又是通过渠道来提供的，而个人代理人是其中最重要的渠道。为确保其提供服务的水平，除了高端招聘外，友邦还打造了独具特色的培训制度，为代理人量身定制递进式培训体系。

友邦通过多种方式加强对代理人的培训。针对新入职代理人，公司提供独有的体验式入门培训，帮助新晋代理人快速起步；推出进阶培训定制课程，允许代理人根据自己的特质和专长选择后续培训课程，提升代理人的积极性和生产力；利用"友邦精英学院"等专业发展平台，快速提升代理人销售技巧和服务能力。整个培训过程长达 18 个月，涉及 MDRT、CHFP（理财规划师）、SAV（自我觉醒愿景学）等涵盖专业知识与个人素质提升在内的丰富课程，系统性优化代理人的专业技能并提升其综合素质。

除既有的国际品牌课程之外，友邦亦与复旦、中欧等知名学府联合打造培训体系。2020 年，友邦中国推出全新的营销员专业化培训体系"AIA U"，并与复旦大学联手打造独家培训课程和认证体系，搭建"千人千面、定制培养"的智能化培训平台。

此外，友邦在培训方面非常舍得投入、肯花大钱。2016 年友邦在泰国设立了友邦领导力培训学院（AIA Leadership Centre），旨在提供一个设备先进的深造环境，以提升友邦的高级行政人员、分销主管，以及资深分销伙伴的知识和技巧。

"AIA Leadership Centre 体现了集团致力于发展公司内部人才的承诺，赋能他们以满足客户对保障和储蓄的需求。AIA Leadership Centre 将提供高效的进修环境、以提升高级行政人员的素质、工作效率和专业水平。"友邦前 CEO 杜嘉琪曾公开表示。

需要说明的是，友邦的代理人培训与许多险企在培训内容和风格上有鲜明的差别。友邦更多的是从人的发展出发，进行专业化的培训，而不像许多险企的培训，更多的是从实现业绩目标的角度出发，培训一系列销售技巧。

友邦的培训究竟有多吸引代理人呢？有个活生生的案例可以分享给大家。忠衣信裳团队一位研究人员的好友是前友邦 IT 人员，后来通过内部转型成为一名代理人，并且仅用了一年时间就成功跻身 MDRT，她的亲身感受是，对成功转型帮助最大的就是友邦的培训体系，一次聊天中，她说"最近培训很多，忙得没时间去拜访客户了"。

什么样的培训能让代理人放下客户、放下业绩也要去参加呢？一定是能够使她综合能力得到强化、眼界和认知得到提升的培训，这就是友邦培训的精髓。"保险是一个服务性行业，要给消费者一个最好的保险服务，公司对员工的责任就是培训。”友邦的管理者如是说。友邦正是以其专业和高水平的培训来保证其政策执行到位，从而实现了专业和高水平的服务。

友邦对代理人的激励也值得关注。以友邦中国为例，其对代理人激励制度进行细分，针对代理人的不同发展路径及不同职级设定多渠道、多种类的收入来源，以基本法而非短期费用激励来长期保障代理人的权益，为代理人较长的培训成长周期充分赋能，留存优质代理人。

在 Agency 2.0 时代，友邦中国提出将代理人收入及新人津贴提升至高于市场平均的水平。友邦中国基本法中，有一项针对新人的、持续 18 个月的津贴，前 18 个月津贴总额可达 30.7 万元，是行业内期限最长、金额最高的新人津贴制度。

除了经济激励外，友邦还发展出了名目繁多的荣誉奖励体系，不但有针对个人设置的系列奖励荣誉，还有针对组织发展的系列称号，比如“十大巨星”“杰出主管”“精英俱乐部”，等等。友邦各地的分公司会在最高档的场所举办“奥斯卡颁奖典礼一样的”代理人奖励大会，业绩最优秀的代理人会被称为“友邦超级巨星”(AIA Super Star)。这些荣誉对代理人的激励作用也不可小视，一方面能够从精神上对代理人给予鼓舞，另一方面对于提升其社会地位也能发挥一定作用，增强其荣誉感和自豪感。

许多险企都意识到“服务是核心竞争力”，但是能真正将其服务理念贯彻到位的寥寥无几。在个险领域，保险客户的服务，代理人是关键，这也是友邦一贯坚持代理人学历要求、考试合格后上岗和品质管理的根本原因。

“优质服务必须发自内心，而且要随时随地充分兑现”，这是友邦对代理人的持续教导。“以人为本，以客为尊”这一座右铭在友邦真的不是一句口号。

再说说刚才那位 IT 转型代理人朋友，忠衣信裳对她如此“华丽”的成功转身十分好奇，所以曾追问她是如何做到的。她坦陈，在成为代理人的前半年，她已经把所有的社会关系“挖掘殆尽”了，半年之后的一段时间业务几乎完全陷入停滞，之所以能坚持下来，是因为“我的那些客户需要服务，我不能不管他们”。这是友邦向每个代理人的谆谆教诲和循循善诱最终开出的“以客户为本”的服务之花，也是许多友邦客户多年来对其不离不弃的原因。

忠衣信裳之所以认为友邦代理人机制的成功是其价值观的体现，是因为即使完全学会了上面这些商业模式方面的安排，可能仍无法复制友邦的成功，根源在于上面这些还都只停留在“术”的层面，在此之上还有一些非常道的“道”，那就是友邦的企业文化。忠衣信裳没有照搬友邦自己总结的企业文化的 slogan，而是更愿意将其概括总结为一个“骄傲、自豪的文化和商业共同体”。

友邦通过其专业、体系化的培训在不断浸润其代理人队伍，乃至全体员工，不断强化一个共同的信念——保险是一个伟大的事业（扶危济困，财富传承），友邦是一家伟大的企业（源于中国，来自美国，百年长青，全球领先），友邦代理人是一份值得骄傲且受人尊重的职业（在实现自身全面发展的基础上为客户提供专业的财富规划服务，与客户共同成长）。

在这一个过程中，代理人达到了主客观的统一和逻辑的自洽：其向客户提供的是一份有价值、负责任的保障，而非一纸合同；其与客户的关系是共生共赢，而非零和博弈。唯其如此，友邦的代理人才能在面对客户时，展现出不一般的自尊、自信、自豪，才能以荣誉感为鞭策，不断拓展为客户提供优质服务的边界。这一点，可以从许多友邦客户的口中得到验证。

坊间流传，友邦不挖“墙角”，对此友邦的解释是挖来挖去“对保险人才的培养没有贡献”，“也会造成保险行业秩序的混乱，增加经营成本”，最终“倒霉的是客户”。这个解释当然没有问题，但似乎还有一个深层次原因不好讲明，那就是其他公司培养出来的代理人，其业绩观、价值观可能已经根深蒂固，很难真正接受并融入友邦的企业文化，引进这样的人才，可能威胁到友邦引以为傲又成效显著的共同信念，这样一来虽然可能收获短期业绩，但却可能影响长期稳健发展。

文化共同体产生的凝聚力同样体现在代理人团队的相对稳定性方面。根据银保监会对外发布的数据显示，截至 2022 年 6 月 30 日，全国保险公司在保险中介监管信息系统执业登记的销售人员 570.7 万人，较 2021 年底的 641.9 万人减少了 71.2 万人。其中，代理制销售人员 521.7 万人，较 2021 年底的 590.7 万人减少了 69 万人，较 2020 年末的 842.8 万人减少 321.1 万人。

在全行业代理人脱落率持续走高的背景下，友邦中国的代理人队伍不但没有萎缩，反而逆势扩大。2018 年以来，中国人寿、平安人寿、太平洋人寿代理人队伍相继减少且不断加剧的同时，友邦中国的代理人队伍展现了逆势下的稳健，2022 年，友邦人寿的营销员数量增长 6%。

忠衣信裳认为，友邦真正的“护城河”是其历经百年打造的世界性驰名品牌及其背后以人为本（这个“人”包括两方面，一方面是客户，另一方面是代理人）、长期稳健的企业文化，以及在此影响下建立起的集招聘、培训、激励等为一体的一整套制度、流程。与之相比，行业称道的优秀代理人团队不是因，而是果。

菩萨畏因，众生畏果。友邦代理人机制可能无法照搬，但并非无法学习，而是要知其因果，再结合自身的商业模式特点和企业文化去有意识、有选择地借鉴。

3. 友邦的国际化

除了拥有一支极为优秀的代理人队伍，友邦的**另一强大护城河是其已经建立的国际化优势**。

经过百年的沉淀，友邦已经探索出一条符合自身实际的国际化道路，业务已经遍布亚太地区 18 个市场。

友邦的国际化进程可以分为三个阶段：

第一阶段是被动国际化阶段。1921 年起家于上海后，友邦经过十年深耕，在中国大陆取得了长足的发展。但好景不长，随着日本入侵中国，中国大陆业务被笼罩在战争的阴云下，友邦不得不思考通过国际化分散风险。

1931 年，史带在中国香港和新加坡设立了公司，并在 1938 年设立泰国公司。如今，中国香港、新加坡和泰国都已成为友邦的重要阵地。

第二阶段是第二次世界大战后的国际化小幅扩张阶段。1945 年第二次世界大战结束后，AIG 及其子公司友邦深耕亚太地区，1947 年在菲律宾成立菲美人寿（PHILAM LIFE），为菲律宾仅有的三家获发综合寿险公司牌照的险企之一；1948 年在马来西亚开设分公司；1957 年成为首批在文莱经营业务的国际寿险公司之一。

第三阶段是格林伯格成为 AIG CEO 后的黄金年代，友邦继续在亚太区扩张。具体情况如表 4 所示。

表 4　　友邦在亚太区扩张

年份	国家	模式
1972 年	澳大利亚	分支机构
1981 年	新西兰	分支机构
1982 年	中国澳门	分支机构
1984 年	印度尼西亚	合资公司（PT. Asuransi AIA Indonesia）
1987 年	韩国	分支机构
1990 年	中国台湾	分支机构
1992 年	中国大陆	分支机构
2000 年	越南	分支机构

续表

年份	国家	模式
2001 年	印度	合资公司（Tata AIA Life）
2012 年	斯里兰卡	收购 Aviva NDB Insurance（ANI）
2013 年	缅甸	设立代表处 2019 年获发牌照
2015 年	柬埔寨	设立代表处

资料来源：忠衣信裳整理。

经过上述发展，友邦成为泛亚地区最大的独立上市寿险集团。根据 2022 年业绩数据，友邦在 18 个亚太地区的业务，大致可以分为三部分：第一部分是中国大陆，无论是业务规模还是利润指标，目前均已成为友邦最为重要的市场，尤其是新业务价值指标，更是位列各市场之首；第二部分是中国香港、新加坡、泰国、马来西亚四地市场，四地作为友邦早期国际化的重要市场，持续为友邦带来极为重要的业绩来源；第三部分是其他市场。

从年化新保费来看，2022 年友邦中国大陆市场实现 13.19 亿美元，占公司整体 24.39%，排第一位；中国香港、泰国、新加坡和马来西亚四个市场分别为 10.78 亿美元、6.55 亿美元、5.31 亿美元、4.40 亿美元；其他市场合计实现 13.84 亿美元，占比 25.6%（见图 3）。

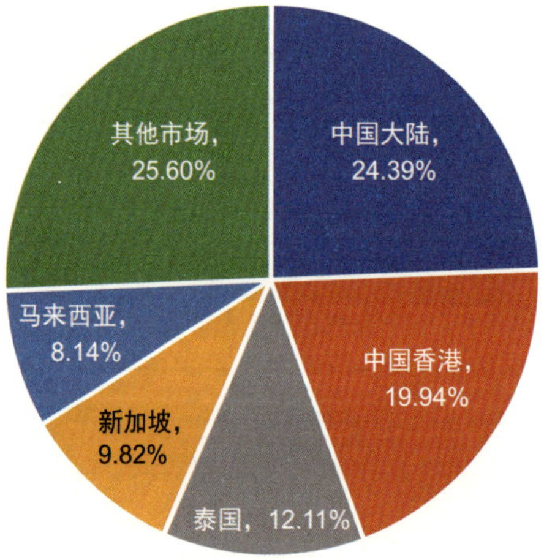

图 3　友邦 2022 年各区域年化新保费占比

资料来源：友邦保险 2022 年业绩公告，忠衣信裳整理。

在新业务价值方面，友邦在主要市场的占比相比年化新保费而言更加突出。2022 年，友邦在中国大陆市场的新业务价值占比达到 27.2%；中国香港、泰国、新加坡及马来西亚分别占比 23.4%、17.4%、10.4%、9.2%；其他市场占比 12.5%（见图 4）。

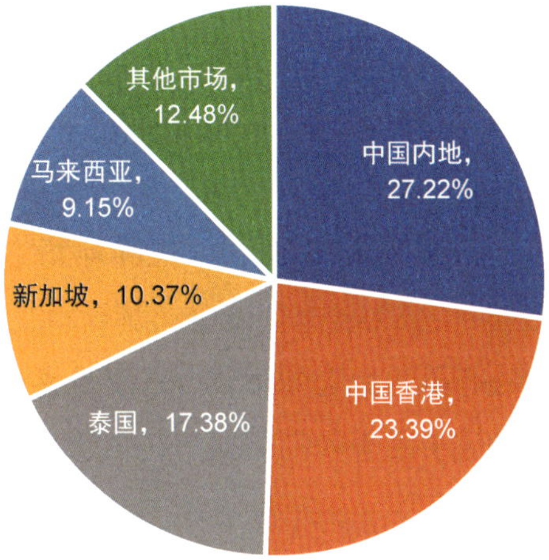

图 4　友邦 2022 年各区域新业务价值占比

资料来源：友邦保险 2022 年业绩公告，忠衣信裳整理。

国际化带给友邦什么样的优势呢？忠衣信裳认为，国际化使友邦具备了极强的降维打击的能力，这从历史上几个极为经典的案例就可见一斑：

一是国内保险史上著名的利差损事件。

所谓“利差损”，简而言之就是给客户的回报过高，超过了保险资金的投资收益，使得保险公司出现巨额的亏损，最终影响保险公司的偿付能力，危及公司与客户。

造成利差损有两方面的原因，一方面是预定利率偏高，另一方面则是投资收益偏低。

故事回到国内 20 世纪 90 年代初，为应对较为严重的通货膨胀，央行大幅加息。随之而来的是保险公司预定利率的持续走高。

1995 年，中国平安和人保寿险（中国人寿前身）在市场上推销预定利率接近 9% 的个人寿险保单。因为保单收益极具吸引力，业务规模快速增长。而友邦没有参与到这场高利率军备竞赛，当年业绩大幅下滑，到 1996 年更是陷入低潮，新保业务下滑至上一年度的 1/3。

当时，无论中国平安还是 1996 年产寿险分家后的中国人寿，都认为友邦已经被打垮，并把友邦的业绩大幅下滑归因于不适应本土环境。

然而风云变幻，从1996年到1999年，央行连续7次降息，尤其是1997年6月和1999年6月两次大幅下调。

当时保险公司的预定利率较少调整，各险种虽不尽相同，但在1997年底前一直为8%左右。虽然1997年底有所调整，降至了4%—6.5%范围内，但与此同时，银行利率的一降再降使得保险预定利率已显著高于银行利率。

突如其来的利率风险使得本土玩家们不知所措。面对降息，本土玩家们不仅没有"斩立决"，反而视其为跑马圈地的好机会，疯狂地拓展业务，甚至通宵开门收单。恶果很快显现，"利差损"成为各家保险公司难以承受的负担。

对于当年投资渠道极为有限的保险公司，一方面是高成本的预定利率，另一方面是低收益的投资回报，导致了巨额的利差损。这也就意味着，谁卖的预定利率高的保单越多，谁的亏损额越大。

我们回看友邦，在此次利差损事件中，虽然在几年间承受了业绩的负增长，但完美摆脱了巨额亏损风险。这源于友邦的国际化视野与经验，高额预定利率难以长期为继是国际上的普遍经验，友邦深知这一点，老牌跨国公司的沉稳老练此时充分显现出来。

时任友邦上海分公司总经理徐正广说，我们知道中国的利率不可能永远那么高，果然三年后降下来了，造成很多公司没有产品可卖。**这种事情不但在中国内地发生，在中国台湾地区、新加坡、日本、美国等地都曾发生过**。这种情况下，我们受到的冲击是不大的，因为我们懂得用长远的眼光来做。

可以看出，友邦的国际化布局、视野与实践经验，是国内本土玩家所不具备的。

友邦的国际化布局优势，也体现在不同地域的风险分散上。

2022年国内保险行业深受疫情影响，主要险企的新业务价值均出现不同幅度的下降。平安人寿、中国人寿、太保人寿、新华保险新业务价值下降分别为24.0%、19.6%、31.4%、59.5%，友邦中国新业务价值下降幅度最小，为17.3%。

从国际市场来看，2022年友邦香港、马来西亚的新业务价值呈正增长，分别为4.1%、8.8%，泰国、新加坡新业务价值下降，分别为3.9%、2.0%，但降幅远低于内地。

二是收购ING马来西亚业务事件。

由于友邦百年持续聚焦传统的寿险业务，且在亚太大部分地区开展经营，因此友邦有机会抓住任何一个市场的整合并购机会。

自1948年以来，马来西亚一直是友邦的重要区域市场。2012年10月，友邦抓住机会，以17.54亿美元收购了荷兰国际集团ING的马来西亚业务，并在2012年12月18日完成相关交易。此次并购前，友邦在当地的市场份额已经位居第四，而ING则排名第三。

经过这次并购，友邦增加了9200名代理人，扩大了在马来西亚的代理分销渠道。同时，友邦继承了ING与当地大众银行的独家合作，扩展了在当地的银行保险分销渠道。大众银行是马来西亚第三大银行集团，在马来西亚国内拥有超过250家的分支机构。

2013年6月，友邦完成了当地两家公司业务的法定合并程序，并统一以友邦品牌对外开展业务，当年，马来西亚友邦一跃成为当地市场份额排名第一的寿险公司，年化新保费和新业务价值分别大幅增长了1.11倍和0.74倍。

除了马来西亚的重量级业务并购，友邦还在2012年9月收购斯里兰卡第二大人寿保险公司Aviva NDB Insurance（ANI），斯里兰卡也因此成为友邦在亚太区的第16个市场。2017年9月，友邦宣布收购澳洲联邦银行（CBA）旗下的寿险业务，包括The Colonial Mutual Life Assurance Society Limited（CMLA）和Sovereign Assurance Company Limted。该项交易于2019年最终完成。伴随着并购的完成，友邦还与原股东银行签署了25年的战略合作协议。

相比友邦成功的国际并购实践，国内保险公司海外并购并不多见，且鲜有成功案例。

由此可见，友邦国际化的经验与能力是目前国内险企不具备的，是其核心竞争力所在，护城河很深。

（三）展望与未来

1. 来自保险行业的三个关切

友邦颇具传奇色彩的百年发展史，既吸引了业内普遍高度关注，同时也带来了对于友邦模式及其未来的一些疑虑，被谈及最多的是三个问题：**一是像友邦这样高度聚焦寿险的商业模式是否有未来；二是友邦高昂的中介费用是否能够持续获得市场和客户的认可；三是“友邦平安化”究竟是福是祸。**

（1）友邦高度聚焦寿险的商业模式是否有未来

当前，国内头部险企纷纷启动生态发展，如泰康火遍大江南北的保险加养老生态，平安深度布局的健康生态等，在此背景下，一些人士开始质疑高度聚焦寿险的友邦模式未来是否还有发展的空间。

对此，忠衣信裳认为，要回答这个问题，首先要明确问题中的这个“未来”究竟是指多远的未来，是五年十年，还是半个世纪？因为时移事易，没有什么是一成不变的。

如果是指中短期，即未来十年，那应该无须多虑，亚太地区，尤其是中国的市场巨大，而友邦对中国市场的开发还有很大的空间。如果是看长期，就需要深入地研究分析一番。

从发达国家的寿险市场看，的确存在天花板效应，当目标客户的需求开发到一定程度，市场的增长就几乎陷入停滞，那么友邦未来是否会陷入同样的境地？

回到对友邦商业模式的分析上来，如前所述：首先，寿险产品是客户永恒的需求，必将长期存在；其次，友邦定位的客户群体，随着经济社会的发展，其绝对数量还将持续增长；最后，友邦高层次、高素质的代理人队伍仍然在忠实地发挥其作用，即使在全球疫情大流行的背景下，仍为公司实现了稳健的增长。

总的来看，在其主要目标市场中高收入阶层寿险渗透率达峰且收入增幅大幅放缓之前，友邦模式仍将展现出蓬勃的生命力，但这并不意味着友邦就可以高枕无忧了。

布局生态化发展的险企正是看到了单一保险产品的局限性，从客户的实际需求出发，采取“保险＋”的战略，走出了差异化发展的道路，形成了多领域之间的协同，打破了单一保险市场的天花板，市场给予的正反馈也证明了其探索的合理性与有效性。

在生态化重资产布局方面，友邦的确落后于泰康、平安等竞争对手。对此，友邦并非一无所觉，例如，2021 年 7 月 16 日，友邦大陆发布“友自在”养老综合解决方案，一站式满足养老客户对于资金储备、健康保障、康养服务的全方位需求，通过培育养老规划师队伍、整合养老产业上下游优质资源组建专业的康养管家并搭建完善的服务定制和评价体系等方式，打造陪伴老人强能、弱能、失能全旅程的康养服务体系。

对此，友邦一直信守“专业的人，干专业的事”这一理念，因此不太可能自己重资产投入来做生态，大多数情况下，会密切关注相关行业第三方服务企业的发展，并第一时间与其中的佼佼者进行对接，促进共赢发展。

归根结底，险企的生态化发展是通过提供保险产品之外更多、更优质的服务来吸引客户，这种服务是自营的还是外购的，对于客户而言可能并不是问题的关键，客户关心的是最终能否获得被承诺的高质量服务。

在这一点上，生态化发展的险企提供的相关服务更大程度上是“自营”的，更易于把控服务质量，提升客户感知与满意度，且与其保险产品紧密衔接，具有明显优势。

友邦未来的发展能否与这一优势相抗衡，主要取决于两个关键因素：一是相关服务领域能否通过竞争产生出优秀的第三方服务机构；二是友邦能否高效对接好第三方为其客户提供优质服务。

其实，友邦在中国大陆自 2018 年便启动了自建医疗健康管理平台的项目。有关友邦大陆自建医疗健康管理平台的公开资料并不多，据了解，目前通过自建医疗健康平台，友邦大陆的高端医疗产品客户、提供“愈从容”重疾专案管理服务的重大疾病产品客户，都可以获得优质、便捷的医疗服务。

（2）关于友邦中介费用高的问题

很多业内人士对友邦高昂中介费用的质疑本身也确有其合理性，因为商业的一般原则就是追求以更低的成本提供更有价值的商品和服务。在进入信息时代，特别是移动互联网时代之前，包括保险业在内的许多行业利用信息的高度不对称，获取了较高利润，而今天信息越来越透明，竞争也愈发激烈，一般而言，高成本、低性价比产品的处境将会日趋艰难。

但从友邦发展的现状看，似乎并未遭遇上述困境。忠衣信裳认为，理解这一问题也需要从其商业模式特别是目标客户去思考。如前所述，友邦始终坚持高端客户的市场定位，并基于这一定位，打造了与之相应的高端代理人队伍，建立了高大上的服务体系。更重要的是，对于保险这个信誉重于生命的行业而言，还有什么比一块历经百年沧桑而光彩依旧的金字招牌更加吸引人呢?

前面还曾讲到，高端客户的一个特点，就是对服务敏感而对价格不敏感，高层次客户相对价格而言，更关注服务的品质与体验。

此外，回归到保险产品本身的独特性上，**保险是一种“不需要时候买，需要时候用”的产品**，这就决定了保险与其他商品均存在差别，不可能坐等客户上门，需要通过代理人培育、启发乃至唤醒客户的需求，可以说，客户的需求一定程度上是被代理人“创造”出来的。因此，代理人的高佣金是对其价值创造的认可，客观上也有其合理性。

特别是对于友邦的高端代理人而言，公司从高端客户那里取得的利润，从中提取一定份额作为佣金，激励其更好地服务客户并努力开拓新业务，可以使代理人利益与公司高度绑定，形成正向激励的闭环。

（3）关于“友邦平安化”

市场上风传，前平安人寿董事长、平安集团联席CEO李源祥接任友邦CEO后，将把平安的“狼性文化”移植到友邦，这与友邦一贯传承的企业文化有所冲突，因此对于友邦的未来不太看好。

对此，忠衣信裳认为，现年已57岁的友邦新任CEO李源祥，是否有意愿从根本上改变友邦的传统文化，这个问题可能要打上一个大大的问号，毕竟一家百年老店的文化基因恐怕不是一任CEO所能轻易改变的。

移风易俗，绝非易事，任何人也不可能凭一己之力完成。正如俗语有云：“一个篱笆三个桩，一个好汉三个帮”。而据忠衣信裳了解，李源祥到任友邦的三年时间里，并未有其前平安下属加盟友邦，至少从目前来看，似并无此意。

2. 来自忠衣信裳的四点关注

除行业关心的核心问题外，忠衣信裳还关注友邦的四点未来：**一是友邦中国大陆发展战略；二是友邦如何结合科技与大健康的发展；三是友邦如何持续国际化；四是友邦的未来接班人问题**。

关于第一点，友邦已将中国大陆的发展作为自身最为重要的战略。

子曰：“工欲善其事，必先利其器。居是邦也，事其大夫之贤者，友其士之仁者。”友邦在大陆市场的开拓，一面着手“分改子”，以“利器”为助，大力拓展机构；一面“牵手”中邮人寿，以“贤友”为助，加快业务发展。

1992年，AIG回归中国市场，友邦在上海设立分公司。2021年6月，银保监会批复同意友邦保险有限公司上海分公司改建为外商独资人身保险公司——友邦人寿，被称为友邦的“分改子”变革。

作为最早进入中国市场的外资保险公司，友邦为什么要进行“分改子”？

2001年5月，当中国入世谈判长达几百页的法律文件起草完毕，并得到所有国家原则同意后，令人感到意外的是，唯一没有解决的就是友邦的问题。在2001年9月中旬，中、美、欧就友邦问题达成了妥协的案文。这个案文的主要内容就是三句话：一是确认分公司是母公司的衍生，不是一个单独的法律实体；二是中国将在此基础上，根据中国的服务贸易减让表，批准设立分支机构；三是遵守最惠国待遇。

2001 年 10 月，格林伯格面见中国高层领导人，曾提出将现有的上海分公司升格为友邦保险中国有限公司，把已有的和将来设置的机构作为该公司分支机构的想法，但这一想法未能实现。

2001 年 12 月，中国成功入世，友邦也获得了丰硕的成果——获准在内地开设了广东、深圳、北京、江苏四家分公司，以及东莞、江门两家支公司。但是，友邦在中国大陆没有一级公司，开设分支机构不便的问题也遗留了下来。

友邦每开一家分公司的程序都相当于新设一个外商投资企业，必须向监管部门重新申请准入，这在当时的法律政策框架下，是很难实现的。而且，友邦在内地分支机构都分别核算，缺乏有效整合，也大大拖慢了在大陆的发展速度。

“分改子”成为友邦在大陆最迫切的诉求，这一问题的解决一直到 2018 年迎来了曙光。

习近平主席在 2018 年博鳌亚洲论坛年会开幕式上提出：“要加大开放力度，加快保险行业开放进程，放宽外资金融机构设立限制，扩大外资金融机构在华业务范围，拓宽中外金融市场合作领域。”

此后，中国银保监会相继出台了多项“新开放政策措施”，《外资保险公司管理条例》也于 2019 年修改，取消了外资保险公司设立两大条件，外资在人身险公司的持股放开至 100%，减少对外资险企设立分支机构的要求。政策利好不断释放，友邦立即抓住了这个重大机遇。

2019 年 2 月，天津、石家庄营销服务部获得批复，这是友邦自 2002 年设立最后一家分公司后首次在内地“扩张”。

2020 年 8 月 18 日，分改子后的友邦中国（友邦人寿）成立，李源祥任董事长，提出要求，“第一件重要的事情是去拓展，在 7 个地区以外，聚焦 10—12 个省份开设分支机构。”

2021 年 4 月 22 日，友邦人寿四川分公司开业典礼在成都举行，这是友邦人寿成立后开设的第一家省级分公司。

2022 年 1 月 6 日，友邦人寿湖北分公司开业。2 月 15 日，友邦人寿宣布，已分别获得银保监会天津和河北监管局批复，同意友邦人寿天津营销服务部改建升级为分公司，友邦人寿石家庄营销服务部改建升级为中心支公司。5 月 30 日，友邦保险宣布友邦人寿获中国银保监会批复，准许在人口近 1 亿的第三大省份河南省开始筹建业务。

至此，友邦在中国大陆长三角、珠三角、中西部、京津冀都布下了局。

友邦终于得偿了“分改子”的夙愿，李源祥意气风发地表示，友邦人寿的设立是友邦逾百年征程中的又一重要里程碑。

友邦分支机构的拓展会直接带来客户群体的增加，友邦 2021 年年中业绩发布会的材料显示，2020 年，就友邦在大陆前期较早进入的市场而言，潜在中产和富裕阶层人口为 1.2 亿，如能完成机构铺设目标，预计到 2030 年，该目标客户数量将增长到 6.27 亿（见图 5）。

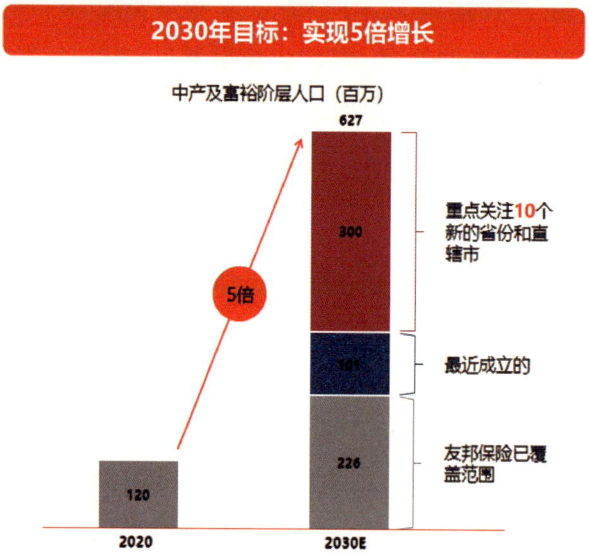

图 5　友邦 2030 年目标

资料来源：友邦 2021 年年中业绩发布材料，忠衣信裳整理。

同时，公司与子公司之间以及公司内部的组织架构将得以重新梳理，友邦可以实现更加高效、敏捷的运作。

获得友邦人寿这一“利器”后，友邦在大陆市场的另一举措就是寻觅“贤友”——入股中邮人寿。

2022 年 1 月 12 日，银保监会官网发布核准中邮人寿注册资本从 215 亿元增至 286.63 亿元，由友邦认购新增注册资本 71.63 亿元。增资完成后，友邦持有中邮人寿 24.99% 股份，成为公司第二大股东。

友邦牵手中邮人寿，虽是意料之外，但也在情理之中。

中邮人寿成立于 2009 年，背靠中国邮政，不仅能与邮储银行开展银保合作，还能通过邮政遍布全国基层的网点进行保险销售，在银保、银邮渠道比较强势，在下沉市场更有优势。

友邦在 2021 年中业绩发布会中表示：中邮人寿拥有中国大陆最大的零售金融分销网络，在全国拥有 4 万个金融网点，零售客户超过 6 亿。对中邮人寿的投资使友邦能够从与友邦中国高度互补的分销渠道和客户群中获取创造价值的巨大潜力。

关于第二点，友邦如何结合科技与大健康的发展。

随着数字化时代的到来，国内大型保险公司纷纷将“保险 + 科技”作为公司发展战略。“科技”逐渐成为各公司的“器”，科技赋能的能力和水平也成为一家保险公司能否实现业务创新、发掘新增长点的关键。

区别于众安科技的“输出型”科技赋能（在忠衣信裳的文章《众安的前世今生》中有详细介绍），**友邦的科技赋能一直围绕着寿险主业，对销售、运营管理和客户服务等方面进行赋能**。

正如前文提及，友邦最大的核心竞争力来自其全球最优秀的代理人队伍。而就科技赋能而言，友邦开发了一整套高效、便捷的数字化工具，赋能代理人的招聘、培训、管理、获客、分销及客户服务的全价值链各环节。

举例来说，2012 年友邦就推出了线上销售平台——销售点技术（iPoS）。

2012 年 3 月美国苹果公司第三代 iPad——“The new iPad”上市，当时应该说拥有一台 iPad 是非常时尚、奢侈的事情。而就在同年的 9 月，友邦新加坡宣布启动在 iPad 上配备安全可靠的销售系统——iPoS 系统，iPad“摇身一变”成为友邦代理人员的展业工具（见图 6）。iPoS 系统一经推出便获得了巨大的成功，不仅给客户带来极佳的保险购买体验，也大大提高了保险代理人的工作效率。截至 2021 年 iPoS 系统的应用在友邦新单销售占比达到 97%。

在对传统营销渠道的科技赋能之外，友邦还积极探索与其他平台开展保险业务合作。2020 年，友邦宣布与众安科技建立数码科技合作伙伴关系，其首个项目在马来西亚的网上购物平台 Shopee 推出。通过在网上销售互联网保险产品来吸引客户，然后经过消费数据分析，甄别出适合的客群，再由友邦的代理人推介更全面的保险产品与服务。

图 6　iPoS 系统

图片来源：友邦保险 2012 年公司年报。

2020 年年中，友邦在过往多年科技实践的基础上更是明确提出了 TDA（Technology 技术，Digital 数字，Analytics 分析）战略理念，并以此作为带动友邦未来发展的核心。通过 TDA 战略实施，友邦旨在进一步打造极具实力的销售平台，提供更具个性、新颖的产品和服务，让客户获得行业领先的用户体验（见图 7）。

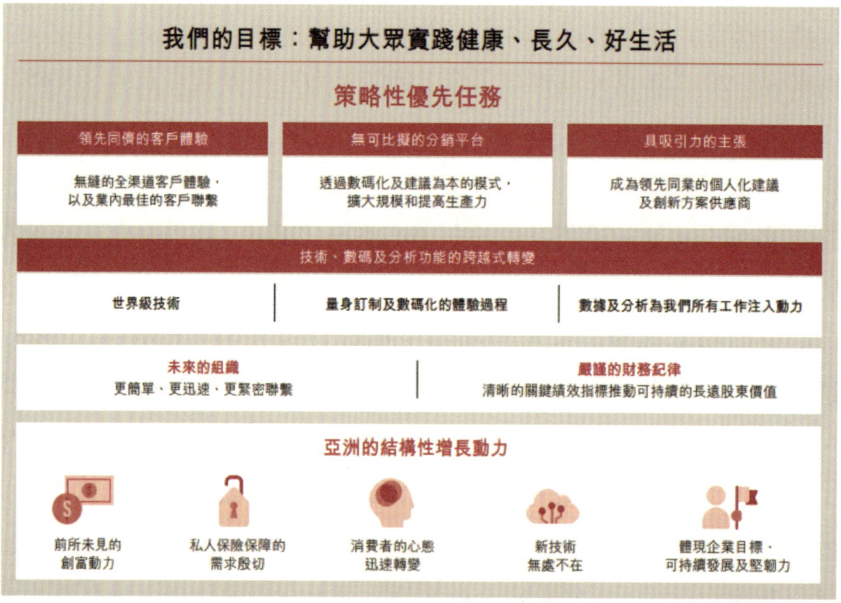

图 7　友邦的目标

图片来源：友邦保险 2020 年公司年报。

忠衣信裳一直以来关注保险和大健康领域的跨界与融合，在2021年发布了两篇文章分别介绍作为中国平安集团大健康生态圈互联网入口的“平安好医生”的基本情况（《二万字长文看中国平安如何布局全球AI医疗科技第一股：平安好医生》），以及泰康保险集团积极探索的健康闭环。

与平安和泰康直接重资产布局医疗生态圈的上游不同，**友邦的大健康生态还是以多元化的产品组合为延伸，通过打造“连接器”的方式**，覆盖健康管理、医疗服务环节，为客户提供差异化的健康医疗服务，提升客户活跃和黏性。

友邦的健康生态系统由四大部分组成：一是AIA Vitality与在中国大陆的健康计划（健康友行）；二是远程医疗和医疗服务机构网络；三是友邦区域医疗通行证；四是专业个人疗程管理服务。

AIA vitality健康计划，鼓励客户自主进行健康管理：客户投保指定AIA Vitality产品即可成为会员，客户完成健康评估、步行、运动健身等健康任务后，可获取保费折扣、保障增长或积分奖励，积分可用于在特定场所消费。

AIA vitality最早是2013年在新加坡市场推出，该健康计划由友邦和南非的健康险公司Discovery成立的合资公司负责运营。目前遍及12个市场，包括新加坡、澳大利亚、中国、菲律宾、马来西亚、泰国、韩国、斯里兰卡、越南、新西兰、印度尼西亚、印度，拥有260余万名健康会员，部分医疗保险、重疾保险、人寿保险、意外及其他保险等超100款保险产品包含该服务。

对公司而言，可以通过AIA Vitality收集客户健康数据，提高客户黏性，并帮助客户改善健康，从而改善健康险赔付率。

远程医疗和医疗服务机构网络：通过与大型的第三方线上医疗平台合作，目前友邦在马来西亚、泰国、中国香港、中国澳门等10个市场提供远程医疗服务。友邦的医疗服务网络可为重疾及高端客户提供医疗建议、个案管理及复康服务，在中国大陆2019年的医疗网络就涵盖超过650家国内和海外医疗服务机构，并在后续持续扩大范围，目前已覆盖千余家。

友邦跨区域医疗通行证：友邦在亚洲广泛的业务覆盖，可以让客户使用国际医院网络，提供方便的区内转介和预约服务，不论客户的保单在哪个市场，均可享用跨境免现金缴费的便利。2020年该通行证可在中国香港、中国澳门、新加坡、泰国和马来西亚五个市场使用，并在2021年进一步扩展至印尼和斯里兰卡。

专业个人疗程管理服务：友邦与Medix建立亚太地区独家合作伙伴关系，为客户提供"个人医疗案例管理服务"（PMCM）。

Medix 于 2006 年成立，是一家提供全球领先、创新、高质量医疗管理方案的国际公司。公司在伦敦、香港、上海、新加坡和特拉维夫设立总部，服务客户群超过 300 万，遍布 90 多个国家。Medix 为全球医疗和人寿保险公司、金融集团、大型企业和政府机构，在医疗领域带来重要的附加价值，协助这些机构从医疗支付者转变为医疗管理者。

"个人医疗案例管理服务"的服务内容包括当客户被确诊或疑似罹患重疾时，在诊断、治疗及康复的整个医疗过程中，都将得到专门的医疗小组的支持，客户将获得全面的医学评估、二次诊疗、转诊、多学科咨询诊断、全面护理、持续指导及情感支持等服务。

符合标准的 AIA 客户将由 Medix 的 300 名内部医生及 4000 多名外部具有世界领先水平的独立医学专家组成的团队审核其病案，以确保病人能得到最佳的治疗方案，服务网络涵盖 2000 多家医疗中心。该服务目前已覆盖 12 个市场。2021 年，在友邦九个市场使用该服务的客户中，21% 获得更完善的诊断，56% 的初步治疗计划作出了修订，并有 71% 客户避免进行如手术等不必要的治疗，整体客户满意度达到 94% 。

关于第三点，友邦的持续国际化。

在友邦过往国际化的发展过程中，其中思路之一就是"降维打击"。亚太市场不仅区域大、人口众多，当前以及未来一段时间仍然还是全世界经济发展最活跃的区域之一。

就目前友邦在亚太地区的布局，我们注意到，至少有三个重要市场可能成为友邦关注的重点。

第一个是印度市场。据报道，2021 年印度人口达 14.1565 亿，正式超过中国，成为世界第一人口大国，人口红利明显。《贝佐斯传》中亚马逊创始人杰夫·贝佐斯曾说，"美国、中国和印度将决定未来""要使亚马逊成为真正的世界一流公司，我们必须在三个市场中占据两个"，可见印度市场的重要性。友邦目前在印度是以合资公司形式经营，在印度市场开拓空间依然巨大。

第二个是日本市场。友邦原母公司 AIG 曾深度进入并取得不错成绩，但在国际金融危机后出售，友邦有机会在未来重新进入。

第三个是中国台湾市场。友邦原母公司 AIG 收购并经营了南山人寿，曾取得台湾市场第二的位置，但也在国际金融危机后出售，现友邦在中国台湾的份额不高，未来也有机会有更大的作为。

对此，忠衣信裳也将持续关注。

关于第四点，友邦的未来接班人问题。

2021 年 5 月 3 日，91 岁的沃伦·巴菲特在伯克希尔哈撒韦 2020 年报中首次明确了接班人问题。他和查理·芒格都想确保公司在他们退休以后仍然保持着巨大的活力和欣欣向荣的发展态势，并在此前确定了选择接班人三条重要的标准：第一，独立思考；第二，情绪稳定；第三，对人性和机构的行为特点有敏锐的洞察力。

在此基础上，巴菲特最终选择了公司副董事长格雷格·阿贝尔作为继任者。巴菲特相信，伯克希尔哈撒韦已经为他和芒格的离开做好了 100% 的准备。至此，外界关心数年的公司接班人问题最终明确。

2022 年，“友邦之魂”谢仕荣已经 84 岁。作为一名国际寿险业德高望重的前辈，谢仕荣带领友邦渡过了艰难时刻，并取得了极为优异的成绩，在将来的某一时点，为这家具有百年基业的企业选择最佳的接班人，是谢仕荣最为重要的历史使命，也是行业和资本市场极为关心的问题。

谢仕荣及友邦董事会选择友邦接班人的标准是什么？这个人会是现任 CEO 李源祥吗？忠衣信裳将持续跟踪关注。

在此文即将成稿之际，友邦公告称将以 100 亿美元回购公司股票，足见其对未来仍是信心满满。有道是，百年煊赫回头望，基业长青足自彰，会当凌顶寰球日，再与诸君论短长。

主要参考资料

赵守兵，2007. 解密友邦［M］. 北京：中国发展出版社.

莫里斯·格林伯格，劳伦斯·坎宁安，2014. ［M］. 上海：人民出版社.

陈玉新，2020. 走进友邦［M］. 北京：中国致公出版社.

罗恩·谢尔普，阿尔·埃尔巴，2008. 友邦背后的金融帝国［M］. 重庆：重庆出版社.

莫琳·希凯，2018. 深度思考：不断逼近问题的本质［M］. 南京：江苏凤凰文艺出版社.

友邦保险股份有限公司，2010 至 2022 年年报.

夏昌盛，等，2021. 友邦保险：真价值真成长，竞争壁垒不断增强［R］. 天风证券.

王剑，2021. 友邦保险：百年问鼎，十年磨剑［R］. 国信证券.

张经纬，2021. 友邦保险：百年寿险基业长青，拓展内地尽享红利［R］. 安信证券.

沈莹，2008. 友邦保险"脱手为难"遭遇信任考验［J］. 环球企业家.

中国新闻网，2010. AIG 和 AIA：两年五任董事长三任 CEO 的传奇故事［EB/OL］. 证券日报，https：//www. chinanews. com. cn/cj/2010/07 –29/2433529. shtml.

刘鹏，2019. 亲历者谢仕荣忆友邦保险"回家"路［EB/OL］. 经济观察网，https：//www. sohu. com/a/313597009_118622.

慧保天下，2020. "分改子"落地，十年超高速成长 3.5 倍，李源祥张晓宇搭档下的友邦人寿如何搅动寿险江湖.

格隆汇，2019. 平安李源祥：寿险是平安最核心业务 更关注可持续发展［EB/OL］. https：//www. gelonghui. com/live/222034.

颜宇，2019. 2.5 亿天价"转会费"揭开中国保险业背后的隐秘. 华商韬略，12 –19.

胡志挺，2020. 55 岁李源祥正式出任友邦保险 CEO 兼总裁，年薪 5000 万. 澎湃新闻，06 –01.

保险文化，2021. 2020 年李源祥薪酬 1783 万美元！2020 年友邦成绩单，还有哪些亮点？03 –15.

宋怡青，2020. 5000 万年薪挖来的李源祥，能为友邦解忧吗？［EB/OL］. 新浪财经，https：//baijiahao. baidu. com/s?id = 1661784556910263820&wfr = spider&for = pc，03 –21.

潘亦纯，2019. 被友邦保险 5000 万年薪"挖角"李源祥究竟何人［EB/OL］. 新浪财经，https：//baijiahao. baidu. com/s?id = 1651220752972081051&wfr = spider&for = pc，11 –26.

环球老虎财经，2020. 从平安加盟的李源祥，能带领友邦坐稳"外资独资寿险第一"吗？［EB/OL］. 百度网，https：//baijiahao. baidu. com/s?id = 1668476301329155438&wfr = spider&for = pc，06 –03.

慧保天下，2020. 对话友邦李源祥：共享亚太区 10 年 10 亿中产阶级爆发红利，专注价值成长，开启友邦第二个百年. 08 – 16.

刘汝佳. 对话掌门人：李源祥详解平安保险业务发展策略 [EB/OL]. 和讯保险，https：//wenku. baidu. com/view/22c3b6797fd5360cba1adb6f. html.

第一财经，2021. 高薪转会后李源祥交首份成绩单：友邦保险新业务价值下降33% [EB/OL]. 百度网，https：//baijiahao. baidu. com/s?id = 1694027959285388019&wfr = spider&for = pc，03 – 12.

慧保天下，2016. 苦难与辉煌｜保险入世十五年系列之三：竞数外资十大风流人物. 12 – 08.

俞燕，2019. 老将李源祥的新征程 [EB/OL]. 贵州政协报，https：//www. gzzxb. org. cn/doc/detail/2663/B1，12 – 06.

骨哥谈谈谈，2019. 李源祥，能挽救友邦吗？ [EB/OL]. 知乎网，https：//zhuanlan. zhihu. com/p/93675462，11 – 26.

梁柯志，贾玉宝，2009. 李源祥：不应以产品形态论“保障” [EB/OL]. 同花顺财经网，http：//invest. 10jqka. com. cn/20091210/c61697561. shtml，12 – 10

黄蕾，2017. 李源祥：科技已渗透到平安传统金融各核心环节 [EB/OL]. 中国证券网，https：//news. cnstock. com/news，bwkx – 201711 – 4154274. htm，11 – 20.

保险文化，2011. 李源祥：邻家大哥样的 CEO [EB/OL]. 全景网，http：//www. p5w. net/money/bxlc/bxzx/201110/t3868098. htm，10 – 13.

新浪财经，2020. 李源祥：通过科技降低保险成本、提高保障、做好风控 [EB/OL]. 百度网，https：//baijiahao. baidu. com/s?id = 1678694024525800168&wfr = spider&for = pc，09 – 24.

金融界，2018. 李源祥获中国政府友谊奖中国平安第四位高管获此殊荣 [EB/OL]. http：//insurance. jrj. com. cn/2018/09/30092025154067. shtml，09 – 30.

环球老虎财经，2019. 李源祥其人 [EB/OL]. 百度网，https：//baijiahao. baidu. com/s?id = 1651132904273489153&wfr = spider&for = pc，11 – 25.

朱志超/21 经济网，2016. 李源祥首度解读平安寿险改革原委 从“大中央式”到“权力下放” [EB/OL]. 搜狐网，https：//business. sohu. com/20160823/n465438962. shtml，08 – 23.

田园/红星新闻，2020. 李源祥跳槽友邦，出任 CEO 兼总裁，年薪 700 万美元 [EB/OL]. 百度网，https：//baijiahao. baidu. com/s?id = 1668537375943576466&wfr

= spider&for = pc，06 – 04.

启林/创业圈，2021. 李源祥掌舵友邦一周年遇难题：友邦中国业务价高质次，高价值率难持续［EB/OL］. 澎湃网，https：//m. thepaper. cn/baijiahao_13800610，08 – 03.

长江商报，2021. 李源祥转会友邦首年领薪 1. 16 亿元 中国内地分部新业务价值贡献最大［EB/OL］. 商业周刊网，http：//www. meilisishui. com/news/2021/0323/44749. html，03 – 23.

丁冬，杨颢，2019. 平安，告别“外援”时代. 棱镜，12 – 04.

张晓琪/界面新闻，2019. 平安管理层谈李源祥离职对集团影响：寿险正经历战略调整［EB/OL］. 百度网，https：//baijiahao. baidu. com/s?id = 1652542430398775380&wfr = spider&for = pc，12 – 10.

商情/理财观察，2010. 平安人寿掌门人李源祥解构平安超常规增长［EB/OL］. 网易财经，https：//www. 163. com/money/article/674F56230025335M. html，05 – 20.

肖莉，2007. 平安人寿总经理李源祥升任董事长［EB/OL］. 和讯网，http：//futures. money. hexun. com/2039604. shtml，02 – 01.

杨倩雯/第一财经，2019. 平安重量级“外脑”李源祥转战友邦，16 年平安生涯怎样领跑？［EB/OL］. 百度网，https：//baijiahao. baidu. com/s?id = 1650907813088188285&wfr = spider&for = pc，11 – 22.

邓雄鹰，2020. 前平安大将正式接掌友邦帅印，曾因 2. 5 亿转会费刷屏金融圈，李源祥将为友邦带来什么？. 券商中国，06 – 02.

齐德隆，2020. 前平安高管李源祥 5 千万年薪 + 2 亿赔偿履新“友邦”. 蓝筹企业评论，06 – 04.

吴敏，鲁哲之，2020. 友邦保险“分改子”获批 李源祥任董事长［N］. 华夏时报，06 – 21.

新浪财经网，2021. 友邦保险 CEO 李源祥：寿险行业为金融市场提供更好的稳定［EB/OL］. http：//finance. sina. com. cn/china/2021 – 03 – 20/doc – ikkntiam5862289. shtml，03 – 20.

袁元，2022. 友邦保险集团首席执行官兼总裁李源祥：通过全球积极合作实现平衡公平的经济复苏［N］. 证券日报，01 – 16.

丁倩，2022. 友邦保险首席执行官李源祥：预计到 2040 年亚洲将产生全球

50%的 GDP [EB/OL]. 大河财立方网, https://www.dahecube.com/article.html?artid=117315, 01-15.

13 个精算师, 2020. 友邦人寿, 真来了! 首家外商独资寿险公司, 友邦顺利实现“分转子”, 董事长李源祥带队全新起航! .06-19..

A 智慧保, 2020. 友邦人寿正式落定“祥宇”组合开启下一个百年友邦中国行! 如何铺设机构最受关注.06-19.

韭黄盒子, 2019. 友邦为何找平安李源祥接任友邦集团 CEO 兼总裁? [EB/OL]. 雪球网, https://xueqiu.com/2784754375/136210344, 11-23.

保观察, 2020. 中国平安给千万年薪留不住的男人, 为何跳槽到这家险企? .06-03.

很好吃的馒头, 2019. 中国平安联席 CEO 李源祥离职简单看法 [EB/OL]. 雪球网, https://xueqiu.com/3107214611/136222628, 11-23.

左娜, 2018. 专访李源祥: 一路平安 与你同行——访 2018 年中国政府友谊奖获得者、中国平安集团副首席执行官、首席保险业务执行官李源祥 [J]. 国际人才交流.

龙永图, 2020. 龙永图披露当年最后一场入世谈判经历, 中美如何博弈与合作 [J]. 财经.

潘亦纯, 2021. 友邦保险空降为中邮报保险二股东 意料之外的合作引发哪些遐想 [N]. 新京报, 06-30.

陈恳, 2014. 迷失的盛宴 [M]. 杭州: 浙江大学出版社.

中国平安保险(集团)股份有限公司, 首次公开发行股票(A 股)招股说明书.

欧阳晓红, 2009. 平安虚惊? 马明哲在保监会吐苦水称利差损 800 亿 [N]. 经济观察报, 12-20.

张彬杨, 2019. 保险行业的利差损毒丸 [EB/OL]. 知乎网, https://zhuanlan.zhihu.com/p/76280019, 08-02.

保险行业专题报告: 从友邦转型探究内地险企代理人发展之道. 未来智库.

中国人寿保险股份有限公司, 首次公开发行 A 股股票招股说明书.

武平平, 张一纬, 2019. 寿险业比较研究系列深度报告二: 从平安和友邦视角看龙头险企业务发展及配置价值 [R]. 中国银河证券, 12-13.

张经纬，2021. 百年寿险基业长青，拓展内地尽享红利［R］. 安信证券，01－22.

夏昌盛等，2021. 真价值真成长，竞争壁垒不断增强［R］. 天风证券，03－22.

马婷婷，等，2021. 核心优势树立壁垒，价值具备持续增长动力［R］. 国盛证券，01－25.

崔晓雁，2021. 泛亚寿险标杆——内地分改子、迎接新气象［R］. 华金证券，01－07.

夏昌盛，等，2020. 为何看好友邦中国？定量测算未来中国区业务空间［R］. 天风证券，08－31.

王舫朝，等，2020. 寿险龙头将在大陆开疆拓土［R］. 信达证券，08－23.

沈娟，等，2020. 从友邦转型探究内地险企代理人发展之道：好风凭借力，转型向通途［R］. 华泰证券，04－20.

兰晓飞，2020. 友邦保险的核心价值的变革与启示［R］. 中银证券，03－31.

陆韵婷，等，2019. 持续稳定高增长新业务价值和真实可靠内含价值共同铸造的寿险负债端运营典范——友邦保险深度研究［R］. 中泰证券，05－21.

洪锦屏，2017. 稳健前行，跬步千里——友邦的保险蓝筹修炼手册［R］. 华创证券.

中国银行保险监督管理委员会官网，http：//www. cbirc. gov. cn/cn/view/pages/index/index. html.

中国平安保险（集团）股份有限公司官网，http：//www. pingan. cn.

中国保险年鉴（2008－2020）.

中国平安保险（集团）股份有限公司，2010 至 2020 年年报.

中国平安保险（集团）股份有限公司，2004 至 2020 年业绩发布会.

黄嵋，2010. 平安个险新单超国寿 第一阵营排位渐变［N］. 21 世纪经济报道，12－22.

向日葵保险网，2015. 平安人寿保险五年抢夺县域市场份额［EB/OL］. http：//www. xiangrikui. com/shouxian/toubao/20150105/411720. html，01－05.

今日保，2018. 从三大联席 CEO，看平安历史上的四波重大人事调整. 12－19.

今日保，2018. 死磕平安 VS 干掉国寿 2018 最大悬疑：谁是寿险一哥？.

燕梳新青年，2014. 平安与国寿红色双雄的迥异宿命［EB/OL］. 新浪网，http：//finance. sina. com. cn/zl/insurance/20141223/111421143571. shtml，12 – 23.

沃保网，2010. 中国平安寿险新单超国寿 靠策略差距［EB/OL］. https：//news. vobao. com/article/676999111665. shtml，12 – 23.

黄蕾，2014. 平安欲五年内兑现超人计划 觊觎寿险头把交椅［N］. 上海证券报，12 – 17.

李致鸿，2019. 平安 PK 国寿：谁的改革工程更胜一筹？［N］. 21 世纪经济报道，09 – 24.

朱志超，李致鸿，2016. 平安人寿迎变局：沿袭 13 年区域事业部制“改弦易张”新设五大事业部 + 共享中心［N］. 21 世纪经济报道，06 – 21.

陈婷婷，2016. 国寿转战城区 平安借互联网深耕农村市场［N］. 北京商报，04 – 06.

佚名，2009. 平安 40 万军团交叉战术 寿险业新黄金十年［N］. 21 世纪经济报道，12 – 10

朱志超，2014. 平安力推“综合金融”五年“抢夺”县域市场份额［EB/OL］. 21 世纪经济报道，https：//m. 21jingji. com/article/20141212/98e1a0dd241f8e8cdd de944ab12192b6. html，12 – 12.

胡金华，2010. 保诚香港上市融资超千亿 并购友邦双方展开攻防战［N］. 华夏时报，05 – 28.

谈璎，2019. 上海和 100 岁的“友邦”［N］. 新民晚报，05 – 15.

李令儀 . 谢仕荣博士荣誉工商管理学博士赞辞 . 香港大学

刘鹏，2019. 亲历者谢仕荣忆友邦保险“回家”路［EB/OL］. 经济观察网，http：//www. eeo. com. cn/2019/0513/355838. shtml，05 – 13.

刘更芳，2006. 永远信守承诺——专访友邦保险董事长谢仕荣先生［J］. 当代金融家 .

五、二万字长文看中国平安如何布局全球 AI 医疗科技第一股：平安好医生

2013 年的一天，在熟人介绍下，中国平安集团董事长马明哲与在互联网业内被称为“中国软件运营应用之父”的王涛见了一面，双方交流了一些对未来互联网发展的看法。

马明哲说，医疗领域互联网的渗透率不高，但相信未来一定会有巨大发展前景，并把早已埋藏在心中的“医网、药网、信息网，三网合一”的想法告诉了王涛。此时的王涛已经辞去阿里巴巴集团副总裁、阿里软件总裁一职，创办了炬腾网络，涉足网游行业，王涛被说动心了。

2014 年 3 月，王涛走马上任，出任平安健康险董事长兼首席执行官，一时引起保险圈广泛关注。大家都很好奇，王涛将如何带领这家全球保险巨头布局互联网医疗，会给传统保险业带来什么样的变化？

王涛是名副其实的少年天才，16 岁便进入南京大学少年班计算机软件系，先后在微软、金山、阿里工作，职场生涯一路高开高走。

据坊间传闻，马明哲给王涛 3 年时间，要求把平安的互联网医疗版图打造成行业老大。当时春雨医生、挂号网（微医前身）已经做得风生水起，平安想后来居上，并非易事。

上任之后，王涛异常低调，很长时间里把自己关在上海娄山关路的一处办公室里，几乎大门不出二门不迈。2015 年 4 月，平安好医生 APP 正式上线，成为医疗健康服务平台级入口。

在中国平安的大力扶持以及王涛的带领下，平安好医生一路高歌猛进，创造了多项奇迹。

2016 年 5 月，平安好医生完成 5 亿美元 A 轮融资，投后估值达到 30 亿美元，

创下全球互联网医疗领域最大单笔融资以及A轮融资最高估值记录。

2017年12月，平安好医生获得日本软银4亿美元Pre－IPO融资，投后估值超54亿美元。据知情人士透露，日本首富孙正义做出投资平安好医生的决定仅仅用了10分钟。孙正义曾在公开场合表达，平安好医生拥有全球最先进的AI医疗科技。

2018年5月4日，平安好医生在香港上市，公开认购部分获得超额认购654倍，冻结资金超3768亿港元，估值约为75亿美元。平安好医生用3年9个月完成上市，创下境内科技独角兽最快IPO纪录。

2020年4月15日，平安好医生市值突破**1000**亿港元，王涛在社交网络上感慨：千亿梦想，真的实现了。

出人意料的是，仅仅一个月后，王涛宣布辞去平安好医生董事长及CEO职务，由平安医保科技董事长兼CEO方蔚豪接任。在方蔚豪的带领下，平安好医生启动全面战略升级。

2021年2月16日，平安好医生市值突破**1700**亿港元，再创历史新高。

经过8年的发展，截至2022年末平安好医生累计注册人数达4.54亿人，累计咨询量达到13.5亿人次，累计付费用户数量近4300万人，形成了**医疗服务、消费医疗、在线商城、健康管理和互动四大业务板块**（伴随着平安好医生战略2.0的深化与落地，自2021年年报开始，四大业务板块不再单独披露营业收入及毛利情况，而是整合为医疗服务和健康服务两个分部进行列示，鉴于新的披露口径不利于完整展现平安好医生业务发展的历史沿革，故仍沿用此前分类口径），实现营业收入73.34亿元。

平安好医生究竟是一家什么样的企业？成立8年来是如何发展到今天的？忠衣信裳成立了16人研究团队和11人写作团队，收集了几乎所有平安好医生公开信息，整理了市面上几乎所有公司公告、券商研报、媒体报道、业绩发布会材料，并两赴上海，与平安好医生董事会秘书、IR、PR、北京分公司负责人、市场总监等进行了交流，力争从关键人物、业务演进、现有业务、融资与IPO、竞争格局、争议与未来六大方面深度完整地介绍全球AI医疗科技第一股：平安好医生。

（一）关键人物

1. 马明哲：中国平安集团创始人、董事长

2022年8月3日，《财富》世界500强排行榜发布榜单，中国平安位列第25

位，这家1988年才诞生于深圳蛇口的企业，在创始人马明哲的带领下，一路披荆斩棘、不断自我进化，多年来连续跻身在全球大型金融企业的前列。

在国内著名企业家群体中，马明哲、马云、马化腾被并称为"三马"，他们的英文名分别是Peter Ma、Jack Ma、Pony Ma。Peter Ma是1990年7月取的，马明哲为此还写了一则"Peter公告"在《平安之友》刊登。他幽默地说："诸位同仁，今后除了'马明哲'外，还可以称我为Peter Ma，若在此之前已有某位同仁叫Peter的，可找敝人抗议，Peter Ma愿与之寻求解决的途径。"

在全球金融保险业，马明哲这个名字，无人不知、无人不晓。美国第74任财政部长、全球顶尖投行高盛集团前董事长兼CEO亨利·保尔森曾说："Peter是我职业生涯中曾有幸合作且令我敬慕的一位杰出企业家。他从一无所有创建了平安，并成功地将其建成了世界上最优秀的公司之一。平安的成长故事是一个不断创新、坚韧不拔和展现超群领导力的壮举，也是中国经济奇迹的一个缩影。"

马明哲极为重视科技，不同于一般的金融保险企业领导人，他是一个地道的"科技迷"，比平安绝大多数人先用上微博，最早就用上了微信。2010年苹果发布iPad后，马明哲又要求高管们在日常工作中使用，推行移动办公，甚至拒绝内部的纸质文件签字。

令忠衣信裳创始人记忆深刻的一个细节是，2004年中国平安H股上市路演会议间隙，马明哲看见陪同路演的高盛一帮年轻人都用一个叫"黑莓"的东西。打听后，他发现"黑莓"可以用来移动办公——"这对平安太有用了"。兴奋的马明哲很快就让公司相关人员去落实，在当时黑莓价格还比较昂贵的情况下，使之成为平安干部的"标配"，用其提高工作效率，实现随时随地办公。他曾说，企业要科技转型，企业的领导人自己也要当科技发烧友。

除了科技，马明哲还极为重视健康产业。2017年1月，他曾说："一手管住用户的钱、一手管住用户的健康，这样用户就离不开平安了。"可见，健康管理被他放到前所未有的高度。

中国平安很早就涉足医疗健康领域。2005年，平安健康险公司成立，是中国平安旗下的专业健康保险公司。2010年，平安健康险引进战略投资者——南非最大的健康险公司Discovery，致力于发展中国高端健康管理及新兴私人医疗保险市场。

平安好医生，正是在马明哲重视科技与健康的前瞻性思维下创立的。平安好医生服务于中国平安的整体战略定位，是中国平安医疗健康生态的重要组成部分。

2. 王涛：将平安好医生打造成为全球 AI 医疗科技第一股

作为创始人、任职 6 年的 CEO，对于平安好医生而言，王涛无疑是最为关键的人物。

在书香门第熏染下成长的王涛，自小便是“别人家的孩子”。他 16 岁考入南京大学少年班计算机软件系，20 岁时赴美国留学，取得西南得克萨斯州立大学计算机科学硕士学位。

毕业后在微软、创维和金山积累了丰富经验的王涛，于 2004 年加入阿里巴巴集团担任集团技术副总裁，参与创建了阿里巴巴 B2B、淘宝和支付宝技术和运维平台的搭建。2007 年晋升为阿里巴巴集团资深副总裁兼阿里软件总裁，成为马云早期“五虎将”之一。2009 年，王涛从阿里离职，创立江苏炬腾网络技术公司，运营了中国首款大型社交网游“哈皮星球”。

时至 2013 年，正是中国平安寻求健康险转型之时，擅长发现并引入高端人才的马明哲锁定了这位互联网领域的翘楚。

2013 年 12 月，王涛受邀加入中国平安。他说，“无论医疗还是保险，这两个万亿级市场都是十分传统的行业，很好奇两者通过互联网能够催化出什么神奇的化学反应。”

这个决定，改变了王涛的人生轨迹，也是平安健康险成立近 10 年来最大转折。在 2014 年一整年里，王涛将专业互联网人的眼光与传统的保险经验相结合，开始重塑平安健康险的逻辑体系。

2014 年 3 月，王涛正式出任平安健康险董事长兼首席执行官。他首先将互联网新业务从平安健康险剥离，于 2014 年 8 月单独成立平安健康互联网股份有限公司。2014 年 11 月，成立平安健康医疗科技有限公司，即平安好医生；2015 年 4 月，“平安好医生” APP 上线。

王涛加入中国平安后，带来了阿里的“三个火枪手”白雪、吴宗逊、王齐，三人此前分别为阿里巴巴软件有限公司人力资源部总监及阿里巴巴软件（上海）有限公司市场部总监、淘宝商户平台事业部副总经理、阿里巴巴集团技术副总裁，后来分别出任平安好医生首席运营官、首席产品官和首席技术官。

在平安好医生的日子，王涛非常非常忙碌，偶尔的周末，王涛才有时间捡起自己的兴趣爱好，打上几局高尔夫。球场高处立着奔驰的广告牌“The Best or Nothing”。同样在这个球场，马明哲曾指着广告牌表示，平安好医生要么出众，要么出局。这背后，是马明哲作为集团股东对平安好医生的期待。

在加盟平安的6年多时间里，王涛推动了平安好医生的创立和成功上市，并将其打造成为全球AI医疗科技第一股。

然而天下没有不散的宴席。2020年5月，随着一纸公告，王涛离开了这个他曾经用狼性般的意志拼杀过的战场，跟随他的团队成员也悉数离职。

王涛在社交媒体对自己6年的平安好医生职业生涯回顾，"回想2013年底，受马明哲董事长邀请，探索中国互联网医疗健康之路。平安好医生仅仅用了3年半时间，完成香港联交所的上市；并在上市两周年之际，市值突破1300亿港元。"对于离职的原因，王涛表示"6年的奋战，和家庭聚少离多，接下来，我希望多花些时间陪伴家人，多交交朋友"。

2023初一篇名为《平安好医生原董事长王涛"卷土重来"：获阳光保险支持，要PK平安好医生?》的文章，让沉寂了3年的王涛再次回到大众视野。离开平安好医生后，王涛并未放弃在互联网医疗领域的持续探索，打造了新的互联网医疗平台——昱极科技，获得了阳光保险投资，其后续发展值得关注。

3. 方蔚豪：从提出战略升级到开启战略调整

与互联网领域出身的王涛不同，方蔚豪在接任平安好医生CEO前，已在平安系统内的多个业务板块担任了重要角色，对平安系统有着较为全面的认知。

同为书香门第出身的方蔚豪，毕业于北京理工大学机械工程及自动化专业，后获中欧国际工商学院工商管理硕士学位、西安交通大学应用经济学博士学位。

在加入中国平安之前，方蔚豪先后在中化集团和远东租赁任职。2012年，中国平安决定进入融资租赁市场，时任远东租赁常务副总经理的方蔚豪被马明哲相中并引入中国平安。

在中国平安，方蔚豪创建了平安国际融资租赁有限公司，后担任平安租赁董事长兼CEO、平安医保科技董事长兼CEO等，熟悉平安集团医疗科技领域的布局，平安内部对其评价颇高。

2020年5月，方蔚豪接任平安好医生CEO时，同时兼任平安医保科技和平安租赁一把手，这3家公司的业务都与平安医疗大健康战略密不可分。

此时的平安好医生，经过6年的发展，已经走过了从0到1的阶段，成为中国领先的互联网医疗健康服务平台，市值突破千亿港元，公司的战略、人才、服务等方面都将迈上一个新的台阶。

进入创业 2.0 时代的平安好医生，对于方蔚豪来说既是机遇也是挑战。

方蔚豪上任伊始便提出，平安好医生将聚焦渠道、服务、能力三大方向，启动全面战略升级。

按照起初的规划，短期内平安好医生会继续重点发展自建医疗团队和外部名医体系，同时聚焦互联网医院项目和医保接入的机会。在健康管理板块上也将着力发展，与医疗板块形成协同。此外还将积极协同集团的医疗生态圈相关单位，扩大与线下健康检测和体检机构的合作，形成线上线下一体化的闭环生态。中长期目标是打造未来中国规模最大、模式最领先、竞争壁垒最坚实的互联网医疗服务平台。

而伴随着时间的推进，以及中国平安集团提出的新的医疗健康战略升级，2021 年 10 月，平安健康发布战略 2.0 深化，自此将自身发展的重心聚焦到了“管理型医疗 + 家庭医生会员制 + O2O 医疗健康服务”的商业模式，并将平安好医生的定位明确为：以家庭医生会员制作为核心入口和关键抓手，承接用户医疗健康需求、链接医疗健康资源和提供医疗健康服务，拓展线上线下服务网络，搭建一体化的医疗 + 健康服务平台。

忠衣信棠发现，平安好医生此次发布的战略，将服务平安集团及其客户摆在首要位置，同时已不再特别强调 AI 辅助诊疗及自建医生团队的关键作用。我们认为这是平安好医生发展历史上一次重要的战略调整。

（二）业务演进

互联网医疗一向以高门槛著称，这个门槛除了传统的资金门槛之外，还有两个方面：一是来自供给侧的医疗、医药、健康服务的门槛；二是来自需求侧用户端的门槛。

供给侧方面，能否获得足够多、足够好的医疗、医药、健康服务资源，是互联网医疗企业发展的基础。

需求侧方面，医疗不是高频服务项目，如何获取足够多的用户并进行转化，是互联网医疗企业实现商业闭环的关键。

绝大多数互联网行业都是流量为王，需求决定供给。但大健康行业恰恰相反，是供给决定需求。在大健康行业，单纯的流量很难形成价值，本质需要创造供给能力，供给能力是这个行业最大的核心价值。

据此，忠衣信裳团队将从平安好医生供给侧的医疗业务的演进、医药业务的演进、健康管理业务的演进，需求侧的用户增长演进加以介绍。通过系统梳理平安好医生的业务演进，以及业务演进背后的思考逻辑，让读者更容易理解平安好医生是如何一步步走到今天的。值得一提的是，目前市场上完整介绍平安好医生的业务演进历程的文章基本是空白，将此介绍清楚殊为不易。

1. 医疗业务的演进

（1）与众不同：自建医疗团队

平安好医生成立时的创业环境，讲究"唯快不破"，快速定战略，快速执行，快速起量，快速出成果。平安好医生在构思初期，也想过快速圈起业务。一方面，不少阿里出身的创始团队成员，对轻资产的平台模式驾轻就熟；另一方面，平安好医生在互联网医疗的棋局里，并不是第一个落子的公司，想要获得先机，时间紧迫。

当时互联网医疗行业的主要做法是找一些医生在线上做兼职，既无法保证质量，也无法保证效率。"不能再用电子商务的方法论，去走医疗的路"。王涛决定让平安好医生拥有自己的医疗队伍，**平安好医生成了行业里第一家招聘全职医生做互联网医疗的企业**。

王涛要招募医生的想法，被团队成员泼过冷水。"通过互联网搭建健康问诊平台，这种交流形式老百姓不一定买账，支付会是问题。再者自建医生团队，不像招募一个产品团队这么简单，说服医生脱离体制需要勇气、资金和一个可预见的未来"。有人不客气地说，这么玩肯定入不敷出。

王涛坚持需要对医生有管理权和话语权，才能谈质量和效率，"既然我们不能面对面询问，就要在交流的时候更仔细、时长更久"。

自 2014 年 8 月起，平安好医生组建起了一支医疗队伍，提供线上咨询问诊等服务。王涛希望，平安好医生这个入口的吸引力，能来自一群专业的医生。

医生是在线诊疗的核心。**平安好医生最初便把自建医疗团队作为重要战略举措**，把医生变为员工，线上服务不再是业余时间的兼职，而是本职工作，自建医疗团队保证了问诊质量和效率。

平安好医生选择了自建医疗团队的重资产道路，平台一经问世，注册用户和日活数据就证明了市场的热情。2016 年 8 月，平安好医生 APP 上线一年零四个月，注册用户数突破1亿。根据2021年中报披露的数据显示，平安好医生拥有了超过2000人的自建医生团队。（值得注意的是，2021年中报后，平安好医生不再官方披露自建医生团队人数，取而代之的是内外部医生的总人数。截至2022年末，平安好医生拥有的内外部医生团队总人数超过4.9万名。）

（2）科技赋能：打动孙正义的自研AI辅助诊疗系统

平安好医生APP上线一年多后，留存了上亿个问诊案例与健康数据，积累了几亿条的互联网问诊、用药等医疗大数据。

平安好医生内部做过一个测算，按照当年问诊量增长的速度，在自建医生服务能力不变的情况下，到2020年，平安好医生至少需要1万名医生。显然，靠人海战术扩张服务并不现实。要降低边际成本，必须依靠技术革新。

基于AI的机器人医生可以打通全科室的数据，提供7×24小时全天候服务，使得辅助问诊数量大幅提高。有研究表明，AI机器人仅通过4年训练，就学习了200本肿瘤领域的教科书、300种医学期刊、1500万份文献和60多万条临床试验中的医疗证据。

通过AI辅助诊疗系统，问诊前，AI医生助手根据患者输入的需求匹配最合适的医生，有效提高用户问诊体验和问诊效率；问诊过程中，AI医生助手高效收集用户相关问诊信息，并作出初步诊断，帮助医生提供专业的参考，同时可以给出个性化的用药建议。

王涛坚定在平安好医生推动AI技术，并且定下了30亿元的AI开发计划。

自研AI辅助诊疗系统成为平安好医生互联网医疗平台的核心引擎，由智能重症监护系统、AI智能辅助问诊系统、合理用药监测系统和智能医疗安全监控平台组成，是保证医疗服务质量，提升医疗服务效率，降低服务成本的关键。

2020年4月，平安好医生的AI系统得到了世界家庭医生组织WONCA颁发的认证证书并被评为最高级别，确立了平安好医生AI技术的全球领先地位。

日本首富孙正义非常认可平安好医生基于AI科技的平台模式，认为其有望成为医疗界的阿里，并借助软银的国际化布局帮助平安好医生将在线医疗服务推广至日本、东南亚。

目前，AI辅助诊疗系统已覆盖超过2000种疾病的诊断知识，导诊准确度超过99%，辅助诊断准确率在95%以上，为医生开展医疗服务提供更多的知识和效率赋能，同时有效提升了诊前收集患者信息的效率。

2023 年，忠衣信裳团队阅读了《深度学习革命》一书，伴随着 ChatGPT 的发布，掀起了新一轮人工智能热潮，比尔盖茨认为人工智能时代已经开启，其与互联网、移动互联网同样具有革命性。忠衣信裳认为，通用人工智能与医疗卫生领域大数据的结合具有广阔前景，有望从根本上重塑医疗卫生体系。作为国内 AI 辅助诊疗先行者的平安好医生，不应错过这一历史性机遇。

（3）能力升级：建立四层医生网络体系

2020 年，方蔚豪上任董事会主席兼 CEO 后，对平安好医生的医疗业务进行了战略升级。他指出，过去平安好医生把更多精力聚焦在 AI 医生助手和自建医生团队两层上，战略升级之后，平安好医生的医生体系将进一步壮大和丰富，即壮大外部专家团队和引入名医大咖，更深程度地帮助患者解决医疗问题，在服务疑难重症患者的同时，建立更加专注的严肃医疗形象。

外部专家主要提供非实时的在线咨询、线下名医二诊等服务。2021 年上半年，平安好医生已有累计超过 3.8 万名来自全国的外部医疗专家，其中约 70% 来自三甲医院。而到了 2022 年末，平安好医生对外公开披露的内外部医生团队合计人数超过了 4.9 万名。

名医大咖是严肃医疗形象的代名词，主要在于制定精准的、可信任的专家诊疗方案，通过“名医工作室”提供优质的线上线下整体医疗服务。

“名医工作室”集合资源为名医实现多维赋能。一是品牌赋能，打造名医个人 IP。二是效率赋能，集中患者流量，为医生精准匹配患者，提升医生管理效率。三是学术赋能，通过精准导流疑难杂症患者，为参与学术研讨的名医提供更为丰富的案例。

对于患者来说，“名医工作室”搭建了线上诊断的桥梁，打破时空限制，给患者提供与全国顶级名医一对一线上即时交流的平台。

截至 2022 年 12 月 31 日，平台累计签约超 2000 名名医专家，覆盖全国 60 + 座城市，300 + 家三甲医院。

平安好医生通过内外部优质医生资源的协作、交流，进一步夯实四层医生体系，提升医疗服务能力。一是在学术交流场景，通过名医工作室签约的外部医生为内部医疗团队进行培训；二是在用户服务过程中，内部医疗团队对患者进行预诊，随后匹配名医大咖进行咨询及诊断，后续内部医疗团队定期随访，跟进康复和健康管理；三是由外部名医大咖向公司内部医疗团队开放名医名方，内部医疗团队能够使用针对特定病种的诊断和处方，在服务用户的同时，间接接受到了良好的培训。

平安好医生打造的两层外部医生网络，构建了专业、权威的线下能力，进而增强自身平台的竞争力。同时，通过四层医生网络体系建设，平安好医生旨在打通线上线下医疗服务的闭环，持续输出优质医疗服务。

需要特别说明的是，忠衣信裳将平安好医生作为互联网医疗行业的重要观察标的，其原因正是平安好医生创业伊始便强调 AI 辅助诊疗和自建医生团队，相应的其商业模式有别于其他互联网医疗平台，资本市场也将平安好医生视为 AI 医疗科技第一股，而倍加关注。但是，自 2021 年 10 月战略 2.0 深化发布之后，平安好医生更加注重服务平安集团及其客户，强调外部医疗资源的链接，而 AI 辅助诊疗和自建医生团队相比过往提及较少。这一重要战略调整能否引领平安好医生发展到新高度，资本市场又将如何看待，值得持续关注。

2. 医药业务的演进

线下医疗机构过去通常是以药养医，线上更难光凭医疗服务盈利；线下定价体系为线上医疗服务设置了天花板，线下 200 元的专家号，线上很难定出更高的价格。

线上医疗服务虽然能带来巨大的流量，但很难实现规模化营业收入。

因此，打通医疗和医药是所有互联网医疗平台实现规模化盈利的一条有效途径，医药业务自然也是平安好医生的重要组成部分，以及主要收入来源。

平安好医生致力于成为互联网医疗的第一入口，以及垂直类医药电商第一入口。未来的医药电商不止是销售平台，更需要强化医疗服务、品牌推广、患者教育、电子处方、药品零售、本地配送等全链条服务。平安好医生打造的正是“医疗服务 + 药品零售”的在线平台。

平安好医生从 2015 年开始做医药电商。与京东健康等强化药品自营的平台不同，平安好医生最早是以合作的方式切入药品端，包括医药电商的运营，也包括与药店的合作。平安好医生将自身定义为一个平台，通过合作的方式提高服务的可及性。

2015 年 7 月，平安好医生与零售连锁企业华氏大药房合作。通过医药 O2O 的方式，为用户提供更为便捷、优质的用药体验。上海是平安好医生上线药房业务的第一个试点城市，随后平安好医生与北京、杭州、南京、广州、深圳、沈阳、天津 7 个城市的医药集团、连锁药房进行 O2O 合作，陆续推出类似的便民服务。

2016 年 3 月，平安好医生医药电商平台正式运营，通过处方、医生的诊疗，帮助药店实现药品销售。平安好医生的医药 O2O 方式融合了线下医疗机构与线上电商网站优势，实现区域内专业化的及时配送。

2018 年，平安好医生获得《药品经营许可证》（批发），具备了在线上和线下开展 B2B 业务和药品批发业务的能力，可以直接向药品生产企业采购药品，从而形成 B2B2C 的模式，降低其健康商城业务的采购成本。平安好医生与供应商建立良好的供应链网络，凭借较大采购规模与知名品牌形象，获得有利采购价格。

平安好医生的 B2C 模式分为两种，一种是自营 B2C 模式：公司从供应商处采购医药和健康产品，并联合第三方快递公司配送药品，直接销售给客户。另一种是平台 B2C 模式，公司在线上平台引入连锁店和独立药房以及医药和健康产品供应商，对第三方商家实行严格的筛选管理。

同年，平安好医生在医药领域相继推出一分钟诊所和一小时送药业务。

一分钟诊所向用户提供包括问诊咨询、康复指导、用药建议、付费购药等自助式医疗健康服务。一小时送药是为了解决患者最后一公里药品配送的问题。

除了一分钟诊所和一小时送药，平安好医生还推出了“万家药店诊所化”“互联网医疗＋保险＋药店”和“慢病管理”等计划，与药企合作打造“互联网＋医药”新零售闭环。

为了进一步赋能终端，平安好医生与合作药店推出了中心仓项目，通过结合平安好医生的第三方物流配送，提升了同城药品配送时效，改善了用户在线购药体验。平安好医生通过在线诊疗处方导向合作药店，药店合伙人可以迅速通过中心仓闪电送药，进一步完善了平安好医生的线下能力。数据显示，上线中心仓城市的订单量涨幅是未上线中心仓城市的两倍。

2021 年 5 月，平安好医生推出药诊付综合福利平台，通过与线下药企药店合作，为客户提供集诊疗、院外购药以及支付为一体的一站式服务。

医药业务经过多年演进，到 2022 年 12 月 31 日，平安好医生合作药店数为 22.4 万家，在 216 座城市实现 1 小时送药，在 88 座城市开通 7×24 小时送药服务；合作医疗健康机构超 10 万家，覆盖体检、齿科、抗衰、泛健康等多品类及服务形态，其中合作的体检机构超 2000 家，覆盖全国 300 多座城市，完成了在全国 162 家高端体检机构的覆盖，并进一步提升了高端体检服务，逐步形成医药电商平台的闭环。

3. 健康管理业务的演进

在线咨询、在线问诊是移动互联网医疗最主要的入口，但存在使用频率低的问题，平安好医生副总裁汪坤在接受赛柏兰专访时曾说，大部分中国人一年生病3—4次，用户平均每个季度才使用一次APP，是非常低频的，健康管理作为高频业务则很好地弥补了这一问题。

平安好医生在成立时便非常注重医、药、健的协同发展，“家庭医生、电子健康档案、健康管理计划”是平安好医生一直奋斗的3件事。

2019年，平安好医生推出了自己的健康管理业务战略产品：私家医生。平安好医生创始人王涛曾说，经过5年时间的准备，真正到了实现我们愿景的时候，所以我们推出私家医生服务。

平安好医生的私家医生本质上是家庭医生，产品通过自建的医生团队，加上外部医疗机构、检测检验机构、药店等一系列支撑体系，为用户提供7×24小时在线咨询问诊、名医二次诊疗意见、线下医院门诊就医安排、健康管理、慢病管理等医疗健康服务。

专属私家医生是一位日常健康管理专家，通过为用户建立电子健康档案、定制体检方案、解读体检报告、异常指标追踪、体重管理等服务，长期追踪用户健康状况，预防疾病的发生。私家医生产品用户可以加私家医生微信，像熟人一样随时随地交流，转诊、检测检验等由支撑团队协助完成。此外，私家医生与药店合作，满足一小时送药上门服务。

平安好医生希望借助自身的技术优势和优质医疗资源，打破“患者围绕医疗资源转”的传统就医方式，通过提供专属的一对一私人医生，真正做到“让优质医疗资源围绕用户转”，将互联网医疗的创新，从传统就医方式的互联网化，带入全新的私人医生时代。

平安好医生的私家医生产品将目标客户定位于中产人群，并针对不同年龄层次，细分为成人版、儿童版和老年版3个版本。

成人版重在解决疾病预防、减肥、看病挂号等问题。

儿童版除了协助挂号外，针对父母育儿焦虑问题，开设了儿童成长发育管理及评估服务。

老年版因疾病发生率高，甚至本身已经患有慢性病，一般都会被商业保险拒之门外，而私家医生除了提供老年人最需要的陪诊服务外，还包括癌症保险。

平安好医生的私家医生2019年6月上线试运营，目前主要以B端客户为主。私家医生战略发布会上，平安好医生与29家企业达成合作，签约金额高达3亿元。

这些企业覆盖了汽车、母婴、通信、金融、保险、药品零售等行业。

针对 C 端客户，平安好医生更多是培育市场，提升用户对私家医生服务的感知和接受度。

平安好医生在战略发布会上确定了中期（2022—2024 年）目标，即为 1000 万个家庭提供私家医生服务。

以私家医生为产品原型，在 2021 年之后的平安好医生战略 2.0 深化实践中进一步丰富，推出了以"家庭医生会员制"作为平安好医生新商业模式中的中枢，在新的"家庭医生会员制"中，家庭医生定位不仅是医生，还是导航员和客户经理，一边是连接和挖掘用户需求，一边是实现医疗及健康资源的连接与整合。

4. 用户增长及转化的演进

从发展沿革的角度看，平安好医生过往主要通过 I 端保险渠道、C 端个人注册用户渠道、B 端企业渠道和 H 端互联网医院渠道获取用户（见图 1）。

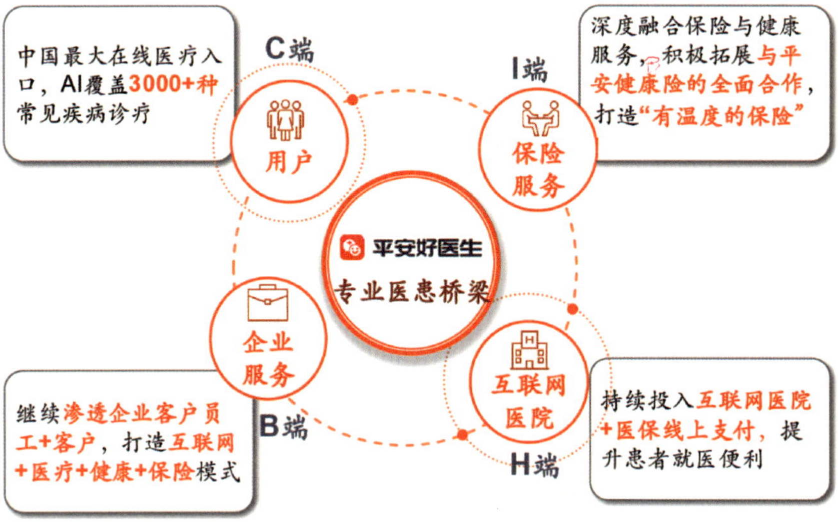

图 1　平安好医生获取用户渠道

图片来源：2020 年平安好医生业绩发布会材料。

（1）来自保险的用户增长与转化

平安好医生的种子用户，主要得益于中国平安的内部用户转化。中国平安拥有庞大的用户数量，早在 2014 年平安好医生成立时，中国平安已拥有 1.37 亿互联网用户，这些用户即为平安好医生的种子用户来源。而到 2022 年上半年，中国平安已经拥有

2.27 亿个人客户和 6.93 亿互联网用户，为平安好医生持续提供潜在用户。

在保险客户的转化上，平安好医生与平安人寿订立了问诊服务协议（“SLA”），平安人寿每年向平安好医生支付固定费用，用于平安人寿投保人通过平安人寿金管家 APP 插件，享有平安好医生提供的在线医疗服务。

同时，平安好医生与平安健康险以“安康”及“安享”两款健康险产品增值服务组合的形式进行合作，平安健康险以每年每人的固定收费标准向平安好医生支付相应的费用。

在“安康”和“安享”两款定制服务组合产品的合作基础上，平安好医生继续探索，推出了以涵盖更广泛的人寿保险及医疗保险投保人为目的“就医 360”会员计划。

2017 年 10 月，平安好医生开始向平安人寿的投保人尝试提供此产品，并于 2018 年 1 月正式推出。作为一款独立付费的打包服务的会员制产品，由平安人寿的代理人向投保人进行销售，并相应收取来自平安好医生支付的产品销售佣金。

2019 年底，中国银保监会修订了《健康保险管理办法》，其中明确保单中的健康管理服务成本上限从之前净保费的 12% 提升至 20%，这充分表明了政策鼓励的态度，也表明了未来健康保险产品与健康管理服务会结合更加密切的趋势。而在之后的 2020 年年中，平安好医生启动渠道的战略升级时，还特别成立了保险事业部，加强与集团保险业务的协同与合作。

2020 年，平安好医生升级并推出了多项产品组合，与平安人寿已经合作的“就医 360”升级为“健康守护 360”，在保持价格不变的前提下，增加了更多的会员权益；与平安产险推出了服务于新产品“安诊无忧”百万医疗产品的健康服务组合。

2021 年平安好医生继续加大创新步伐，为平安人寿推出“臻享 RUN”健康服务组合；为平安健康险推出了“E 生保门诊包”，丰富其百万医疗产品的服务与保险责任；为平安产险客户提供“药诊卡”，为其提供线上问诊、购药的一站式服务。

除了集团保险业务之外，平安好医生还积极推动与平安银行、平安普惠综合金融的合作，为其客户提供定制化的会员产品。意在通过优质的医疗服务，覆盖平安集团的优质金融客户，平安好医生在 2021 年中报里更是明确提出了赋能集团，实现“有温度的金融”的重要使命。

2021 年 10 月，平安好医生战略 2.0 深化的正式提出，针对平安集团内部这一重要的保险金融获客渠道也相应的从"I 端"更名为"F 端"，即"保险端"更名为"金融端"。

截至 2022 年年末，来自平安集团综合金融渠道的付费用户数超 3400 万，在平安集团 2.28 亿个人金融用户中的渗透率达到约 15%，占平安好医生全部付费用户的比例达到了 79.1%。

（2）来自个人的用户增长与转化

平安好医生于 2015 年底开展了"步步夺金"推广活动，采用"邀请"机制来推动用户规模的扩张，引发了病毒式传播。一年时间，注册用户数从 3000 万增长到 1.3 亿。对应在推广费上，2016 年平安好医生的推广费用达到 3.85 亿元，而 2015 年同期推广费用仅为 710 万元。

随着医疗、医药、健康服务水平的提升，针对个人客户，平安好医生一方面从在线医疗入手，开拓健康商城、健康管理、慢病管理等多个热门领域，提供一站式的医疗健康服务；另一方面持续加大对医生端、医保端的资源投入力度，打通前端后端，构筑黏性更强、接触频率更高的医患关系。

平安好医生从海量注册用户向付费用户转化的空间巨大，具体由如下路径实现：

第一，海量注册用户以在线医疗为入口，以高质量医疗服务为依托，通过定制化的会员服务套餐类产品、诊后处方用药和付费诊疗等服务直接实现收入。

第二，由于医药具有天然的协同效果，健康商城承接了医疗用户的药品、营养保健品、医疗器械等多元商品需求，可直接通过在线医疗的导流进行变现。

第三，消费医疗则提供包括体检、医美、齿科、基因检测等多种类的健康管理服务，可进一步满足医疗用户的多元化医疗健康服务需要。

经过多年的积累，平安好医生积累了大量的平台用户，截至 2021 年年中，平安好医生注册用户数量已超过 4 亿。而伴随着平安好医生战略 2.0 深化的推进，针对 C 端用户平安好医生提出了"着重优化"的策略，即减少在 C 端的高成本泛流量获客，同时在线问诊全面施行付费制，并增加付费会员和付费非会员的多元化服务选项，通过差异化的服务，目的在于将目标用户迁移为个人付费用户或会员。

（3）来自企业的用户增长与转化

平安好医生依托现有的会员服务产品，配合 B 端企业的业务场景，切入私家医生等一系列服务的推广和销售，为各行业客户提供可定制化的医疗健康会员服务。

2019 年，在平安保险、平安银行之外，平安好医生陆续开拓了北大方正人寿、中信银行、惠氏营养品、中国移动等数十家企业客户。

在2020年年中提出的渠道战略升级中，平安好医生明确提出企业客户是平安好医生在渠道端的一个独特优势。

依托平安集团综合金融的企业客户网络，平安好医生快速精准地触达目标用户，提供以私人家庭医生为代表的企业健康服务产品，其覆盖面从企业客户延伸到了企业员工，再发展到员工家庭。

而伴随着平安好医生战略2.0深化的落地，企业用户的增长，已经确定为平安好医生未来重点的客户拓展渠道。在平安好医生看来，大中型企业对于员工健康具有明确的支付意愿与支付能力。与此同时，很多企业也会为自身的客户提供与医疗或者健康管理有关的客户权益，作为一种客户服务的综合手段。

截至2022年，平安好医生累计服务的企业为978家，较2021年年末增长了458家，覆盖接近300万的企业员工或客户。

根据平安集团2022年年报显示，2022年平安集团医疗健康相关付费企业客户超过5.5万家。靠平安集团的丰富企业客户资源，平安好医生开拓企业客户的核心在于如何发挥潜在的内部业务协同优势，并在此基础上，通过适当的产品组合，整合优质的线上、线下医疗健康服务资源，以更高的性价比，更好的用户体验，最后获得企业客户的青睐。当然，除了与平安集团协同开拓企业客户，平安好医生自身也在加强渠道自主拓展的能力。

（4）来自互联网医院的用户增长与转化

2015年12月8日，全国首家互联网医院——微医的乌镇互联网医院在桐乡成立，医生和医生、医生和患者无须面对面，通过网络视频即可完成诊疗、开具电子处方、配药等全过程，整个过程最短只需十几分钟。

作为互联网医疗龙头企业，平安好医生积极布局互联网医院业务。平安好医生的第一家互联网医院于2017年5月17日在青岛获得牌照。

2020年10月，国家医保局发布《关于积极推进“互联网+”医疗服务医保支付工作的指导意见》，**进一步明确互联网医疗纳入医保支付的标准和指引**。医保作为中国公共医疗服务最大、最重要的支付系统，**承载着中国每年近90亿人次的就医需求，这是互联网医疗最重要的精准流量来源**。

平安好医生将互联网医院作为全新的渠道进行重点投入，逐步探索出一条结合自身优势的互联网医院发展路径：合作共建与独立自建互联网医院相结合。

到2021年上半年，平安好医生与205家各地线下医院达成合作共建互联网医院平台的协议，其中100个项目已经由平安好医生完成上线。平安好医生已经在10个城市获得自建互联网医院资质，包括银川、青岛、成都、南宁等，并在天津获批京津冀地区非公医疗的首张互联网医院牌照。

平安好医生的共建项目中，重点在于深化医院的基础运营和院内流量变现。其中2021年6月与暨南大学附属顺德医院合作的互联网医院的线上问诊量日峰值已经达到医院总体的34%；平安好医生的自建项目中，银川的自建互联网医院平台在打通医保个人账户基础上，于2021年5月18日获得银川医保局批复同意开通8个重病的门诊大病、门诊统筹医保服务。

然而自2021年10月正式发布新战略后，平安好医生就不再将互联网医院作为获客的渠道之一，而且在其后2021年年报、2022年年报中关于互联网医院业务的具体开展情况也鲜有披露。

（三）现有业务板块

经过多年的业务演进，平安好医生发展出了医疗服务、消费医疗、在线商城、健康管理和互动四大业务。随着2021年10月新战略发布，此后的年报中，平安好医生调整主营业务明细的披露口径，将前述4大业务板块调整为医疗服务和健康服务。由于披露口径调整后，未提供过往年度的可比口径数据，因此我们仍然沿用原有4大业务板块的数据，即展示数据截至2021年6月末。

1. 医疗服务：核心业务，毛利贡献最高的业务板块，收入增长迅速

平安好医生以医疗服务业务为核心，建立了AI医生助手+自建医生+外部医生+名医大咖的四层医生网络体系。

平安好医生的医疗服务业务主要由在线问诊和相应的处方售药两部分构成。其中，在线问诊通常包括在线咨询和处方续签、复诊、医院预约及慢性病管理等医疗服务。处方售药，即在线问诊之后由医生向患者开具用药处方，并由患者直接在平台购买处方药。

2020年，平安好医生医疗服务业务实现营业收入15.65亿元，同比增长82.4%，全年实现毛利8.79亿元，同比增长132.0%，毛利率56.2%；2021年上

半年，医疗服务业务继续快速增长，实现营业收入10.67亿元，同比增长50.6%，实现毛利5.54亿元，同比增长44.8%，毛利率51.9%（见图2）。2021年以后，各板块经营数据按照新的业务结构调整，因此无法做直接对比。

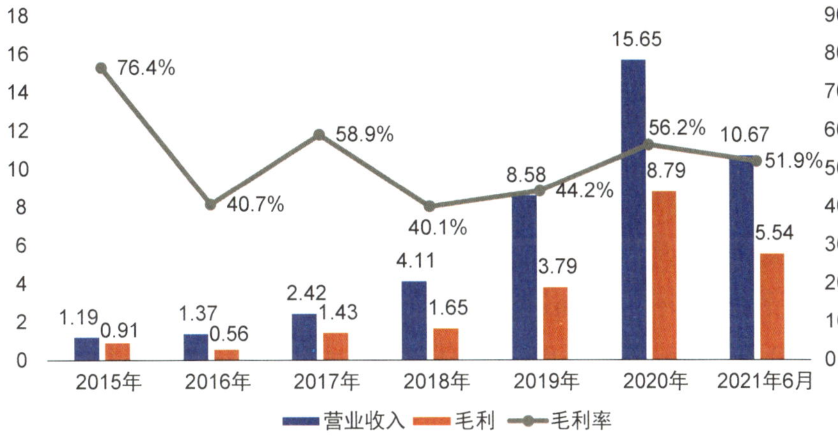

图2　平安好医生医疗服务业务经营情况图（单位：亿元）

资料来源：平安好医生招股书及年报，忠衣信裳整理。

医疗服务作为平安好医生的核心业务，2020年在其整体的营业收入贡献中排名第二，占比22.8%，但毛利贡献中排名第一，占比47.1%。2021年上半年，医疗服务营业收入及毛利占比进一步提高，分别为27.9%和54.1%（见图3）。

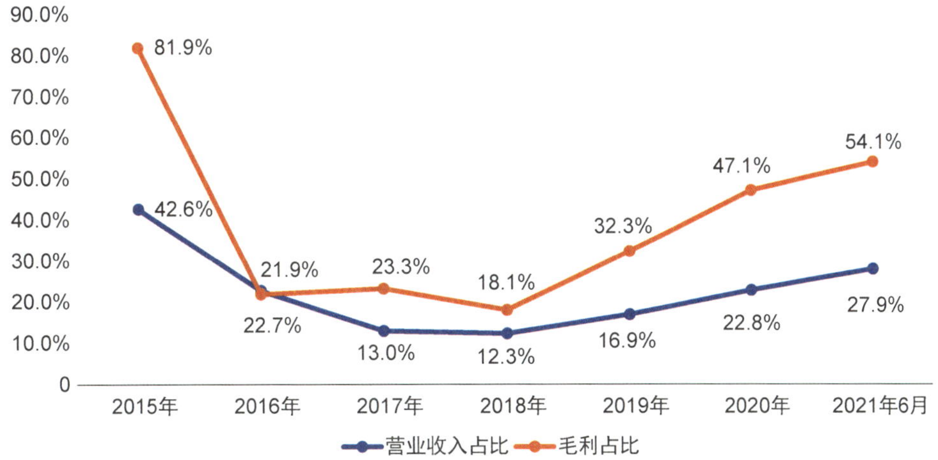

图3　平安好医生医疗服务业务贡献占比情况图

资料来源：平安好医生招股书及年报，忠衣信裳整理。

从主要收入来源看，医疗服务业务包括会员服务类产品（平安人寿的臻享RUN、平安好医生私家医生等）、伴随在线问诊服务产生的电子处方购药和药店网络的药品销售等业务。其中，会员服务类产品的收入占比最大，毛利也相对较高，2020年实现营业收入9.25亿元，同比增长了124.5%，2021年上半年实现营业收入5亿元，同比增长了21%。

2. 消费医疗：与医疗会员服务产品组成矩阵，挖掘用户全生命周期价值

平安好医生的消费医疗业务承接用户的健康管理需求，为个人及企业客户提供涵盖体检、医美、口腔及基因检测等标准化健康服务。

2020年，平安好医生覆盖超过5.6万家医疗健康服务提供商，包括160多家医美机构、430家中医诊所、近2300家体检中心、近1800家牙科诊所、2000多家线下健康管理商家和超过5万家诊所。到2022年12月末，平安好医生覆盖的健康服务提供商数量扩大到10万家，覆盖体检、齿科、抗衰、泛健康等多品类及服务形态。

2020年，平安好医生消费医疗业务实现营业收入13.83亿元，同比增长24.3%，全年实现毛利5.74亿元，同比增长43.4%，毛利率41.5%；2021年上半年，消费医疗业务继续稳定增长，实现营业收入7.14亿元，同比增长66.1%，实现毛利2.79亿元，同比增长32.4%，毛利率39.1%（见图4）。

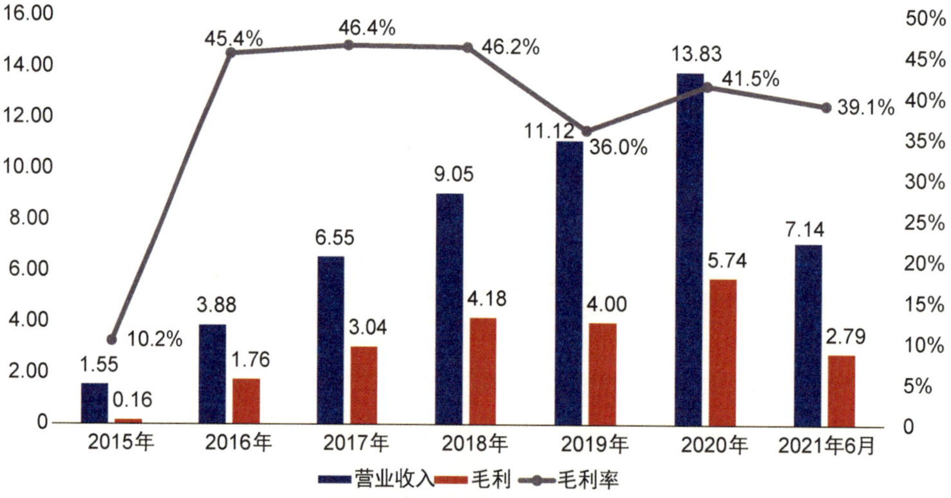

图4　平安好医生消费医疗业务经营情况图（单位：亿元）

资料来源：平安好医生招股书及年报，忠衣信裳整理。

2020 年平安好医生消费医疗营业收入占比为 20.1%，毛利占比为 30.8%。2021 年上半年平安好医生消费医疗营业收入占比和毛利占比进一步下降，分别为 18.7%和 27.2%（见图 5）。

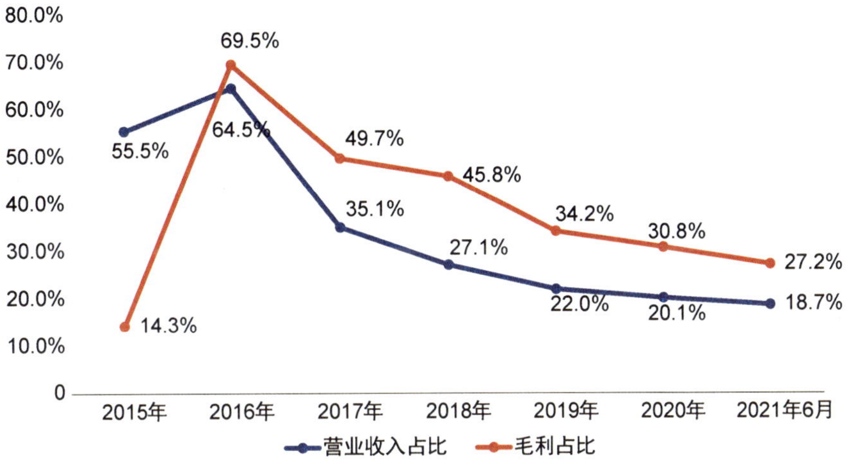

图 5　平安好医生消费医疗业务贡献占比情况图

资料来源：平安好医生招股书及年报，忠衣信裳整理。

随着未来人们对体检、疫苗预约、基因测试及个人诊断工具等消费医疗服务的需求进一步增加，消费医疗业务有望进一步增长。

3. 在线商城：与医疗服务形成天然协同，现有营业收入占比最高的业务

平安好医生的在线商城业务定位于满足用户医疗健康产品需求，产品品类覆盖中西药品（非处方药）、营养保健、医疗器械、母婴育儿、防护用品、运动健身等众多商品。

从客户类型来看，平安好医生在线商城同时面向个人和企业客户销售产品。对于个人客户，在线商城承接平台医疗服务用户流量，增加流量变现通道，同时还能够提升平台用户活跃与留存，具有重要价值。对于企业客户，背靠中国平安数量达百万级的企业客户资源，平安好医生拓展的企业客户数量不断提升。

从经营模式上看，平安好医生在线商城的具体业务开展可分为自营模式和平台模式。其中，自营模式是公司通过平台直接向消费者销售产品，按产品销售总额确认收益；平台模式是第三方卖家在线上平台直接向客户销售产品，公司按所售商品收入的一定百分比收取佣金。

平安好医生的在线商城于 2015 年 8 月上线，之后快速发展，自 2017 年开始成为平台营业收入贡献最大的业务板块。2020 年，平安好医生在线商城实现营业收入 37.14 亿元，同比增长 28%，全年实现毛利 2.55 亿元，同比增长 8.8%，毛利率 6.9%；2021 年，在线商城业务继续保持稳定增长态势，上半年实现营业收入 19.09 亿元，同比增长 27.9%，受行业竞争加剧影响，实现毛利 1.10 亿元，同比减少 16.8%，毛利率 5.8%（见图 6）。

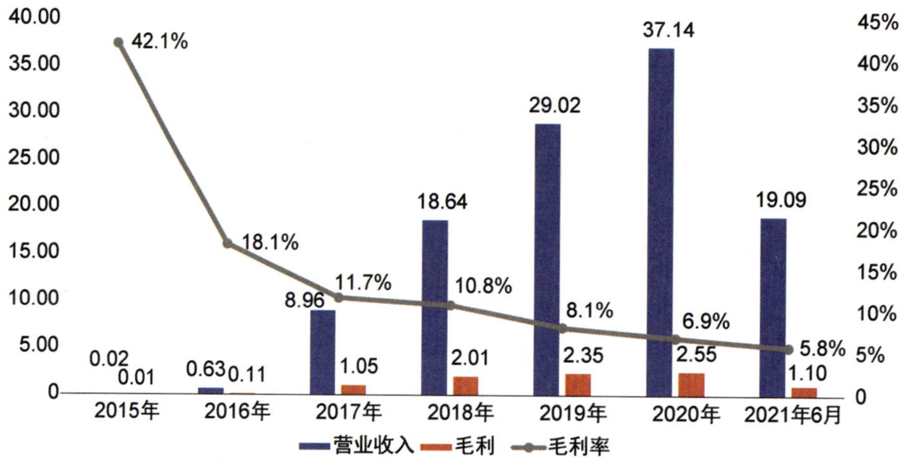

图 6　平安好医生在线商城业务经营情况图（单位：亿元）

资料来源：平安好医生招股书及年报，忠衣信裳整理。

医药电商行业普遍存在毛利贡献水平不高的现状。2020 年在线商城在平安好医生营业收入中排名第一，占比 54.1%，而毛利贡献中仅排名第三，占比 13.7%；2021 年上半年，平安好医生在线商城营业收入及毛利占比进一步下降，分别为 50.0% 和 10.7%（见图 7）。

在国内分级诊疗与医药分离趋势下，药品有望从医院向基层和零售渠道转移。为开拓新销售渠道，降低环节支出，医药电商以线上渠道、线下触点药店等优势，或将成为未来药企营销的主要渠道。

4. 健康管理和互动：以广告收入为主，未来数字健康价值空间更大

平安好医生通过健康管理和互动平台，向用户提供健康头条、奖励计划、健康测评、三师（由健康管理师、营养师和心理咨询师组合）共管专业服务以及健康管理课程等服务内容。

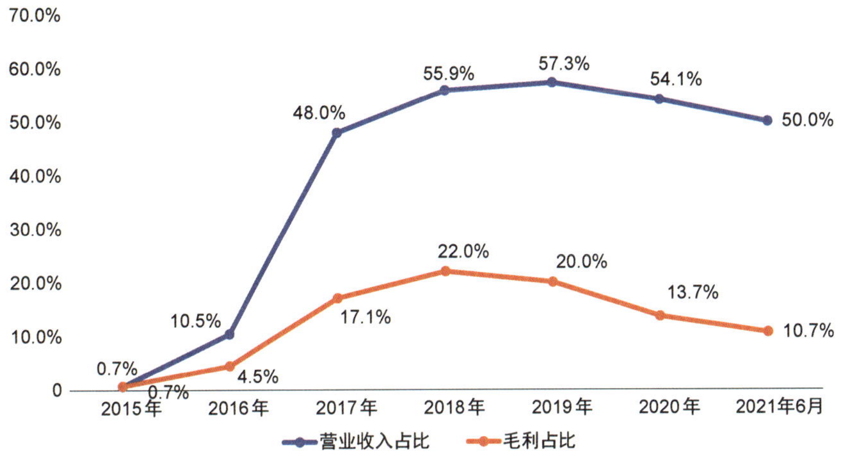

图 7　平安好医生在线商城业务贡献占比情况图

资料来源：平安好医生招股书及年报，忠衣信裳整理。

目前平安好医生主要是凭借线上平台汇聚的精准医疗健康流量，为企业客户提供专业的广告产品及服务来获取收入。

2020 年，平安好医生健康管理和互动业务实现营业收入 2.04 亿元，全年实现毛利 1.56 亿元，毛利率 76.5%；2021 年，健康管理和互动业务继续增长，上半年实现营业收入 1.29 亿元，同比增长 11.2%，实现毛利 0.82 亿元，同比减少 14.5%，毛利率 63.6%（见图 8）。

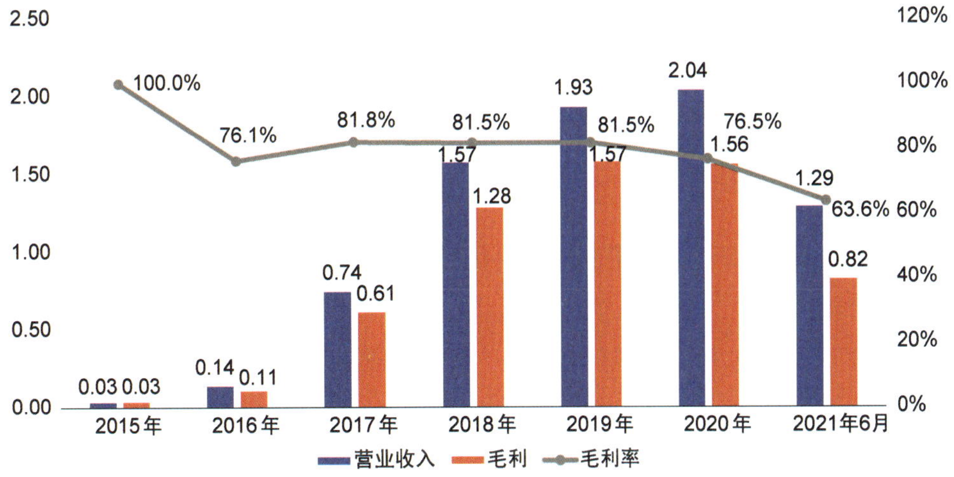

图 8　平安好医生健康管理和互动业务经营情况图（单位：亿元）

资料来源：平安好医生招股书及年报，忠衣信裳整理。

年报数据显示，健康管理和互动业务目前在平安好医生整体业务中营业收入贡献不高，过往各年营业收入占比均未超过5%，同时伴随着毛利率的下降，近年来毛利贡献占比也呈现一定的下降趋势（见图9）。

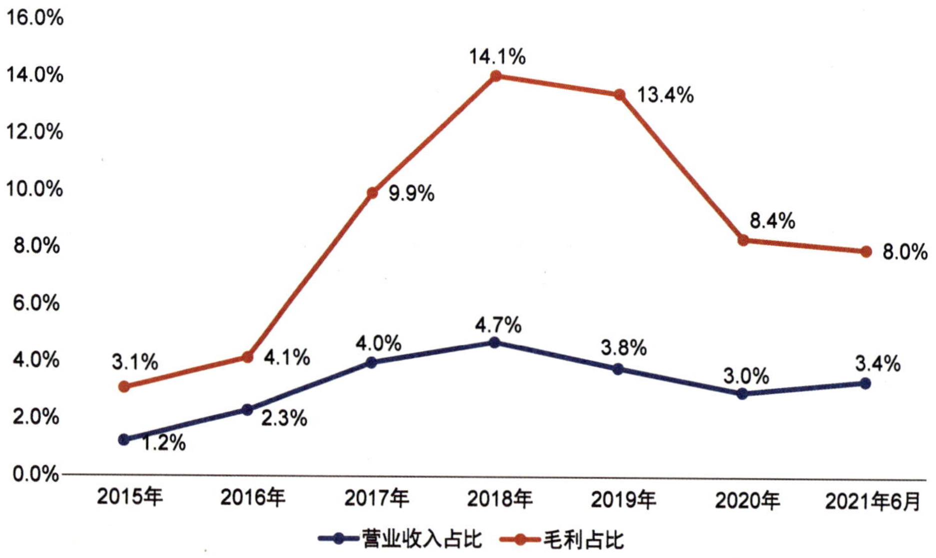

图9　平安好医生健康管理和互动业务贡献占比情况图

资料来源：平安好医生招股书及年报，忠衣信裳整理。

尽管目前健康管理和互动业务板块对平安好医生整体营业收入贡献不多，但该业务有效地挖掘了公司品牌效应和流量红利，具备一定的变现能力。2021年上半年，健康管理和互动业务贡献了8%的毛利。

（四）融资与IPO

2014年8月20日，中国平安以3.5亿元人民币注册资本成立平安健康互联网股份有限公司。

2016年5月，在APP上线仅一年后，平安好医生便完成了5亿美元的A轮融资，投后估值达到30亿美元，创下全球在线医疗领域最大单笔融资以及A轮融资最高估值两项纪录，正式成为互联网医疗独角兽。本次融资的投资方包括海外知名股权基金、大型央企、国有金融企业和互联网企业。

2017年12月，平安好医生完成Pre－IPO轮融资4亿美元，投后估值超过54亿美元，投资人除软银愿景基金外，还包括IDG资本、SBI集团等境外投资者。本轮融资后不久，中国平安2018年1月29日宣布向香港交易所提交平安好医生独立上市申请。

负责本次融资项目的软银愿景基金负责人松井健太郎表示："中国是全球经济最有活力的新兴经济体，拥有全球最大的医疗健康市场，软银看好这一领域的巨大发展潜力。"

软银愿景基金的创始人是鼎鼎有名的孙正义，其投资策略就是"制造王者"，往往选择全球最具有王者之相的企业进行投资。软银的加持对于平安好医生的上市融资具有重要的提振作用。值得一提的是，忠衣信裳创始人非常欣赏孙正义，尤其是看过杉本贵司的《孙正义传：打造300年企业帝国的野心》之后。

2018年5月4日，平安好医生正式登陆港交所，发行价每股54.8港元，融资约11亿美元，市值一度接近600亿港元。

在IPO过程中，平安好医生引入7名顶级国际基石投资者，包括美国资产管理公司贝莱德基金、新加坡政府投资公司、加拿大退休金计划投资委员会、美国资本集团、马来西亚政府战略投资基金、正大光明控股有限公司、瑞士再保险，认购总额为5.5亿美元。平安好医生获超额认购654倍，冻结资金超3768亿港元。

2021年2月16日，平安好医生股价一度触及148.5港元，创上市以来新高，市值再上一个台阶，超过1700亿港元。

（五）竞争格局

国内互联网医疗行业起步于2000年，39健康网、丁香园等企业的创立开启了国内互联网医疗行业发展之路。

2010年前后，智能手机开始逐步普及，在移动互联网技术的驱动下，互联网医疗行业发展进一步加速，一些现象级的企业开始创立，例如，2010年微医以"挂号网"起步，2011年春雨医生成立。

2014年随着"双创"概念的提出，互联网医疗行业在资本的支持下，开始迅猛发展。春雨医生、微医、丁香园等明星企业纷纷受到市场追捧。2014年也是个神奇的年份，目前互联网医疗的领先企业（或其前身）基本都诞生于2014年。

自2015年开始，国务院、卫健委等部门开始陆续发布互联网医疗的大政方针，互联网医疗行业的热度空前。

时至今日，资本市场已经涌现出如京东健康、阿里健康、平安好医生、微医四大互联网医疗巨头。

阿里健康和京东健康从医药电商起家。在线上药房的细分赛道里，京东健康和阿里健康也有不同。京东健康销售收入大部分来自非药品销售，包括成人用品、美瞳、计生用品等，而阿里健康药品类销售一直是销售收入的大头。

2022 年，京东健康的医药及健康产品销售收入 404 亿元，占营业收入的 86.5%，同比增长 54.2%，年度活跃用户数量超过 1.54 亿，相比 2021 年净增加 3100 万，使用京东物流全国范围内 22 个药品仓库和超过 500 个其他仓库，药品自营冷链能力也已经覆盖全国超过 300 个城市。2022 年，京东健康迎来了上市后的首次盈利，当年实现年度净利润 3.8 亿元。

2022 财年，阿里健康总营业收入为 206 亿元。其中，医药自营业务收入 179 亿元，占总营业收入的 86.9%，同比增速 35.5%，线上自营店的活跃用户数达 1.1 亿。

相比之下，平安好医生更多强调“医疗”属性。平安好医生主要有医疗服务、消费医疗、在线商城、健康管理和互动四大业务线。虽然提供药品销售的“在线商城”业务是平安好医生最主要的营业收入贡献力量，但在总营业收入中的占比明显低于阿里健康和京东健康。

平安好医生与电商系互联网医疗公司的区别是由先天基因决定的。

阿里和京东的电商属性，让其导流来的用户更多对阿里健康和京东健康期待“买商品”，表现在互联网医疗领域即买药，试图通过高频的“买药”带动用户低频的在线医疗消费。

而中国平安的保险基因，让其导流的用户更多期待“买服务”，体现在平安好医生身上即希望获得健康服务，包括在线问诊、线下导诊、健康咨询等。

微医是国内四大互联网医疗巨头中唯一独立发展起来的。微医以“挂号网”起步积累客户资源，目前已形成微医云、微医疗、微医险、微医药四大业务板块。2021 年 4 月，微医正式向港交所递交上市申请，不过随着时间的推移，微医并未等到港交所的上市聆讯。2023 年 3 月，市场上又有消息传出微医拟赴美上市，后续进展我们将持续关注。

除了互联网巨头和大健康行业在布局互联网医疗，保险业、保险科技行业也在积极参与这一领域的布局，例如传统保险行业巨头中国人寿、泰康人寿，以及水滴、众安等。

互联网医疗发展到今天，商业模式尚未定型。行业正在走向“深水区”，竞争方式也不尽相同。忠衣信裳更倾向于认为，互联网医疗市场巨大，远远尚未进入争的时代，更多的是竞。

美团创始人王兴曾说，竞和争本身还不是一回事，同向为竞，相向为争，这两件事情有很大区别。

互联网医疗的竞争目前更像跑步，大家都是为了到达一个目的地，看谁跑得快。

（六）争议与未来

平安好医生在注册用户数突破4.5亿，业务收入快速增长的同时，在市场上仍然存在三大质疑：

一是8年时间尚未盈利。

亏损问题一直是平安好医生绕不开的话题，2015—2022年，平安好医生净亏损额分别为3.24亿元、7.58亿元、10.02亿元、9.12亿元、7.47亿元、9.48亿元、15.39亿元、6.11亿元（见图10）。

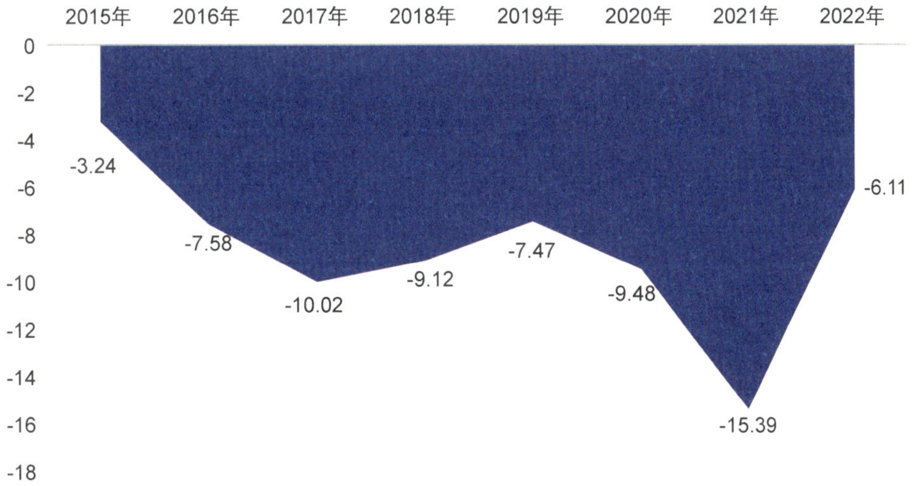

图10 平安好医生历年净利润（单位：亿元）

资料来源：平安好医生招股书及年报，忠衣信裳整理。

2022年，是平安好医生战略2.0深化落地的第2年，经营亏损较2021年的亏损15.39亿元收窄到6.11亿元，同比收窄60.3%；经调整亏损达到8.48亿元，同比收窄40.1%。

从财务报表看，亏损收窄的主要原因是平安好医生缩减了相关费用。2022 年，平安好医生的销售及营销费用由上年同期 17.5 亿元降至 11.05 亿元，同比下滑 37.1%，对该年公司亏损收窄的贡献幅度高达 70%。同时，管理费用由 18.46 亿元降至 17.48 亿元，同比下滑 5.3%，对亏损收窄贡献幅度达到 10.77%。

未来，伴随着疫情不利影响逐渐减小，以及战略 2.0 深化的继续推进，平安好医生的经营亏损在何时可以实现根本性的改善，对此忠衣信裳后续还会继续观察。

二是业务持续依赖股东赋能。

平安好医生发展至今，股东中国平安的作用至关重要。

平安好医生 2020 年报显示，截至 2020 年年底，平安好医生注册用户 3.73 亿，其中 49.3% 的用户来自平安集团各类插件。这意味着，接近 50% 的用户来自平安集团。2021 年底，平安好医生的注册用户进一步增加至 4.2 亿，其中来自平安集团的插件占比尽管有所下降，但占比仍然达到了 46.2%。

三是核心业务医疗服务占比不高。

医疗服务一直是平安好医生的核心业务，但此核心业务占整体业务的比重仍然不高。

2020 年，平安好医生核心业务医疗服务收入 15.65 亿元，占比为 22.8%，而在线商城业务实现收入 37.14 亿元，占比 54.1%。自 2021 年年报开始，平安好医生调整了披露各板块明细数据的口径，将原来医疗服务、消费医疗、在线商城以及健康管理和互动，调整为医疗服务和健康服务两大板块，具体调整规则并未披露，但是从前后可比口径数据对比来看，新的医疗服务口径相比过往增加了部分其他板块实现的营业收入。2021 年、2022 年，医疗服务实现的营业收入分别为 24.96 亿元和 25.47 亿元，占全部营业收入的比例分别为 34.0% 和 41.3%。

在 2023 年人工智能取得重大突破的背景下，平安好医生作为曾经的全球 AI 医疗科技第一股，是否能够抓住这一轮技术革命的新机遇，是忠衣信裳接下来对于平安好医生的关注重点。

主要参考资料

马明哲，2010. 平安心语［M］. 北京：中信出版社.
秦朔，陈天翔，2020. 无止之境：中国平安成长之路［M］. 北京：中信出版集团.
王禾生，2008. 大道平安［M］. 北京：中信出版社.

陈东升，2021. 长寿时代［M］. 北京：中信出版集团.

丁西坡，2021. 长期有耐心：美团的成长与进化逻辑［M］. 北京：中信出版集团.

平安健康医疗科技有限公司，2018 至 2022 年年报.

平安健康医疗科技有限公司，2018 至 2022 年中期报告.

平安健康医疗科技有限公司，2018 年全球发售.

中国平安保险（集团）股份有限公司，2018 至 2022 年年报.

中国平安保险（集团）股份有限公司，2018 至 2022 年中期报告.

中国平安保险（集团）股份有限公司，2020 年平安集团投资者开放日——医疗生态圈.

李迎，2018. 王涛——他是马明哲眼中的“狼”，仅三年时间带领一家公司上市［N］. 电商报，09－06.

韩璐. 三年走完上市路，这家互联网医疗第一股做对了什么?. 21 世纪商业评论，2018－9－10.

福布斯公关部. 平安好医生王涛：如何下好互联网医疗这盘棋. 福布斯，2018－11－26.

王燕青. 平安好医生王涛：医疗科技创新法则. 南方周末，2019－12－30.

李成平. 建成互联网医疗“医药保”闭环，平安好医生在如何拓展“互联网＋医疗健康”版图?. 动脉网，2020－4－8.

刘东. 覆盖全国 80 多个城市、超 4000 家药店，平安好医生在如何搭建医药闭环平台?. 动脉网，2018－8－17.

钟庆宏. 手握 3. 46 亿用户后，平安好医生为何要打平安医家这张牌?. 动脉网，2020－9－27.

蛋壳研究院. 平安好医生 IPO 启示录——如何在三年内快速打造互联网医疗上市企业. 动脉网，2018－2－3.

李意安，2017. 王涛：支撑起平安的移动“医疗梦”［N］. 经济观察报，01－03.

陈植，2017. 平安好医生董事长王涛：破解移动医疗“高流量、低收益”之困［N］. 21 世纪经济报道，01－11.

常皓靖. 平安好医生王涛：科技让人类更健康［EB/OL］. https：//www. iheima. com/article－192104. html，i 黑马网，2018－11－23.

娱贯财经. 深夜突发换帅公告，创始人遭罢免，平安好医生怎么了?. 2020－5－16.

新浪财经网. 五年累亏超36亿元！平安好医生管理层巨震：王涛被免职［EB/OL］. https：//finance. sina. cn/insurance/hydt/2020－05－20/detail－iirczymk2658246. d. html?cref＝cj，2020－5－20.

cici. 多方看好平安好医生新CEO方蔚豪 平安“医疗健康生态圈”将推动其步入发展新阶段［EB/OL］. https：//news. mydrivers. com/1/692/692351. htm，快科技网，2020－6－1.

施露. 方蔚豪首秀平安好医生中期业绩会 强调与兄弟单位业务协同及打造一站式闭环生态［EB/OL］. http：//www. zqrb. cn/gscy/qiyexinxi/2020－08－21/A1598009823850. html，证券日报网，2020－8－21.

王淑娟. 平安好医生方蔚豪：战略升级打造竞争壁垒 医保接入正加速破冰［EB/OL］. https：//www. cnfin. com/stock－xh08/a/20200825/1952609. shtml，新华财经网，2020－8－25.

余诗琪. 平安好医生董事长方蔚豪：推出子品牌“平安医家”，打造服务用户和医生的双平台［EB/OL］. https：//www. lanjinger. com/d/144897，蓝鲸财经网，2020－9－25.

黄蕾. 平安好医生方蔚豪：夯实地基筑牢壁垒，紧抓大健康风口下在线医疗腾飞机遇. 上海证券报，2021－2－8.

姜天骄. 姜天骄解读互联网医疗编年史，如何预判行业终局?. 动脉网，2021－2－12.

大摩财经. 年终盘点：互联网医疗的竞争和机遇. 2020－12－30.

夏昌盛，文浩. 平安好医生——互联网医疗先行者，打造医疗生态圈闭环［R］. 天风证券，2021－1－6.

夏昌盛，等. 平安好医生的未来业务成长空间多大?［R］. 天风证券，2021－3－8.

六、水滴沈鹏和他的中国联合健康之梦

2021 年 4 月，水滴创始人沈鹏与字节跳动张一鸣、奈雪的茶彭心、快手宿华等一同入选《财富》“中国 40 位 40 岁以下的商界精英”榜单，该榜单被称为“商业巨星摇篮”，34 岁的沈鹏已经连续三次入选该榜单。

2021 年 5 月 7 日，水滴登陆纽交所，按发行价计算，水滴市值接近 50 亿美元，成为美股第一家上市的中国保险科技企业。

在国内众多保险科技创始人中，沈鹏用 5 年的时间将水滴打造成为全球保险科技独角兽企业。

出生于 1987 年的他，凭什么这么牛？

忠衣信裳团队用三个月的时间，梳理了水滴几乎所有的公开资料，并两次与水滴创始人沈鹏、联合创始人杨光等深度交流，力争完整呈现沈鹏和他的中国联合健康①之梦。

（一）求学

临沂，因临沂河得名，古称琅琊，地处华东地区、山东东南部、黄海西岸、长三角经济圈与环渤海经济圈结合点，被誉为“商贸名城”和“物流之都”。

临沂市下面有个平邑县，自古就有“圣人化行之邦，贤人钟毓之地”的盛誉，孔子“七十二贤”中的曾子、原宪、仲由、澹台灭明，晋代军事家羊祜、书法家羊欣，近代爱国将领左宝贵都诞生在这里。而现在，这里最出名的是沈鹏。

沈鹏出生在山东临沂市平邑县一个中产家庭，高中之前，大部分时间是跟着爷

① 联合健康集团是一家位于美国明尼苏达州的医疗和保险巨头，市值超 4000 亿美元，2022 年《财富》世界 500 强排名第十一位。

爷奶奶长大的。当时沈鹏的爷爷在县里的乡镇企业局当局长，平时的工作就是助人创业。沈鹏耳濡目染，觉得爷爷做这个事很有意义，是给社会做了贡献。

沈鹏的父亲是中国人寿股份山东临沂分公司副总经理，沈鹏记得，中学时一次半夜醒来上厕所，看到父亲依然在工作，卧室的办公桌上放着一摞简历，沈鹏便问父亲：“为什么还不睡?”，父亲回答：“明天要做面试官，现在大学生毕业找工作不容易，不能把人才给埋没了。”父亲这种对工作极为认真负责的态度，对沈鹏的影响很大。

沈鹏还经常去父亲的公司看他们开早会、搞排名、搞员工激励。沈鹏从中意识到：**一个人只要做得好，能够做到别人做不到的，就能得到和别人不一样的成就和回报。**

沈鹏上学时喜欢参加运动会，参加数学竞赛，还拿过山东数学竞赛一等奖。他说自己从小就喜欢 PK，但不是为打败别人，而是因为在竞技中取得好成绩，是一种很有成就感的事。

沈鹏高中毕业后，从山东来到北京，进入中央财经大学学习。在适应了一年北京的读书生活后，沈鹏开始将目光聚焦在互联网创业方面，喜欢看《赢在中国》《鲁豫有约》等创业者访谈节目。

值得一提的是，汽车之家创始人李想高中就开始创业的故事，彻底颠覆了他对于个人求学与职业发展的认知，创业的想法开始扎根在沈鹏的脑海中。他尝试过校园留学中介创业，也取得了一定成绩，不过在过程中他逐渐意识到，创业需要科学的方法论，当时自身的水平和能力确实还不够。

（二）加入美团

2009 年底，即将大四毕业的沈鹏，没有按照中财毕业生的通常做法，选择继续读研或去金融机构工作，而是在看到王兴宣布重新创业的决定后，立即决定要去跟王兴合作。

这是沈鹏训练自己的第一步：跟着他欣赏的人一起做事，同时所加入的团队还要处于快速增长期。需要说明的是，当年的王兴还没有创建美团（美团成立于 2010 年 3 月 4 日），沈鹏的选择是具有较大不确定性的。

当然，也正是这一选择，成就了未来的沈鹏。

沈鹏以实习生的身份加入美团，并在此后成为美团的第十号员工。

入职美团 8 个月后，沈鹏个人上单量一度占美团全部单量的 1/3。随后，美团给他一项更重的任务——拿着公司拨发的 5 万元经费去天津开发直营城市业务。当时正值千团大战期间，沈鹏租了套民宅，为了更好地与同事们沟通，直接住在公司。不久，天津的业绩就做到全国第二。

后来沈鹏担任北京公司负责人，曾连续 15 个月吃住在公司，这期间还发生了一个小故事：王兴的老婆郭万怀发现办公室的洗手液用得比较快，便问沈鹏是不是用洗手液洗头？沈鹏这才买了瓶洗发水。

沈鹏的勤奋和优异的成绩不仅得到了王兴和美团的认可，还被竞争对手看到。一天，沈鹏接到沈博阳（原人人网副总裁）伸出的橄榄枝，邀请他到另一家团购网站糯米团任联合创始人。

沈鹏被说动了，尤其是他一直有创业的念头，便向王兴提出了离职。

得到消息的王兴冒着暴雨，开车把沈鹏从宿舍接出来，到一个咖啡馆里深谈，王兴讲述美团未来的愿景，并表示对美团充满信心，极力挽留沈鹏。沈鹏最终选择留下，表态与王兴一起奋战到底。

在美团，沈鹏也不总是意气风发。

2011 年，王兴 6 次邀请阿里巴巴第 67 号员工，“中供铁军”出身的副总裁干嘉伟，出任美团 COO，把地面作战的经验与组织管理的方法论带到美团，这不仅帮助美团赢了团购大战，还把优势扩大到了酒旅、外卖等几个新战场。

干嘉伟在与沈鹏接触过程中，认为沈鹏需要进一步夯实管理能力，便连降沈鹏两级。

公告下发后，沈鹏的电话被打爆了，晚上回到房间就大哭了一场，心里又感动又委屈。换做一般人，这种安排肯定无法接受，但冷静后，沈鹏认为干嘉伟说得有道理，便服从了这一安排，进一步踏踏实实历练自己。

2012 年底，美团内部孵化了外卖业务，由美团二号人物王慧文负责。沈鹏选择放弃原有期权，跟王慧文一起探索新业务，成为美团外卖联合创始人兼全国业务负责人，统领 6000 人的美团 BD 团队。

2009—2016 年，沈鹏在美团内部调换过 8—9 个岗位，逐步将自己训练成一个颇为自信和成熟的创业者。

（三）离职创业

2015 年末，沈鹏和 IDG 资本合伙人王辛在北京望京的一家咖啡馆见面。

沈鹏跟王辛说，互助可能是一个极具创新性、在中国非常有未来的事情，特别是通过互联网来做互助。这是他第一次提出创业的构想。两人坐在咖啡馆窗边，畅想着一个新的方向和未来。

2016 年春节后，沈鹏正式决定离开美团，自己创业。

离别的饭局上，王兴经过多次挽留无果后没有再劝沈鹏留下，还与他分享了创业路上自己走过的心路历程。美团二号人物王慧文则说了一句“沈鹏要走了”，随即趴在桌上哭了起来，手中的啤酒瓶摔在地上，与沈鹏抱头痛哭。

据说前后三次告别餐上，王慧文哭了两次。王兴、王慧文之于沈鹏，是情谊深厚的兄弟，更是学习的导师。

2016 年 3 月 19 日凌晨，一封标题为“告别美团，重新创业，千言万语，唯有感谢”的邮件出现在美团内部邮箱中，沈鹏宣布自己将离开美团，开始创业。

离职的沈鹏放弃了一半的美团期权，他说，**钱是赚不完的，青春是有限的，肯定要把有限的青春用在你最认同的事情上。**

在离职美团当天，沈鹏就收到了同事和朋友们 800 多万元人民币的转账收款，支持他创业。这一年，沈鹏 29 岁。

2016 年 4 月，沈鹏正式离职，在望京 SOHO 找了一间办公室。团队的创始成员胡尧、杨光等皆是从美团追随沈鹏而来的老同事。水滴公司的工商注册名称为“北京纵情向前科技有限公司”，引自王兴在很多公开场合发言结尾——既往不恋，纵情向前。

离职第一周，沈鹏被一众投资机构频繁约见。

真格基金创始人徐小平听说沈鹏出来创业，马上和王强（新东方三驾马车之一）一起请他吃饭。“沈鹏说他不要钱。就在中国大饭店，我和王强请他喝了很多酒，拿到了一些份额。”徐小平后来回忆道。

刚刚从美团离职的沈鹏，天使轮就拿到了 5 千万元人民币融资，IDG 资本、腾讯、美团点评、高榕资本、点亮基金、真格基金都在投资方的名单中。

沈鹏相中的领域，是当时国内被认为仅次于直播的风口——网络互助。

之所以选择这个领域，与他小学五年级时的经历有关。沈鹏小时候贪玩，喜欢和小伙伴一起爬电线杆。在一次攀爬的过程中，电线杆意外漏电，他全身触电，在医院治疗了 8 个月。

这 8 个月期间，他看着身边的病人来来去去，感慨良多。

“家庭条件好的人生病，可以享受好的医疗资源；而家庭条件一般的人生病，如果没有保险，不仅得不到好的医疗服务，还要看着医药费一天天地消耗下去；有些人为了治病，甚至不得不借高利贷。”沈鹏坦言，这段经历对他的影响很大，国内医疗保险成为他持续关注的方向。

向王兴学习互联网创业多年，他一直琢磨着创业方向并渐渐有了思路——用互联网去赋能保险这个传统行业。

彼时，资本集体涌入网络互助，数十家企业获得了几百万元到几千万元不等的融资。各种大小网络互助平台有超过 200 家，当时行业排名第一的是轻松筹。

美团不是第一个做团购的，但最后在“千团大战”中活了下来，并成为行业第一；美团不是第一个做外卖的，但最后也成为行业第一。随着沈鹏和他的水滴公司进场，互助众筹领域的格局注定要发生变化。

（四）腾飞

在创业过程中，沈鹏明确了水滴的**使命**：用互联网科技助推广大人民群众有保可依，保障亿万家庭；水滴的**愿景**：联合合作伙伴，打造中国版的联合健康集团。在**价值观**上，水滴更多向美团学习。

2016 年 5 月，水滴团队建立 24 天后，水滴**第一项业务“水滴互助”**就上线了。

在水滴，每周上 6 天班，每晚 8 点在望京 SOHO 楼下院子里开例会，公司群消息至少响到凌晨 2 点。

在获客上，水滴互助在今日头条、美团外卖、腾讯广点通等平台做了大量广告投放，上线的第 100 天，会员突破了 100 万。

水滴的**第二项业务**是**“水滴筹”**，是在水滴成立两个多月后，沈鹏提出要做的大病筹款平台。

当时市面上已有很多众筹平台转型做大病筹款方向，但沈鹏依然看到了其中的不足与机会。

不足在于，当时其他平台一般按照筹钱金额的 2% 收取服务费，要求捐款者绑定手机号，而且没有人为筹款者做发起服务（在中国三四五线城市，很多大病患者无法发起筹款申请）。

沈鹏按照百度城市搜索影响力指数，把当时主流大病筹款平台输进去，发现头部市场指数都很好，下沉城市指数都很低。

分析了市场的不足后，沈鹏决定，在三四五线下沉城市，利用微信一键登录功能，免服务费做水滴筹。

选择做水滴筹时，水滴刚融了一笔天使轮投资，且第一项业务水滴互助也才刚刚上线，一些投资人和同事都是反对的，认为时间、资源有限，应该集中精力把水滴互助做好。

但沈鹏认为，两者是相辅相成的，水滴筹让更多人有保险意识和保障意识，让人去买水滴互助；而通过水滴互助，有人被赔付了，如果钱不够，依然能发起水滴筹。

2016 年 6 月底，水滴筹上线，用了一年半时间，水滴筹成为行业第一。截至 2022 年 12 月 31 日，累计约有 4. 26 亿人通过水滴医疗众筹向超过 277 万患者捐赠了约 569 亿元。

2017 年 5 月，水滴获得全国性保险经纪牌照，并宣布**第三项业务“水滴保险商城”**（简称**“水滴保”**）上线。

借助于水滴互助和水滴筹已经积累的上亿用户，水滴保险商城联合保险公司推出百万医疗等性价比很高的保险产品，颇受用户欢迎，百万医疗险也成为水滴保险商城的爆款。

水滴保险商城这些年“越战越勇”，在下沉市场快速崛起，一方面帮助传统保险公司扩展了增量市场，深得保险公司喜欢；另一方面也让更多的国内用户，尤其是下沉市场用户享受到了商业保险保障。

在 2022 年之前，水滴保的业绩呈现“指数级增长”，截至 2021 年年底，水滴保与 60 多家保险公司合作，向用户提供 323 种保险产品。2018—2021 年，通过水滴保累计购买保险用户人数约为 170 万、880 万、1920 万、超 1 亿，而通过水滴保产生的首年保费在 2018 年、2019 年、2020 年和 2021 年分别为 9. 72 亿元、66. 68 亿元、144. 26 亿元和 163. 63 亿元。

从 2021 年三季度起，水滴开始减少对于第三方流量渠道的依赖，控费提质，一方面带来费用下降，另一方面首年保费也出现下降，2022 年通过水滴保产生的首年保费为 68. 90 亿元。

水滴保产生的佣金收入一直是水滴公司的主要业务收入来源，自 2019 年以来占比一直超过 90%。2022 年水滴实现保险相关收入达到 25.59 亿元，占其全年营业收入的 91.33%（见表 1）。

表 1　　水滴公司近年来保险相关营业收入占比　　（单位：亿元）

科目	2018 年	2019 年	2020 年	2021 年	2022 年
营业收入	2.381	15.11	30.28	32.06	28.02
保险相关营业收入	1.81	13.6	28.89	30.71	25.59
保险营业收入占比	76.10%	90.00%	95.42%	95.80%	91.33%

数据来源：水滴公司招股书及历年年报。

2020 年 7 月，水滴**第四项业务“水滴好药付”**上线。

好药付的定位是创新支付平台，与药企、保险机构及药房合作，连接商业医保、医药企业、DTP 药房和患者，通过商业保险、公益用药、药品保险、创新支付等方式，提升合作药房的竞争力和客户黏性，减少患者药品方面的自费支出。“好药付”上线仅 4 个月后，就已在国内 29 个省 202 个城市覆盖了 1123 家 DTP 药房，累计服务超过 3 万名患者。

2020 年 8 月，水滴**第五项业务“水滴健康”**上线。

水滴健康定位是集保险保障、就医服务与健康管理为一体的健康保障平台。具体包括：在线咨询、健康体检（提供覆盖全国 600 家门店的体检服务，包括美年大健康、爱康、慈铭等知名机构）、在线投保、在线理赔等服务。

2022 年 6 月，水滴正式成立了翼帆医药，依托水滴服务过的庞大患者群体和智能匹配系统开展患者招募等业务，助力国内外知名药企提高研发效率，已和 100 多家全球及中国领先的药企、CRO 机构建立合作，其打造的招募平台已经成长为国内领先的第三方患者招募平台，在肿瘤领域具备极强的入组竞争力。

翼帆医药 2022 年实现收入 5950 万元，成为水滴一项重要的新业务增长点。

总结下来，经过多年的发展，水滴已拥有两大业务板块：保险保障和健康医疗。其中，保险保障板块包括水滴筹、水滴保险商城等业务线；健康医疗板块包括翼帆医药、水滴健康和水滴好药付等业务线。

（五）融资及 IPO

伴随着业务的腾飞，水滴也在成立后 5 年时间里完成了 4 轮系列融资，并于

2021 年上市。

2017 年 8 月 30 日，水滴公司完成 A 轮融资，A 轮融资由 A 轮和 A + 轮组成，总融资金额为 1.6 亿元人民币。由腾讯、蓝驰创投联合领投，创新工场、高榕资本、IDG 资本、美团点评、彤程公益基金会等机构跟投。

沈鹏回忆道，当时保险科技赛道尚未受到热捧，资本对这一赛道还没有统一的认知，水滴的 A 轮融资持续了近 10 个月，沈鹏见了 100 多家投资人。

2019 年 3 月 27 日，水滴宣布完成 B 轮融资，总融资金额近 5 亿元人民币，由腾讯领投，高榕资本、IDG 资本、蓝驰创投、创新工场、DST Global 创始人米尔纳、原腾讯电商控股公司 CEO 吴宵光等知名投资人跟投。水滴公司的 B 轮融资是 2018 年资本寒冬以来互联网健康险与健康医疗领域额度最大的一笔融资。

2019 年 6 月 12 日，水滴宣布完成超 10 亿元人民币 C 轮融资，由博裕资本领投，腾讯公司、中金资本、高榕资本等知名投资机构跟投，泰合资本担任独家财务顾问。

2020 年 8 月 20 日，水滴宣布完成 2.3 亿美元的 D 轮系列融资，由瑞士再保险集团和腾讯公司联合领投，IDG 资本、点亮全球基金等老股东跟投。该轮融资将投资于 AI、大数据等科技在业务中的应用，也将围绕用户需求加速探索医疗健康等服务。2020 年 11 月，腾讯等投资机构追加投资水滴 1.5 亿美元。

2021 年 5 月 7 日，水滴在美国纽交所上市，募资超 3.6 亿美元，基石投资者博裕资本、厚朴资本、王慧文（美团联合创始人）合计意向认购 2.1 亿美元，其中，王慧文的家族信托基金 Kevin Sunny 投资 3000 万美元、博裕资本投资 1 亿美元、厚朴资本投资 8000 万美元。

其他知名投资人还包括安大略教师退休基金、腾跃基金，美团创始人王兴等。

水滴此轮融资用于加强和扩大健康医疗和健康保险业务与研发投入。以发行价 12 美元计算，水滴市值接近 50 亿美元。沈鹏在北京的远程敲钟现场称：“上市只是一个开始，并不是一个特别重要的里程碑，当前阶段赴美上市只是一轮融资而已。”

（六）特点

29 岁创业，在 5 年的时间里，将水滴打造为美股上市的保险科技独角兽，沈鹏无疑有其过人之处。

他的第一个特点是志存高远。

日本首富孙正义曾说：**人如果没有志向，就算自认为在拼命爬山，还是在同一个地方来回打转，没有办法走出狭小的圈子。一旦有了志向，人就能一溜烟地直奔高处，最终登上高峰。**

沈鹏有一个人生信条：**事在人为，人因梦想而伟大。**这是他跟着美团王兴6年时间里学到的。创业初始，王兴就喜欢和大家谈梦想，谈美团未来的前景，他曾说，阿里做的是商品电商，是第二产业的电子商务。中国第三产业GDP会超越第二产业GDP，美团专注于本地生活服务的电子商务，如果在第三产业里能成为电子商务第一名，未来美团终究会超越阿里。当年谁也不会想到，美团市值在不到十年里就超过了万亿元。

值得一提的是，当年加盟美团后，沈鹏吃住都在公司，打地铺。奶奶一听，以为他加入了一个传销组织，召集家庭会议，让他赶紧回老家工作，别在北京瞎混。沈鹏专程回家，用了一个晚上，和家人讲了很多想法，讲了未来想创业，讲了自己是一个有梦想的人，不想在老家天天朝九晚五地上班。

沈鹏说，**一个人的青春是有限的，时间是有限的，生命是有限的，要把它用在自己认同的、有意义的事情上。**沈鹏的志向是将水滴打造成中国版的联合健康集团。2022年，在《财富》世界500强中，联合健康集团高居第11位。联合健康旗下主要拥有健康保险和健康医疗两大核心业务，市值超过3500亿美元。通过将水滴打造成中国最领先的健康保障平台，沈鹏希望实现保障亿万家庭的梦想。

他的第二个特点是持续进化。

除了在美团八九个岗位高强度历练带来的进化外，沈鹏在创业期间依然不忘"开天眼"，不断去进化自己。

创业第一年的2016年，沈鹏参加五道口金融学院创业领袖首期班，强化对金融规律的认知、对风险的认知。

2017年，沈鹏参加李善友的混沌创业营，40人全部是明星创业者，包括猎豹CEO傅盛、汽车之家前CEO秦致等，强化了自身的创新方法论。

2018年，沈鹏参加腾讯组织的青腾大学未来科技首期班，对腾讯的生态组织和创新有了新的认识。

2019年，沈鹏成为湖畔创研中心学员，对阿里的生态组织和创业有了新的认识。

沈鹏认为通过参与各种创业者培训组织，本质是在做战略，听其他优秀企业家讲课，自己思考，就是一种思考战略的方式。在此过程中，沈鹏得以持续进化，获得了更高水平的认知。

他的第三个特点是自驱力和战略定力。

沈鹏将自驱力总结为《高效能人士的七个习惯》中的积极主动。他认为，积极主动不仅是一种心态，也是一种状态、习惯。通过驱动自己承担更多事情、更多责任，去不停地迭代自己。

沈鹏的一个人生信条是水滴石穿，他认为这代表了一种战略定力：**围绕一个自己认同的大方向，每天前进 30 公里，持续地去努力，自然能够实现你的最终战略目标。**换句话说，就是能够真正站在战略视角自上而下想清楚，并且能够坚定地去做。

这样的人生信条也体现在他早期饭否的个性签名上：凡事用心去做。沈鹏认为，**一旦你做了一件你认同的事情，剩下只是"用心"和"干"了。**

（七）争议

欲戴王冠，必承其重。

水滴在突飞猛进的同时，种种争议也随之而来。争议主要集中在两个方面：

1. 公益与商业之争

水滴发展的内在逻辑是：以水滴筹、水滴互助两大精准场景为切入点，通过与近百家保险公司深度合作，把经过筛选和定制的保险产品直接推荐给用户，众筹导流，互助盘活流量，再经由保险变现，三大业务从导流到变现形成了完整的移动互联网商业闭环。尤其是依托免费大病筹款模式，水滴筹积累了大量用户，之后通过水滴保、水滴互助实现流量变现。但正因为水滴筹是水滴公司商业模式跑通的基石，重要性不言而喻，为水滴的不断发展，获取了巨额流量。

在此过程中，利用公益促进商业的模式引起了争议。同时，水滴筹运营过程中一些个别事件引发公众热议，包括吴鹤臣"百万募捐"事件、北京市朝阳区法院个人求助首案以及"扫楼"事件。

上述争议让沈鹏和水滴备受压力。

2. 业务高增长同时持续亏损

和大部分移动互联网公司一样，从财务报表来看，水滴在成立之初的四年里持续亏损，且亏损额逐年攀升。2018—2021 年，归属于水滴的净亏损分别为 2.09 亿元、3.22 亿元、6.64 亿元和 15.74 亿元，2019 年、2020 年和 2021 年分别同比扩大 54.07%、106.21% 和 137.11%。

（八）未来

上面提到了水滴的两点争议，并不意味着我们不看好水滴的发展。相反，我们认为水滴有机会成为一家国内领先的医疗保障平台。在这个“人”比“钱”贵的时代，资本易得，人才难求，排除政策风险，我们看好水滴的理由主要还是沈鹏的价值：

1. 创始人的初心——服务用户所需，为社会创造价值

这个世界不是“非黑即白”的，而是灰色的。对于一个企业的商业模式，不能简单评判是好是坏，而要看企业和创始人的初心，看是否为社会创造了价值，是否得到用户的信任。

沈鹏在创建水滴之前，已经实现了财富自由，为创业还放弃了美团价值不菲的期权。

从水滴开始，沈鹏更多思考的是自己人生真正的意义，以及他的公司对社会的贡献。水滴后来的发展，虽然不是没有争议和曲折，但是最后的结果，是一步一步在实现沈鹏想要为社会创造价值的梦想。

创业的苦不是一般人能感受和承受的，他完全可以像美团二号人物王慧文一样选择退休，享受生活，但是他没有，他选择创业这条最艰苦的道路。

他心中有一个初心：“用互联网科技助推广大人民群众有保可医，保障亿万家庭。”沈鹏说，水滴赚的很多钱都在补贴水滴筹，为了服务更多的用户，这才是水滴的真实情况。

对于公益和商业之争。业内就有专家曾表示，包括水滴筹在内的网络众筹是应时、应需而生：一是借势移动互联网的广泛普及与应用，抓住了消费场景；二是很好地迎合了当前社会的广泛健康保障需求。

水滴的出现，首次让中国三四五线大病患者都有机会享受到社会的关爱，这件事本身就产生了巨大的社会价值，怎么夸奖都不为过。从用户数量看，水滴筹是当

前大病众筹的第一免费平台，客观上也说明了水滴品牌获得了大病众筹领域绝大部分用户的信任。

2. 创业者的特质——志存高远、持续进化的优秀企业家

对于净利的持续亏损和股价的波动，我们可以看看亚马逊杰夫·贝佐斯的创业历程：自成立以来，亚马逊大部分年份都在亏损。华尔街每年都有分析师断定其快要倒闭。但亚马逊却偏偏不倒闭，反而越做越大。

对此，贝佐斯说，我们关注的是长期价值，而不是短期利润。如果要在改善当期报表和增加未来的自由现金流之间做一个选择，我们会毫不犹豫地选择做大未来自由现金流。

2001 年前后，当互联网泡沫破裂的时候，亚马逊的股价经历了较长时间的低谷，最严重时直接跌去了90%多，从 1999 年 12 月 10 日的 107. 13 美元降至 2001 年 9 月 28 日的 5. 96 美元。对于股价的上涨和下跌，贝佐斯也并不在意。他说，股价上涨 30%，并不代表你比以前聪明了 30%；股价下跌 30%，也不代表你比以前愚蠢了 30%。

贝佐斯不为所动，一直坚持用户第一思维，多年以后，亚马逊既收获了客户的信任，又实现了稳定的利润，最终亚马逊成为一家伟大的互联网企业，贝佐斯登顶世界首富。

国内的互联网企业和移动互联网企业如京东、美团，也均经历过长期的报表亏损。

对于净利持续亏损，水滴从 2021 年第三季度开始持续控费提质，盈利能力逐期改善。

2022 年水滴首次实现扭亏为盈，实现净利润 6. 08 亿元，且连续四个季度盈利。

究其原因，我们看到，水滴 2022 年运营成本和费用同比下降了 54. 2%，各项成本费用均有不同程度的减少，其中对盈利改善贡献最大、下降幅度最大的销售费用，从 2021 年的 31. 05 亿元下降至 6. 24 亿元，占比最大的第三方流量费用同比下降了 21. 13 亿元，第三方外包销售与营销服务费用减少 3. 58 亿元。

（九）结语

凡是能走到各行业顶尖的公司，事业取得很大成功的人，无不是誉满天下，亦

谤满天下。

公司上，腾讯、百度、京东、字节跳动、美团、拼多多无不如此；创始人上，从老一辈的柳传志、任正非、王石，到中生代的马化腾、李彦宏，再到小一辈的王兴、张一鸣、黄峥，哪一个又不是这样呢？

水滴还会不断遭遇各种非议。但总体而言，水滴未来发展的空间还非常大。

创建几十亿美元市值的全球保险科技独角兽，对于世界上绝大多数人来说，是永远也无法达到的事业成就。但对沈鹏来说，也许只能算是前进路上的一个小小里程碑，事业真正开始的一个起步而已。

要知道，沈鹏仅仅36岁；成立水滴，也才短短7年。

谁能说，几十亿美元市值就是水滴发展的巅峰？

正因如此，我们对沈鹏未来还想做什么，水滴未来还能做什么，怀有无比的期待。

在这个伟大的时代，我们很庆幸，与沈鹏这样优秀的80后同行。

主要参考资料

李翔，2021．详谈：沈鹏［M］．北京：新星出版社．

36氪．保险＋医疗服务驱动水滴2.0式增长，蓝驰早期加注非共识的底层逻辑．2021－5－8．

咏仪．水滴公司沈鹏：对标美国联合健康，以“医药＋保险”做健康保障平台．36氪Pro，2020－8－24．

张弘．夹在爱心与商业之间，“网络互助”这门生意能走多远?．中国企业家杂志，2019－4－28．

李桐．“复制”美团：沈鹏和他的水滴．投中网，2019－5－21．

郑玄．IDG、高榕、王兴、腾讯攒出的水滴，能成为保险“拼多多”吗?．东四十条资本，2021－5－2．

致　谢

没有一本书是一个人的作品，一个团队的作品。在忠衣信裳团队写作这本书时，我的感受尤其深刻。

这是忠衣信裳团队出版的第一本书，在某种程度上，这本书我最想写的部分是致谢，因为终于有机会在一个正式的场合，一个可以传承的地方，写下我的感谢。

要感谢的人很多，首先是我的三位人生合伙人，他们是河南中税中兴税务师事务所董事长陈俊岭、桔子科技创始人王根起、以及山西省高考文科状元，天元律师事务所合伙人陈胜。我们结识多年，他们从支持我成立已经九年的舍瓦分享汇，到忠衣信裳新平台，付出了太多，得到的回报太少。出这本书的时候，我首先想到他们，希望从这本书开始，长期的付出开始开花结果。

要感谢忠衣信裳团队每一位成员。过去的一年半时间里，我们团结、紧张、严肃、活泼，一起奋战六十个周末，加班加点搜集材料、写作材料、讨论材料是常态，甚至校稿都要数十个小时。在整个写作过程中没有任何回报，还要牺牲大量时间、精力、财力去做好此事。不仅如此，大家在写作过程中还要经常忍受我的批评、情绪，实在不易，感谢你们一直在。

要感谢每一位关心我们，关注我们的前辈与朋友。是你们的鼓励、转发、点赞、打赏、支持，给了我们持续的勇气和动力。尤其是感谢三位世界五百强险企德高望重的负责人为我们作序，也感谢在医疗领域医者仁心的两位前辈为我们作序。

最后要感谢的人，自然少不了我的家人。没有家人做后盾，这项工作是不可能完成的。忠衣信裳这四个字，就是爱人郭昕帮忙起的。在大多数加班和周末开会的日子里，你要独自一人照看2岁的儿子。为了让我能够不受打扰地安心开会写书，你每次都要把缠着我的儿子从身边哄走，还悄悄帮我关上门。这一刻，我的内心充满感动。感谢我的岳父岳母，他们从山西不辞辛苦跑到北京，给我们分忧解难。我知道你们在北京人生地不熟，家乡还有思念的亲人，而你们选择义无反顾地支持我们。

这本书最终交予中国财政经济出版社出版，不仅因为我有很深的财税情怀，更有出版社樊清玉老师的大力支持与深度帮助。

当然，还要感谢每一位读完这本厚书的读者，在碎片化阅读盛行的当下，让我们向有一颗安静的心的你们致敬。

最后，请允许我再一次对直接参与本书资料搜集与整理、编写、校稿的团队成员，包括但不限于杨旭山、耿宇亭、李业忠、雷晏平、刘俊、丁锋、李欣洋、余健、迟育涵、徐首良、武重科、范丽娜、张翼、黄佳慧、牛慧莉、童鹏、董林辉、茅晓白等各位朋友的辛勤付出表示由衷的感谢！

宋冉

忠衣信裳创始人